von Aufgaben

Beim Bearbeiten von Bildern und Zeichnungen

Das Foto/das Bild/die Zeichnung zeigt ... .
Mithilfe der Bildunterschrift kann man feststellen, ...
Das Foto ist ein Schrägluftbild/Senkrechtluftbild.

Das Wichtigste auf dem Foto/dem Bild/der Zeichnung ist ... .
Das Foto/das Bild/die Zeichnung macht deutlich, dass ... .
Im Vordergrund sieht man ... .
In der Mitte erkennt man ... .
Im Hintergrund sieht man ... .
Die Landschaft ist ... .

Mithilfe der Bildunterschrift kann man feststellen, ...
Besonders eindrucksvoll ist, ...
Das Foto/das Bild/die Zeichnung verdeutlicht ... .

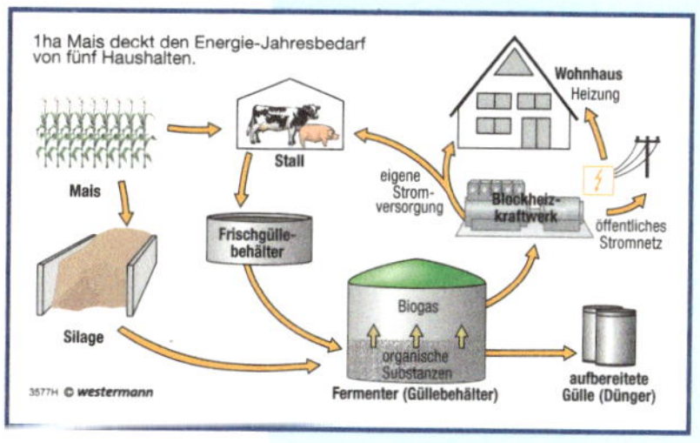

Zeichnung
Die Zeichnung zeigt auf, dass ... .
Die Zeichnung verdeutlicht, dass ... .
Die Pfeile zeigen die Beziehung zwischen ... .
Die Zeichnung stellt die Verbindung zwischen ... und ... dar.
Die Zeichnung veranschaulicht ... .

Beim Bearbeiten von Tabellen

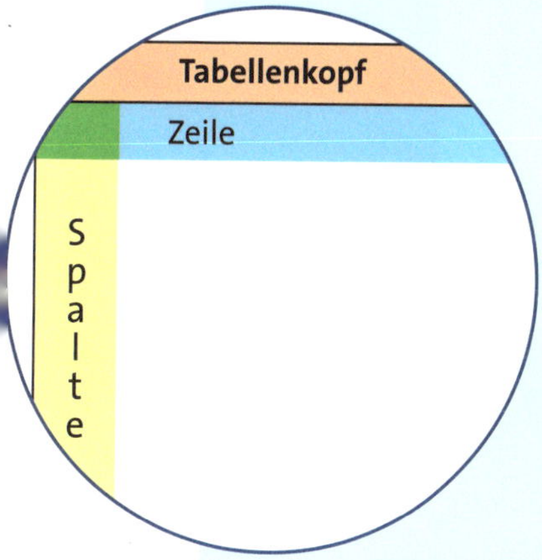

Der Titel der Tabelle lautet: ... .
Die Tabelle stellt ... (die Entwicklung der Einwohnerzahlen in niedersächsischen Städten/...) dar.
Die Zeilen zeigen (einzelne Städte/Staaten/Produktionsmengen/...).
Die Spalten zeigen (die Einwohnerzahlen der Städte in einem bestimmten Jahr/...).
Es ist zu erkennen, dass im Jahr ... die Stadt ... die meisten Einwohner hat.
Es ist festzustellen, dass die Einwohnerzahl der Stadt ... (zugenommen/abgenommen/...) hat.
Insgesamt ist festzustellen, dass ... .
Die Angaben erklären ... . Die Werte verdeutlichen ... .

Durchblick

Erdkunde 9|10

Niedersachsen
Differenzierende Ausgabe

Moderator:
Matthias Bahr

Autoren:
Matthias Bahr
Timo Frambach
Uwe Hofemeister
Henning Teschner
Monika Wendorf

westermann

Einband: Hochhäuser an der Sheikh Zayed Road in Dubai

ERKLÄRUNG DER SYMBOLE

Griffleisten am Seitenrand auf den Doppelseiten bedeuten:

GEO Orientierung	Hier lernst du, wo zum Beispiel Städte, Landschaften, Flüsse, Gebirge liegen.
GEO Methode	Hier lernst du Schritt für Schritt Methoden und Arbeitsweisen kennen.
GEO aktiv	Hier bekommst du Anregungen, wie du das Gelernte anwenden kannst.
GEO Wissen und Können	Hier kannst du dein Wissen und Können überprüfen.

Auf den Seiten bedeuten:

ⓘ **Geologie**	Informationen, die das Verständnis von Zusammenhängen erleichtern.
	Arbeit in Gruppen innerhalb oder außerhalb der Schule.
M3	Materialien, die den Text ergänzen.
	Im Text **fett gedruckte Begriffe** sind im Minilexikon erklärt.
1	Diese Arbeitsaufträge unterstützen dich beim Erreichen der Regelanforderung.
2	Diese Aufgaben bilden die Regelanforderung. Diese sollte jeder bearbeiten können.
3	Diese Arbeitsaufträge sind zur vertiefenden Behandlung eines Themas gedacht. Sie sind etwas schwieriger.
	Wahlaufgaben. Diese Aufgaben bieten verschiedene Möglichkeiten der Bearbeitung an.
?	Das Fragezeichen bedeutet, dass dir zur Aufgabenlösung Tipps und Hilfen im Anhang (siehe dort „Unterstützungssystem") zur Verfügung stehen. Versuche, die Aufgaben zunächst ohne Hilfen zu lösen.
Recherchiere.	Wenn eine Aufgabe so beginnt, ist sie mit dem Buch alleine nicht lösbar. Du musst dir weitere Informationen beschaffen.
www.diercke.de **D3-096** www.heimatundwelt.de **HW-070**	Vielfältige Karten und Zusatzmaterialien zu deinem Buch findest du im Internet, wenn du die Bezeichnung des Web-Codes auf der entsprechenden Internetseite (www.diercke.de *oder* www.heimatundwelt.de) eingibst (z. B. D3-096 bedeutet „Diercke Drei Universalatlas", S. 96; HW-070 bedeutet „Heimat und Weltatlas + Geschichte Niedersachsen", S. 70).

Dieses Buch enthält Beiträge von: Margit Colditz, Erik Elvenich, Dieter Engelmann, Holger Kerkhof, Rita Tekülve, Sylvia Trauzold, Walter Weidner.

Druck A³ / Jahr 2016
Alle Drucke der Serie A sind inhaltlich unverändert.

Verlagslektorat: Ullrich Löbmann, Matthias Meinel
Layoutkonzept und Umschlaggestaltung: Janssen Kahlert Design & Kommunikation, Hannover
Layout und Herstellung: Yvonne Behnke, Berlin
Illustrationen: Yaroslav Schwarzstein, Hannover
Druck und Bindung: westermann druck GmbH, Braunschweig

ISBN 978-3-14-**114088**-0

Wirtschaftsräume im Wandel 6

Welthandel und Globalisierung 34

Globale Bevölkerungsentwicklung 66

Hunger auf der Welt 98

Globaler Klimawandel 126

Nachhaltige Ressourcennutzung 156

GEO Methode

GEO Orientierung

Hilfen im Anhang

Wirtschaftsräume im Wandel

M2 Arbeitsplatz in der Zeche Zollverein (um 1960)

M3 Arbeitsplatz im Dienstleistungsbereich in der Zeche Zollverein heute

CentrO Oberhausen – Vom Stahlwerk zum Einkaufs- und Erlebnisparadies

Immer mehr Zechen und Hüttenwerke vor dem Aus

Arbeitslosenzahlen im Ruhrgebiet in den letzten Jahrzehnten stark angestiegen

Technologiepark Dortmund – neue Arbeitsplätze im Dienstleistungsbereich

Wirtschaftswandel im Ruhrgebiet

M1 Eislaufbahn in der ehemaligen Kohlenzeche Zollverein in Essen

Das Ruhrgebiet – Industrie und Dienstleistungen

M1 Förderturm der aufgegebenen Zeche Recklinghausen

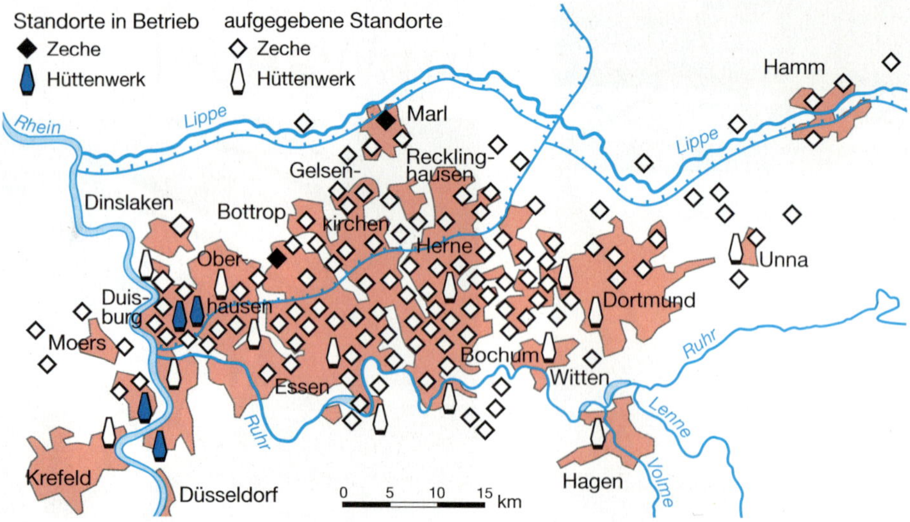

M3 Zechen und Hüttenwerke im Ruhrgebiet 2014

1950	538 000
1960	490 000
1970	253 000
1980	187 000
1990	130 000
2000	58 000
2010	24 000
2012	18 000

M2 Beschäftigte im deutschen Steinkohlenbergbau

Das alte Ruhrgebiet

Mit der beginnenden Industrialisierung im 19. Jahrhundert benötigte man in Deutschland viel Kohle. Durch den Einsatz von Dampfmaschinen konnte im Ruhrgebiet auch aus tieferen Erdschichten Kohle gewonnen werden. Sie wurde als Heizmaterial und zur Herstellung von Eisen und Stahl verwendet.
Da die Bergwerksbetriebe und die Eisen- bzw. Stahlindustrie viele Arbeitskräfte benötigten, zogen bis zur Mitte des 20. Jahrhunderts immer mehr Menschen ins Ruhrgebiet. Es entstand der größte **Wirtschafts- und Verdichtungsraum** Deutschlands. Seit den 1950er-Jahren schließen jedoch immer mehr Kohlezechen, da die Bedeutung der Ruhrkohle abgenommen hat. Das liegt daran, dass Kohle aus dem Ausland billiger ist oder andere Energieträger zur Wärmeerzeugung genommen werden.
Auch viele Eisen- und Stahlhütten wurden aufgegeben, da man heute Gegenstände häufig nicht mehr aus Eisen oder Stahl, sondern aus Kunststoff herstellt. Die Schließungen der Zechen und Hütten führten zu einem starken Anstieg der Arbeitslosenzahlen im Ruhrgebiet.

M4 Kohleabbau im Ruhrgebiet im Jahr 1955

1 *Beschreibe die Lage des Ruhrgebietes mithilfe des Atlas.*

2 *Beschreibe, wie sich das Ruhrgebiet zum größten Wirtschafts- und Verdichtungsraum entwickeln konnte (Text, M1–M4).*

3 *Zeichne ein Säulendiagramm zur Entwicklung der Beschäftigten im deutschen Steinkohlebergbau und werte es aus (M2).*

M5 Aufführung in der Zeche Zollverein in Essen

Das moderne Ruhrgebiet

Beschäftigungsmöglichkeiten außerhalb der Kohle- und Stahlindustrie sollten neue Arbeitsstellen für die vielen Menschen im Ruhrgebiet schaffen. In neu errichteten Universitäten und in Technologieparks entstanden zusätzliche Arbeitsplätze im Dienstleistungsbereich. Tätigkeitsschwerpunkt ist hier beispielsweise die Entwicklung von neuen Produktionsverfahren und Werkstoffen.
Auch im Freizeitbereich hat das Ruhrgebiet inzwischen viel zu bieten. In alten Zechenanlagen finden heute Theateraufführungen statt. Durch den Bau von Museen und Erlebnisparks ist das Ruhrgebiet auch bei Touristen beliebt. In den Freizeiteinrichtungen konnten viele neue Arbeitsplätze geschaffen werden. Die gesamten Veränderungen haben zu einem wirtschaftlichen **Strukturwandel** in der Region geführt.

M6 Arbeitsplatz im Technologiepark Dortmund

Strukturwandel

Strukturwandel bezeichnet Veränderungen, die sich auf die wirtschaftliche Struktur einer Region auswirken. Dazu gehören u. a. die Ansiedlung neuer Branchen, zusätzliche Bildungs- und Forschungseinrichtungen und der Ausbau der Infrastruktur.

4 *Erläutere die wirtschaftliche Entwicklung der Kohle- bzw. der Eisen- und Stahlindustrie im Ruhrgebiet nach 1950 (Text, M2)* ***oder*** *werte M3 aus.*

5 *Erläutere den Strukturwandel im Ruhrgebiet (Text, M5, M6, Info).*

6 *Recherchiere. Stelle den Strukturwandel anhand des Beispiels Freizeitzentrum „Centro“ in Oberhausen dar.*

Autoland Sachsen in Zahlen (2012)
- Rund 70 000 Mitarbeiter (60 000 in der Automobilzulieferindustrie, davon mehr als 10 000 in Forschung und Entwicklung
- 4 Fahrzeughersteller: Volkswagen (3 Standorte: Zwickau, Chemnitz, Dresden), Porsche und BMW in Leipzig, Neoplan in Plauen
- Rund 750 Zulieferer, Dienstleister und Ausrüster
- Fahrzeugproduktion von 433 750 Pkw (VW: 254 000, BMW: 145 250, Porsche: 34 500, entspricht etwa 10 Prozent der deutschen Inlandsproduktion)
- 13 Milliarden Euro Umsatz

M1 Im BMW-Werk Leipzig

Wirtschaftsraum Sachsen im Wandel

Die Wirtschaft in vielen Teilen Ostdeutschlands musste sich nach der Wiedervereinigung im Jahre 1990 neu ausrichten. Viele alte Industrieanlagen wurden nach 1990 geschlossen, da ihre Produkte nur wenige Käufer auf dem gesamtdeutschen Markt fanden. Zudem waren die Produktionsbedingungen in vielen ostdeutschen Betrieben veraltet und nicht umweltgerecht.
Infolge der Massenentlassungen stieg die Zahl der Arbeitslosen in Ostdeutschland rasant an. Viele Menschen im arbeitsfähigen Alter zogen in westliche Bundesländer, um eine neue Beschäftigung zu finden.
Um dieser Entwicklung entgegenzuwirken, erfolgte eine finanzielle Unterstützung der ostdeutschen Wirtschaft durch **Subventionen**. Die dadurch geschaffenen günstigen Produktionsbedingungen führten besonders zur Ansiedlung von Unternehmen aus sogenannten **Wachstums- und Zukunftsbranchen.** Zu diesen zählen in Sachsen beispielsweise die Mikrochip-Produktion, das Gesundheitswesen und die Automobilindustrie.
Der Automobilsektor konnte durch die Ansiedlung der Endhersteller VW, BMW sowie Porsche zu einem der wichtigsten Wirtschaftsbereiche Sachsens wachsen. Viele Arbeitsplätze sind nicht nur bei den Endherstellern, sondern auch durch den Aufbau eines Netzwerkes (Cluster) von Zulieferern, Forschungseinrichtungen und Dienstleistern in vielen Teilen Sachsens entstanden (vgl. M2, M4).

Subventionen

Von staatlicher Seite über einen Zeitraum gezahlte Unterstützung zur Förderung der Wirtschaft. Mit dem Geld werden z. B. Unternehmen bei der Neuansiedlung in einer Region unterstützt. Das steigende Arbeitsplatzangebot kann langfristig zur Verbesserung der Wirtschaftskraft einer Region führen.

1 *Beschreibe M1.*

2 *Benenne Folgen der Wiedervereinigung Deutschlands im Jahre 1990 für die Wirtschaft Ostdeutschlands (Text).*

3 *Erläutere, warum die Wirtschaft in Ostdeutschland nach dem Jahr 1990 auf Subventionen angewiesen war (Text).*

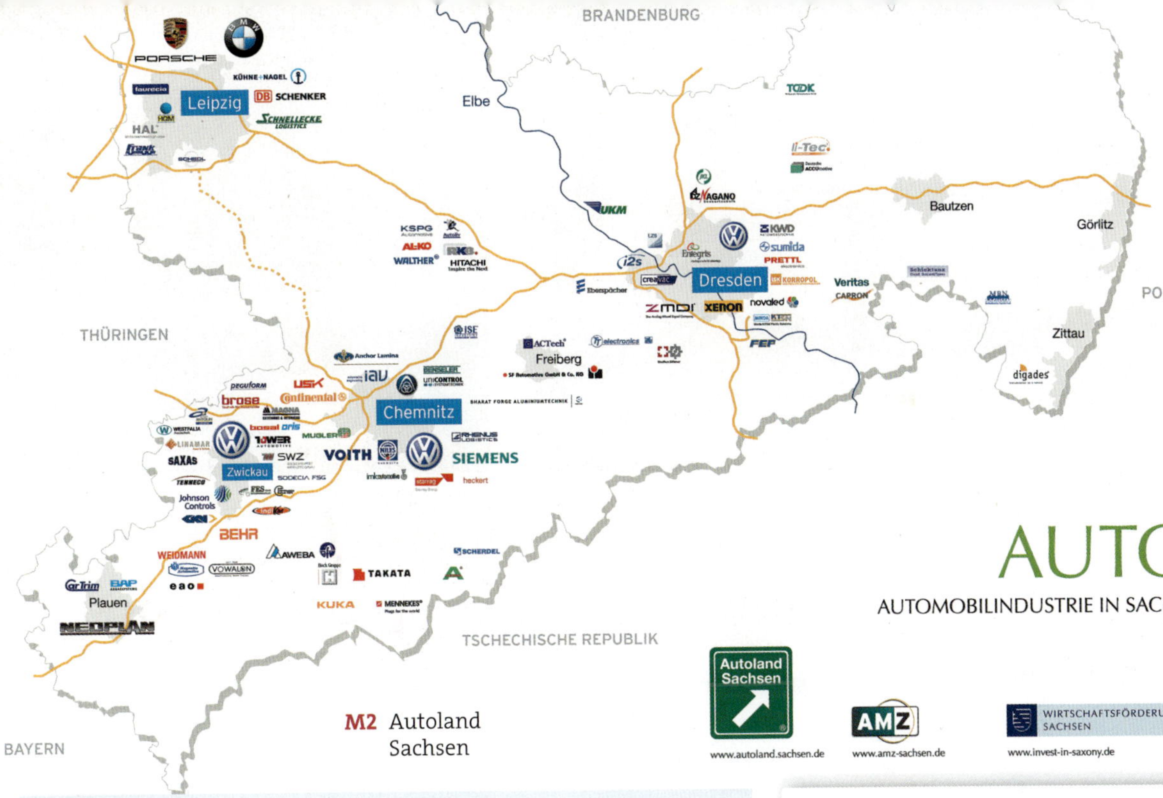

AUTO!

AUTOMOBILINDUSTRIE IN SACHSEN

M2 Autoland Sachsen

Autoland Sachsen — www.autoland.sachsen.de

AMZ — www.amz-sachsen.de

WIRTSCHAFTSFÖRDERUNG SACHSEN — www.invest-in-saxony.de

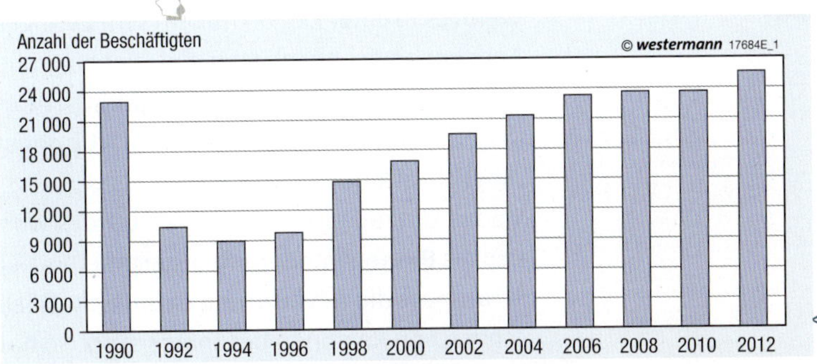

Die Automobilbranche stellt mit über 25 Prozent Anteil am Industrieumsatz eine **Schlüsselindustrie** der sächsischen Wirtschaft dar. Das „Autoland Sachsen“ gehört mit sechs Fahrzeug- und Motorenwerken von Volkswagen, BMW, Porsche und NEOPLAN sowie mit rund 750 Zulieferern, Ausrüstern und Dienstleistern der Branche zu den deutschen Spitzenstandorten.

◁ **M4** Beschäftigte in der sächsischen Automobilindustrie

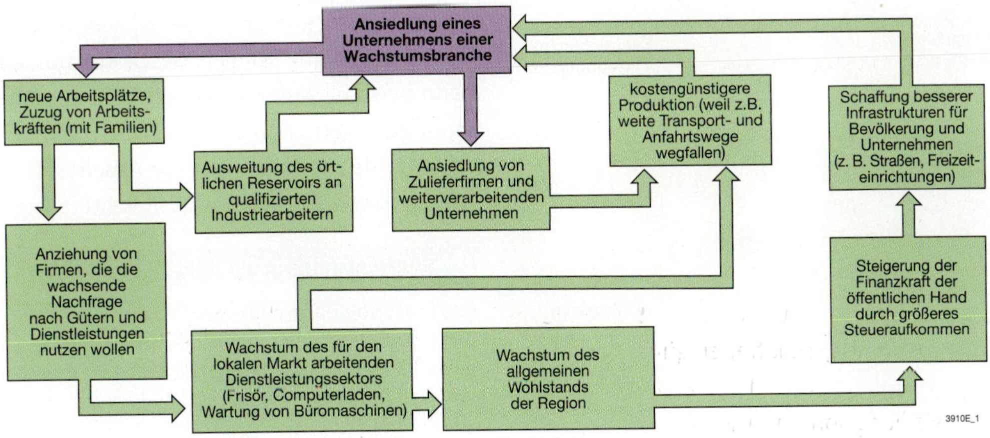

M3 Mögliche Auswirkungen der Ansiedlung einer Wachstumsbranche

4 *Stelle die Entwicklung der Automobilindustrie in Sachsen seit 1990 dar (Text, M1–M4, INFO).*

5 *Erkläre in einem Bericht, wie sich die Ansiedlung einer Wachstumsbranche positiv auf eine Region auswirken kann* ***oder*** *schreibe einen Zeitungsartikel mit der Überschrift „Wachstumsbranchen bringen allgemeinen Wohlstand“ (M3).*

M1 Ehemaliger Industriebetrieb in Völklingen (Saarland)

M3 Aufgrund des Einwohnerrückgangs werden in Leipzig Plattenbauten abgerissen.

Wirtschaftsräumliche Gliederung Deutschlands

M2 Wirtschaftskraft Deutschlands nach Regionen (BIP pro Kopf, 2012)

In Deutschland gibt es neben wirtschaftlich starken Räumen auch Regionen mit eingeschränkten Beschäftigungsmöglichkeiten. Wenn es in einer Region nur ein sehr geringes Angebot an Arbeitsplätzen gibt, ziehen große Teile der Bevölkerung im arbeitsfähigen Alter in Regionen mit besseren Beschäftigungsmöglichkeiten.

Solche Umzüge innerhalb eines Landes werden als **Binnenwanderung** bezeichnet Schrumpft die Bevölkerung in wirtschaftlich schwachen Regionen besonders stark, so hat das weitere Folgen für die dort lebenden Menschen. Weniger Einwohner benötigen weniger Versorgungseinrichtungen. Geschäfte müssen dann beispielsweise schließen, weil es nicht mehr genügend Kunden gibt. Durch die Geschäftsaufgabe fallen weitere Arbeitsplätze weg, sodass die Arbeitslosigkeit weiter steigt.

Bruttoinlandsprodukt (BIP)

Das Bruttoinlandsprodukt (BIP) ist der Wert aller Güter und Dienstleistungen, die innerhalb eines Jahres in einer Region oder in einem Staat erwirtschaftet werden.

1 a) *Beschreibe die Fotos M1, M3, M5 und M7.*

b) *Erläutere den Zusammenhang zwischen den Fotos M1 und M3 sowie M5 und M7.*

2 *Beschreibe die wirtschaftsräumliche Gliederung Deutschlands (Text, M2, M4)* ***oder*** *werte die Karte M2 in einer Tabelle nach Bundesländern aus.*

Die Wirtschaftskraft weist sowohl im Westen als auch im Osten Deutschlands erhebliche kleinräumige Unterschiede auf. In Westdeutschland bestehen Unterschiede zwischen den großstädtisch geprägten Räumen (z. B. Hamburg, Düsseldorf-Köln, Frankfurt am Main, Stuttgart, München) und den eher peripher gelegenen ländlichen Gebieten (z. B. Ostfriesland, Eifel, Hunsrück, Bayerischer Wald).
In den neuen Bundesländern erreicht kein Kreis den westdeutschen Durchschnitt. Das macht deutlich, dass die mangelnde Wirtschaftskraft in den neuen Bundesländern ein flächendeckendes Problem darstellt. Die Arbeitnehmereinkommen betragen im Durchschnitt nur rund 80 Prozent des Westniveaus.

M4 Unterschiede der Wirtschaftskraft

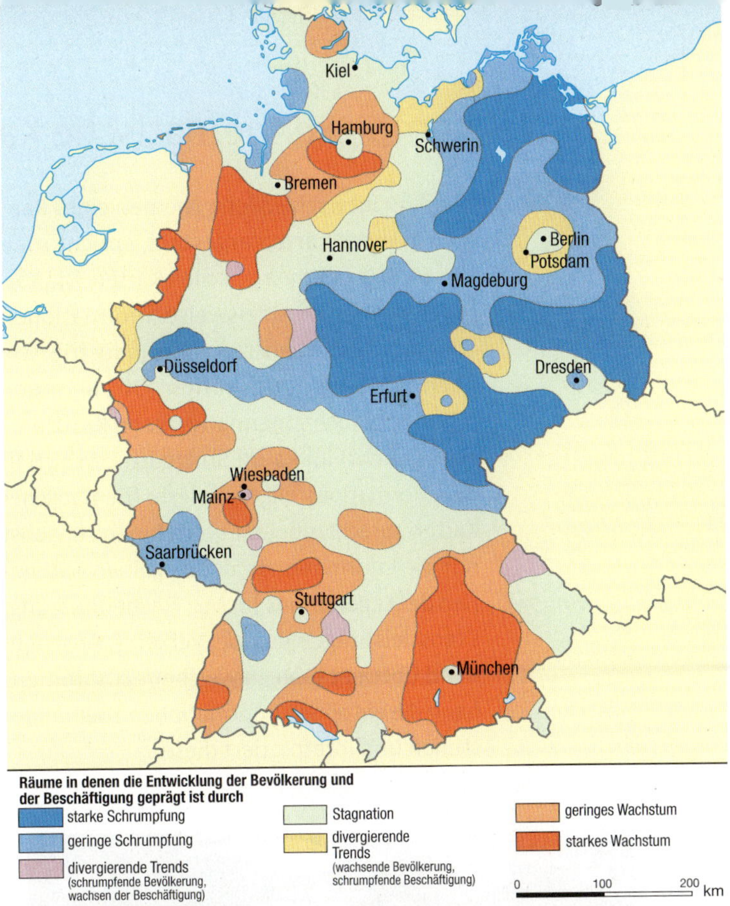

M6 Trends der Entwicklung

M5 Freizeitangebot in Leipzig

M7 Arbeitsplätze in der Automobilindustrie (VW in Emden)

3 *Erläutere die zukünftige wirtschaftliche Entwicklung in Deutschland (M6).*

4 *Nimm Stellung zu der Aussage „In den Städten sind die Beschäftigungsmöglichkeiten besser als in ländlichen Regionen."*

5 *Recherchiere. Stelle Möglichkeiten zur Förderung wirtschaftlich schwacher Räume dar.*

Komplexe thematische Karten auswerten

Werden unterschiedliche Themen eines Raumes in einer Karte dargestellt, spricht man von komplexen thematischen Karten. Die Karte M3 enthält beispielsweise Informationen zur Wirtschaft (Dienstleistung, Industrie) wie auch zur Verkehrssituation (Straßennetz, öffentlicher Personennahverkehr, Kraftfahrzeugverkehr) im Raum Stuttgart. Um sich in der Informationsfülle komplexer thematischer Karten zurechtzufinden, wertet man zunächst nur die Informationen der einzelnen Kategorien der Legende aus (in M3: Flächennutzung, Dienstleistung, Industrie, Verkehr). Anschließend überlegt man, in welchem Zusammenhang die einzelnen Informationen zueinander stehen und interpretiert diese.

Täglicher Stau im Berufsverkehr in Stuttgarts Süden

Wer in Stuttgart mit dem Auto unterwegs ist, braucht viel Zeit und ziemlich starke Nerven. Das zeigt auch eine neue Statistik. Stuttgart landet bei einem Stau-Vergleich mit anderen Großstädten auf einem unrühmlichen ersten Platz. Besonders schlimm trifft es die Stuttgarter Pendler. Im morgendlichen Berufsverkehr müssen sie 61 Prozent mehr Zeit einplanen, abends gar 70 Prozent. Mitverantwortlich ist die geografische Lage Stuttgarts. Die Stadt liegt von Bergen umgeben wie in einem Kessel. Dadurch gibt es nur wenige große Straßen, die Stuttgart an das Umland anbinden. Da viele Menschen im Umland wohnen und in der Stadt arbeiten, kommt es besonders in den Morgen- und Abendstunden zu langen Staus.

(Nach: Stuttgarter Zeitung, 12.10.2012, gekürzt und verändert)

M1 Stuttgart ist Stauhauptstadt

So gehst du vor:

Schritt 1 •

Beschreibung

→ Nenne das Kartenthema und beschreibe die Lage des dargestellten Raumes.

→ Benenne die Karteninhalte mithilfe der Legende. Beschreibe dabei die Verteilung der Signaturen in der Karte nach den einzelnen Legenden-Kategorien (vgl. Kategorien in M3: Flächennutzung, Dienstleistung, Verkehr, Kraftfahrzeugverkehr).

Schritt 2 • •

Auswertung

→ Erläutere die Kartenaussagen, in dem du die einzelnen Inhalte der Kategorien zueinander in Beziehung setzt. Hilfreich ist hierbei die Betrachtung der Verbreitung, Häufigkeit und Größenordnung bestimmter Signaturen.

→ Interpretiere die Karteninhalte. Nutze hierfür gegebenenfalls zusätzliches Material, das die Kartenaussagen ergänzt (z. B. Grafiken, Fotos, Tabellen, Texte; vgl. M1)

Schritt 3 • • •

→ Fasse die wichtigsten Aussagen schriftlich oder mündlich zusammen.

Flächennutzung:
- Große zusammenhängende Industrie- und Gewerbeflächen ...
- Außer in der Innenstadt wohnen viele Menschen ...

Dienstleistung/Industrie:
- Die Automobilbranche ist in ...
- Arbeitsplätze im Dienstleistungsbereich sind überwiegend in ...

Verkehr:
- Der Kraftfahrzeugverkehr in die Stuttgarter Innenstadt führt aufgrund der Kessellage ...
- Über U- und S-Bahnen ist das Umland ...
- Die Verkehrsanbindung von Sindelfingen und Böblingen ist ...

M2 Beispiele für Satzanfänge bei der Kartenauswertung von M3

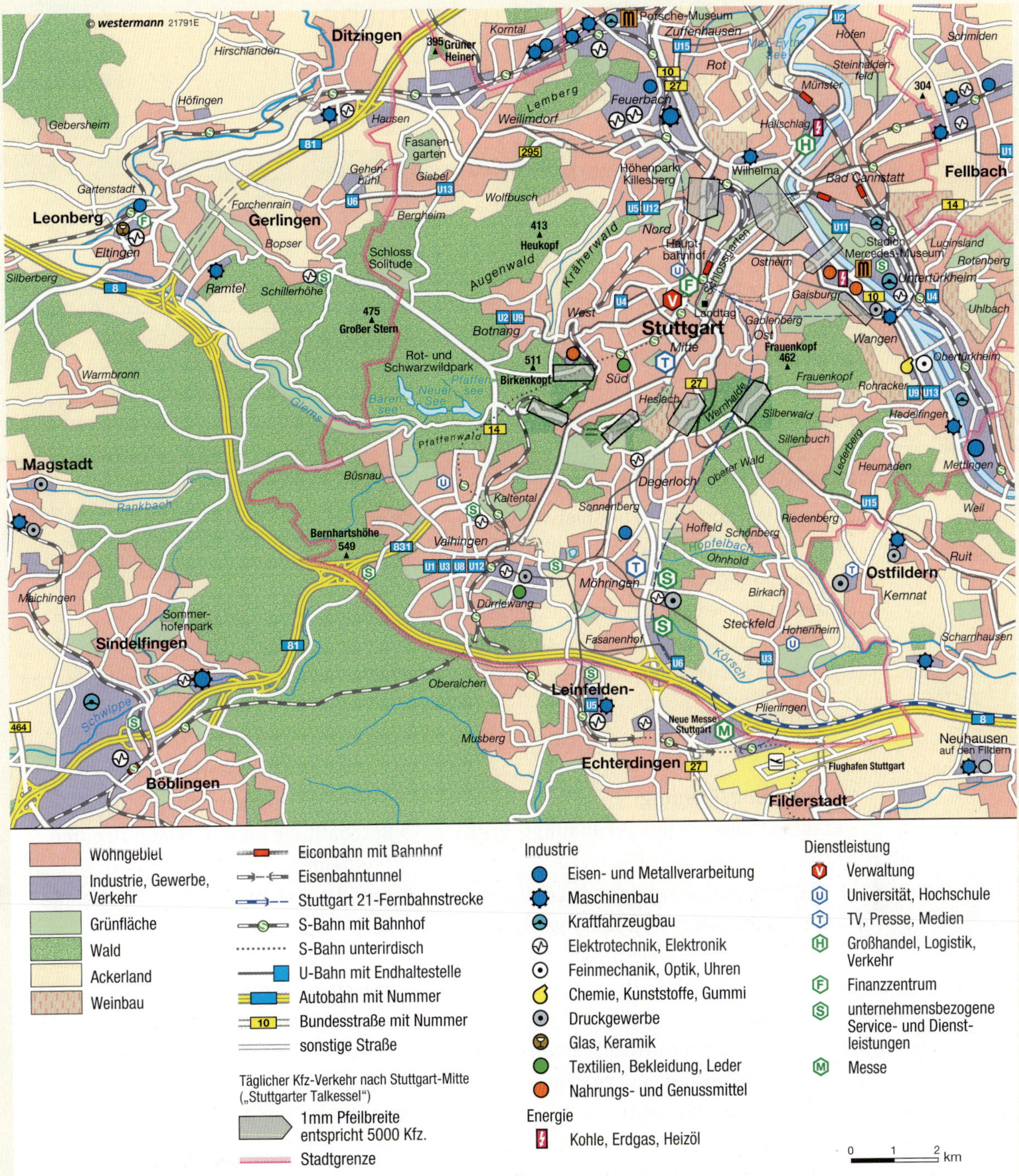

M3 Stuttgart – Wirtschaftsraum

1 *Werte die Karte M3 nach der Anleitung auf Seite 14 aus. Beziehe bei der Interpretation der Karte das Zusatzmaterial M1 sinnvoll mit ein.*

2 *Recherchiere eine thematische Karte im Atlas und werte diese nach der Anleitung auf Seite 14 aus.*

Räume erkunden und untersuchen

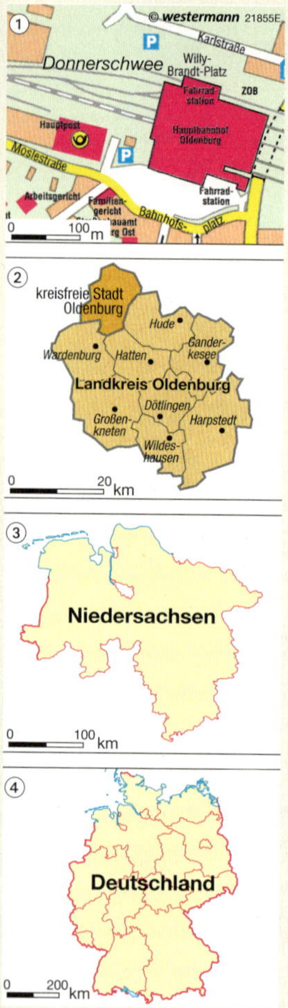

M1 Beispiele für mögliche Untersuchungsräume:
① Stadtteil/Stadt
② Landkreis/kreisfreie Stadt
③ Bundesland
④ Staat

Als Raum bezeichnet man in der Erdkunde z.B. eine Stadt, einen Landkreis, eine Landschaft oder auch ein ganzes Land (vgl. M1). Räume grenzen sich durch bestimmte Merkmale voneinander ab. Wird ein Raum in seiner Gesamtheit erkundet, so untersucht man sämtliche Merkmale, die einen Raum prägen (vgl. M2). Es ist aber auch möglich, dass man einen Raum nur in Bezug auf ein bestimmtes Thema untersucht. Darum sollte man in einer übergeordneten Leitfrage festlegen, welchen Raum man unter welcher Fragestellung untersuchen möchte. Bei der Leitfrage „Welche Merkmale prägen den Wirtschaftsraum in deinem Heimtort?“ sind beispielsweise Informationen zu verschiedenen Unternehmen und deren Tätigkeitsbereichen, Verdienstmöglichkeiten für die Beschäftigten, die Infrastruktur oder auch Förderprogramme für die wirtschaftliche Entwicklung von Bedeutung.

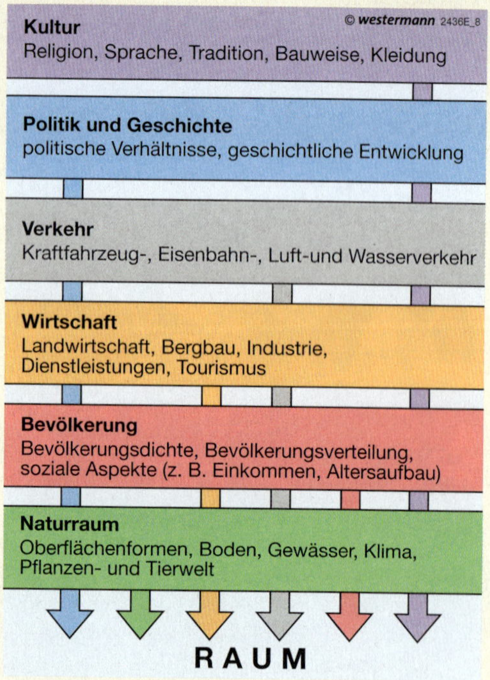

M2 Merkmale, die einen Raum prägen können

So gehst du vor:

Schritt 1 •
Vorbereitung/Planung

→ Legt gemeinsam den Erkundungs- bzw. Untersuchungsraum fest.
→ Überlegt eine übergreifende Leitfrage, die das allgemeine Untersuchungsziel beschreibt (z. B. „Welche Merkmale prägen den Wirtschaftsraum in deinem Heimtort?“)
→ Legt nun gemeinsam Teilthemen fest, die zur Beantwortung der Leitfrage untersucht werden (vgl. M4).
→ Bildet Gruppen zur Bearbeitung der Teilthemen.

Schritt 2 • •
Materialbeschaffung/ Auswertung

→ Plant in den Gruppen genau, wie ihr Informationen zu eurem Teilthema beschaffen wollt. Berücksichtigt dabei bereits die spätere Darstellung der Ergebnisse (vgl. M3 – M5, M7).
→ Legt die genauen Aufgaben für die einzelnen Gruppenmitglieder fest.
→ Beschafft die Informationen zu euren Teilthemen.
→ Tauscht euch in eurer Gruppe über die Recherche-Ergebnisse aus.
→ Wählt die wichtigsten Informationen aus und stellt sie für die Präsentation vor der Klasse zusammen.

Schritt 3 • • •
Präsentation der Arbeitsergebnisse

→ Legt die Aufteilung und Reihenfolge während der geplanten Präsentation fest.
→ Achtet während der Präsentation darauf, dass ihr langsam, deutlich, möglichst frei und dem Publikum zugewandt sprecht.
→ Nehmt Stellung zu Rückfragen.
→ Reflektiert gemeinsam mit der Klasse euer Arbeitsergebnis bzw. eure Präsentation (kritisch-hilfreiche Rückmeldung: Nennung von positiven und negativen Punkten).

Printmedien:
Atlanten, Lexika, Fachbücher, Zeitungen, Zeitschriften, Reiseführer, Kataloge
Ämter und Behörden:
Gemeinden, Länder- und Bundesministerien
Elektronische Medien:
Filme, Fernsehen, Rundfunk, Internet
Befragung vor Ort:
in Behörden, Unternehmen, Verbänden
Befragung von Beschäftigten, Bevölkerung

M3 Beschaffung von Informationen

Tipps:
- Formuliert die Leitfrage einfach und nicht zu umfassend.
- Bearbeitet die Teilthemen zunächst voneinander getrennt (z. B. Verkehr, Standorte der Unternehmen, Entwicklung der Unternehmen, Arbeitslosenzahlen, usw.).
- Setzt anschließend die Informationen der Teilthemen zu einander in Beziehung.
- Achtet bei der Recherche auf die Aktualität der Informationen.
- Erstellt eine gute, vorausschauende Planung entsprechend der vorgegebenen Zeit, um dadurch die Voraussetzungen für eine erfolgreiche Präsentation der Ergebnisse schaffen.

M6 Hinweise zur Vorgehensweise bei der Raumerkundung

Mögliche Fragestellungen bei der Erkundung eines Wirtschaftsraumes:
- Welche Branchen sind in den Einkaufsbereichen vertreten (z. B. Erkundung vor Ort, Nutzung von Karten)?
- Aus welchen Orten kommen die Kunden (z. B. Erkundung von Autokennzeichen auf Parkflächen)?
- Wie ist die Verkehrssituation zu beurteilen (z. B. Befragung von Kunden)?
- Welchen Branchen sind im Gewerbegebiet vertreten (z. B. Kartenauswertung)?
- Wie hoch ist die Arbeitslosigkeit (z. B. Internetrecherche, Befragung der Gemeindeverwaltung)?
- Wie ist die Bevölkerungsentwicklung im Zusammenhang mit der wirtschaftlichen Situation zu bewerten (z. B. Befragung der Gemeindeverwaltung)?
- Gibt es Förderprogramme zur Unterstützung der wirtschaftlichen Entwicklung (z. B. Befragung der Gemeindeverwaltung, Handelskammer)?
- In welchen Wirtschaftsbereichen sind die meisten Menschen tätig (z. B. Internetrecherche)?

M4 Projektbeispiel: Einen Wirtschaftsraum erkunden und untersuchen

M5 Firmenschilder als Informationsquelle

M7 Interview im Gemeindebüro

GEO aktiv

1 *Führt mithilfe der Anleitung eine Erkundung des Wirtschaftsraumes in eurem Heimatort durch.*

Verschiedene Wirtschaftsräume in Europa

> ⓘ **Wirtschaftskraft**
> Die Wirtschaftskraft beschreibt die Leistungsfähigkeit der Wirtschaft einer Region oder eines Staates. Sie wird durch das Bruttoinlandsprodukt ermittelt.

Europa zählt zu den stärksten Wirtschaftsräumen der Erde. Jedoch gibt es innerhalb des Kontinents große regionale Unerschiede bei den Lebensbedingungen und der wirtschaftlichen Leistungskraft.

Wirtschaftliche Aktivräume

Regionen mit hoher Wirtschaftskraft gelten als wirtschaftliche Aktivräume. Hier besteht meistens eine gute Verkehrsinfrastruktur sowie ein breites Bildungsangebot und damit zusammenhängend eine gute Versorgung der Arbeitsmärkte mit Fachkräften. Der Anteil an Arbeitsplätzen im **sekundären** und **tertiären Wirtschaftsbereich** ist überdurchschnittlich hoch.

In Zentraleuropa kennzeichnet die sogenannte „Blaue Banane" diesen wirtschaftlich leistungsfähigsten Bereich (vgl. M4).

Zudem haben sich einige Regionen am Mittelmeer duch den Tourismus wirtschaftlich gut entwickelt. Dort siedeln sich verstärkt Unternehmen aus den Bereichen Telekommunikation, Informationstechnik, Medizin und Biotechnologie an. Wegen des sonnigen Klimas wird diese Region als „Sunbelt" bezeichnet.

Wirtschaftliche Passivräume

Regionen mit niederiger Wirtschaftsleistung gelten als Passivräume. In den häufig ländlich geprägten Regionen arbeiten die Menschen oft mit veralteten technischen Möglichkeiten in der Landwirtschaft. Die Verkehrsanbindung ist meist schlecht. Zudem mangelt es in diesen Regionen an Bildungsmöglichkeiten und Fachkräften. Der **primäre Wirtschaftsbereich** hat hier einen hohen Anteil am Bruttoinlandsprodukt (BIP). Die wirtschaftlichen Passivräume liegen meist in den Randgebieten der EU.

M1 Tourismus an der Costa Brava

M2 Industriepark Höchst bei Frankfurt/Main

1. *Beschreibe M1, M2 und M5.*
2. *Erkläre die Bezeichnungen „wirtschaftlicher Aktivraum" und „wirtschaftlicher Passivraum" (Text).*
3. *Beschreibe die Lage wirtschaftlich starker und schwacher Regionen innerhalb Europas **oder** notiere in einer Tabelle Länder, die zum Randgebiet Europas gehören bzw. zum wirtschaftlichen Zentrum (Text, M3, M4).*

Bruttoinlandsprodukt in Mrd. Euro (2012)		Einwohner in 1000 (2012)
Norwegen	308,6	5 019
Kroatien	47,4	4 267
Tschechien	148,6	10 515
Lettland	23,1	2 025
Niederlande	594,6	16 768
Österreich	282,2	8 462
Griechenland	242,9	11 280
Großbritannien	1 812,1	63 228
Schweden	328,4	9 517
Rumänien	137,0	21 327
Deutschland	2 491,4	81 890
Frankreich	1 950,1	65 697
Italien	1 572,2	60 918

M3 Bruttoinlandsprodukt ausgewählter europäischer Länder in Mrd. Euro (2012)

M5 London – bedeutender Wirtschafts- und Finanzplatz

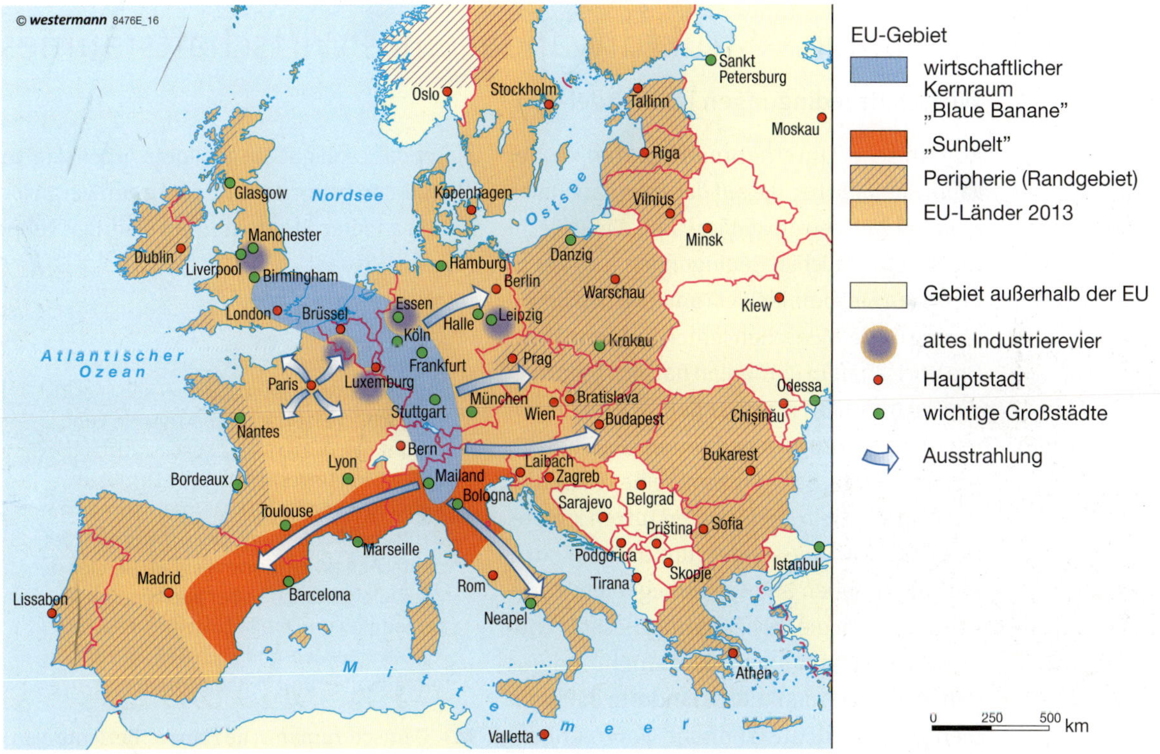

M4 Wirtschaftliche Entwicklungsachsen Europas

4 *Erkläre die Bezeichnung „Zentrum-Peripherie-Gefälle"(Text, M4).*

5 *Errechne das Pro-Kopf-Einkommen der Staaten in M3. Stelle die drei Länder mit dem höchsten sowie die drei Länder mit dem niedrigsten BIP in einem Säulendiagramm dar.*

6 *Recherchiere. Stelle einen wirtschaftlichen Aktiv- und einen wirtschaftlichen Passivraum innerhalb Europas in einem Kurzvortrag vor.*

M1 Wirtschaftszentren in Rumänien

M2 Siemens - Deutsches Unternehmen mit Produktionsstandort in Sibiu (Hermannstadt)

Rumänien – Strukturwandel eines Wirtschaftsraumes

Wirtschaftbedingungen im Wandel

Rumänische Unternehmen stellten früher kaum Produkte her, die auf den internationalen Märkten wettbewerbsfähig waren. Die schlechten wirtschaftlichen Bedingungen führten zu niedrigen Einkommen der rumänischen Bevölkerung. Viele Menschen lebten in Armut.

Die Wirtschaft in Rumänien hat sich jedoch in den letzten Jahren gewandelt. 2007 trat Rumänien der Europäischen Union bei. Dadurch war es möglich, dass das Land seine Wirtschaft mit Fördermitteln der EU unterstützen konnte. Das Geld wird verwendet, um das Verkehrsnetz auszubauen und Gewerbegebiete zu errichten. Durch die Verbesserung dieser **Standortfaktoren** haben viele Unternehmen aus dem Ausland Produktionsstandorte in Rumänien gebaut. Für ausländische Unternehmen bietet das Land gut ausgebildete Arbeitskräfte, aber auch Kostenvorteile, weil es im Vergleich zu den anderen EU-Staaten ein niedriges Lohnniveau aufweist.

Die Handelsbeziehungen zwischen beiden Staaten entwickeln sich weiter sehr positiv. Deutschland ist Handelspartner Nr. 1 und nimmt den dritten Platz bei den ausländischen Direktinvestitionen ein. Es gibt in Rumänien knapp 20 000 Unternehmen mit deutscher Beteiligung. Der Schwerpunkt der deutschen Investitionen liegt im Bereich der Kfz-Zulieferbranche, aber auch Energieunternehmen und große Einzelhandelsketten leisten einen wesentlichen Beitrag zum rumänischen Bruttoinlandsprodukt.

M3 Deutsch-rumänische Handelsbeziehungen

1 *Liste auf, was sich seit 2007 in der Wirtschaft in Rumänien geändert hat.*

2 *Nenne die Schwerpunkte der deutschen Investitionen in Rumänien. Erkläre, warum ausländische Investoren dort verstärkt Produktionsstandorte aufgebaut haben (Text, M2 – M5).*

3 *Werte M4 aus* ***oder*** *erkläre, warum die Karteninhalte Ausdruck des Wirtschaftswandels in Rumänien sind.*

www.diercke.de
D3 116, 130
www.heimatundwelt.de
HW-095

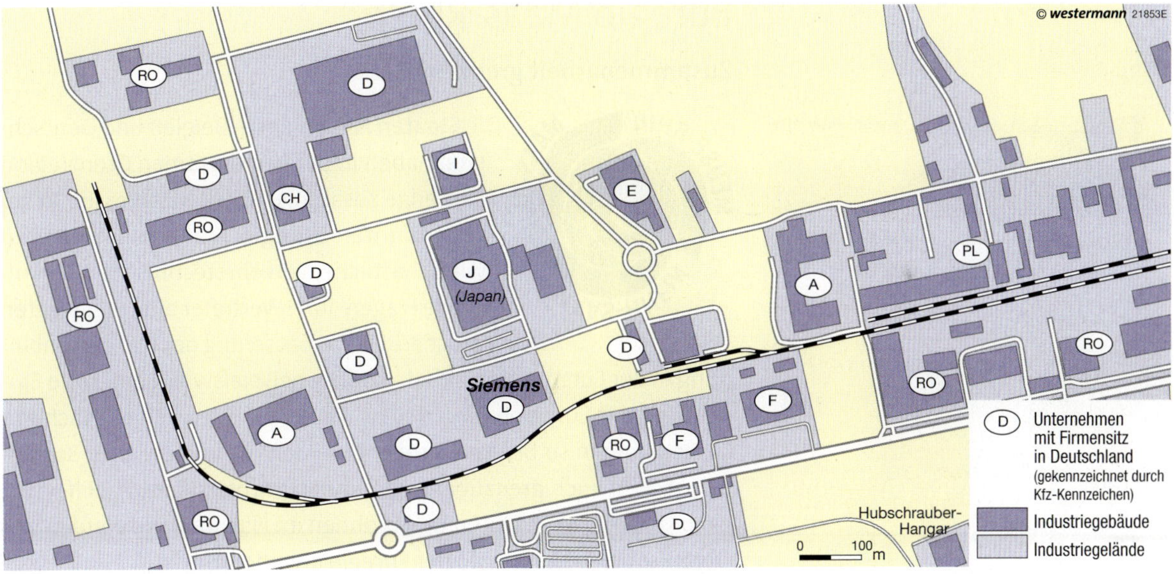

M4 Gewerbepark in Sibiu

Abhängigkeit von ausländischen Firmen

Eine Verbesserung der wirtschaftlichen Lage konnte bisher nur in Wirtschaftszentren wie Bukarest, Cluj (Klausenburg) oder Sibiu (Hermannstadt) erreicht werden. Ausländische Unternehmen haben hier gute Verdienstmöglichkeiten geboten. Es ist jedoch zu erwarten, dass die Löhne in Rumänien in den nächsten Jahren steigen. Für ausländische Unternehmen könnte Rumänien als Produktionsstandort dann nicht mehr attraktiv sein. Unternehmen würden dann ihre Produktion in ein weiteres Billiglohnland verlegen. Die Arbeitslosigkeit könnte dann wieder steigen und die wirtschaftliche Lage Rumäniens sich wieder verschlechtern.

Die Wirtschaft ist somit von den ausländischen Unternehmen stark abhängig. Um eine nachhaltige Verbesserung der Wirtschaftslage zu erreichen, muss die Abhängigkeit von ausländischen Investoren abnehmen. Ziel muss es sein, dass in Rumänien viele vom Ausland unabhängige Unternehmen entstehen, die ihre Waren auch auf den internationalen Märkten verkaufen können.

> Lidl war bis vor Kurzem ein noch unbekannter Name in Rumänien. Mit der Übernahme des Filialnetzes von Plus und der Eröffnung weiterer Geschäfte im laufenden Jahr, ist der deutsche Discounter zur zweitgrößten Lebensmittelkette nach Anzahl der Standorte in Rumänien geworden. Nach der Übernahme der Plus-Standorte kommt Lidl auf mehr als 120 Standorte.

M5 Lidl wird zweitgrößte Lebensmittelkette Rumäniens

4 *Nenne Vor- und Nachteile, die sich für Rumäniens Wirtschaft durch die ausländischen Investoren ergeben (Text, M3 – M5).*

5 *Erläutere, welche Voraussetzungen für eine nachhaltige Erholung der rumänischen Wirtschaft gegeben sein müssen (Text).*

Euregio Maas-Rhein

Zusammenarbeit grenzenlos

Die Staaten Niederlande, Belgien und Deutschland haben in der gemeinsamen Grenzregion eine enge Zusammenarbeit beschlossen. In der sogenannten **Euregio** Maas-Rhein werden wirtschaftliche, verkehrstechnische und kulturelle Fragen durch Vertreter aller drei Staaten besprochen. Die Verbesserung der Verkehrsanbindung in der Euregio Maas-Rhein konnte beispielsweise durch die Einrichtung der Euregiobahn erreicht werden. Die jeweiligen Nachbarländer können so bequem erreicht werden. Viele Menschen suchen inzwischen auch grenzübergreifend nach Arbeitsplätzen. Hilfen für ein problemloses Arbeiten und Wohnen im Nachbarland werden von Organisationen innerhalb der Euregio angeboten.
Auch arbeiten belgische, niederländische und deutsche Unternehmen, Behörden oder Schulen eng zusammen.

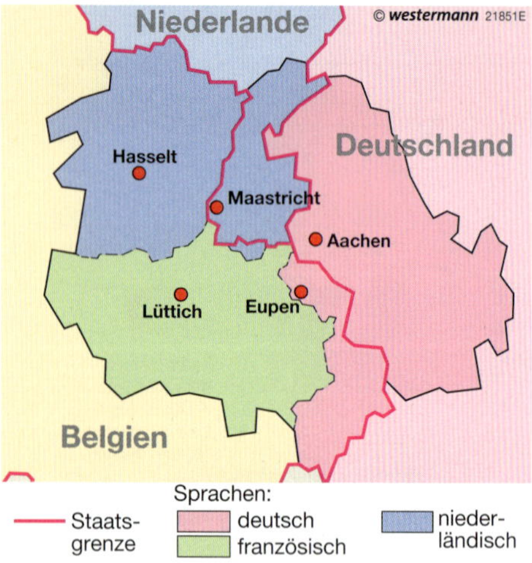

M1 Karte der Euregio Maas-Rhein

M2 Broschüre mit Hinweisen für das Wohnen und Arbeiten im grenznahen Nachbarland

Businesscenter auf der Staatsgrenze

Auf der deutsch-niederländischen Staatsgrenze haben die Städte Kerkrade (NL) und Herzogenrath (D) das Dienstleistungszentrum „Eurode Business Center“ errichtet. Es gilt als Symbol für das Zusammenwachsen von Grenzregionen. Im „Eurode Business Center“ haben sich seit 2001 neben anderen Branchen viele Unternehmen der Informationstechnolgie angesiedelt. Durch den Standortvorteil können die Firmen mit einem Büro die Märkte zweier Länder bedienen und so Kosten sparen. Auch die im „Eurode Business Center“ angesiedelte Polizeidienststelle bietet Vorteile bei der Zusammenarbeit. Hier sind Polizisten aus den Niederlanden und Deutschland beschäftigt. Grenzüberschreitende Einsätze können so schnell und besser koordiniert werden.

M3 Grenzübergreifende Arbeitsplätze – durch das Gebäude des Eurode Business Center verläuft die deutsch-niederländische Grenze

1 *Notiere Besonderheiten der dargestellten Regionen (M1).*

2 *Beschreibe die Lage der Euregio Maas-Rhein (M1, M5).*

3 *Erkläre den Begriff „Euregio“ (Text, M1).*

grenzüberschreitende Zusammenarbeit

Gebiete, die zu mehreren Euregios gehören

PAMINA Name einer Euroregion

• Zittau Sitz der Geschäftsstelle einer Euroregion

Grenzen
- Staat
- Bundesland
- Grenze einer Euroregion

4155Ea_15

M5 Euregios an den Grenzen Deutschlands

Die Euregiobahn verbindet Düren, Aachen und Heerlen

Entdecken Sie die Euregio Maas-Rhein mit Bus und Bahn.

Das Euregioticket macht's möglich. So können Sie für nur 18,00 Euro einen Tag lang in der Euregio Maas-Rhein nahezu alle Bus- und Bahnlinien nutzen. An Wochenenden und nationalen Feiertagen – egal ob in Belgien, den Niederlanden oder Deutschland – gilt das Ticket einen Tag lang für die ganze Familie (maximal 2 Erwachsene und 3 Kinder unter 12 Jahren) in der gesamten Euregio Maas-Rhein. Erhältlich ist das Ticket bei den örtlichen Verkehrsunternehmen.

(Quelle: www.mobility-euregio.com)

M4 Werbetext für das Euregioticket

4 *Beschreibe Maßnahmen bzw. Projekte, die innerhalb der Euregio Maas-Rhein durchgeführt worden sind* ***oder*** *verfasse einen Werbetext mit Standortvorteilen für die Ansiedlung eines Wirtschaftsunternehmens in der Euregio Maas-Rhein (Text, M2 – M5).*

5 *Recherchiere. Stelle Informationen zu Aktivitäten einer weiteren Euregio in einem Kurzvortrag dar (M5, www.euregio.de, www.edr-org.de, www.euregio-pamina.org, www.euregio-egrensis.de, www.euregio-mr.com).*

M2 Containerhafen Osaka – Exportwaren werden weltweit verschifft

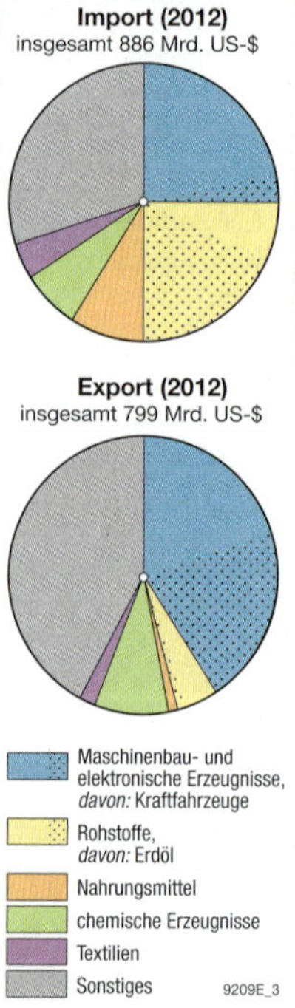

M1 Japans Im- und Exportprodukte

Wirtschaftsmacht Japan

Wirtschaftlicher Aufstieg ohne eigene Rohstoffe

Nach dem Zweiten Weltkrieg entwickelte sich Japan zu einer führenden Wirtschaftsmacht. Besonders in den Branchen der Stahl- und Eisenproduktion, der Computer- und Unterhaltungselektronik sowie der Automobilindustrie konnten die Unternehmen große Anteile am Weltmarkt erringen. Da Japan ein Land mit wenigen Rohstoffen ist, müssen diese teuer importiert werden. Neue, besonders wirtschaftliche Produktionsmethoden gleichen diesen Nachteil aus (vgl. Seite 26).

Die in den Hafenstädten angelieferten Rohstoffe werden in verschiedenen Industrien zu Fertigwaren wie Autos, Computer oder Fotoapparaten verarbeitet. Einen großen Teil davon exportiert man anschließend mit Containerschiffen in andere Länder. Aus diesem Grund sind viele der großen Industrieunternehmen verkehrsgünstig in der Nähe der Küste angesiedelt. Immer mehr Absatzmärkte konnten in vielen Ländern der Welt erschlossen werden. Waren mit der Bezeichnung „Made in Japan" gelten als qualitativ hochwertig und preiswert. Besonders bis Mitte der 1980er-Jahre konnte die japanische Wirtschaft mit immer neuen Erfolgsmeldungen glänzen.

Durch den wirtschaftlichen Aufschwung entstanden außerhalb Japans viele Produktionsstandorte japanischer Firmen. Jedoch setzte Anfang der 1990er-Jahre aufgrund einer Bankenkrise eine Phase des wirtschaftlichen Rückgangs ein. Dadurch stieg die Arbeitslosigkeit an. Erst seit 2003 erholt sich Japan langsam von dieser Wirtschaftskrise.

1 *Beschreibe M2.*

2 *Werte mithilfe des Textes M1 aus.*

3 *Beschreibe die wirtschaftliche Entwicklung Japans seit dem Zweiten Weltkrieg (Text).*

4 *Erläutere, warum die Energieversorgung Japans mit hohen Risiken verbunden ist (M5).*

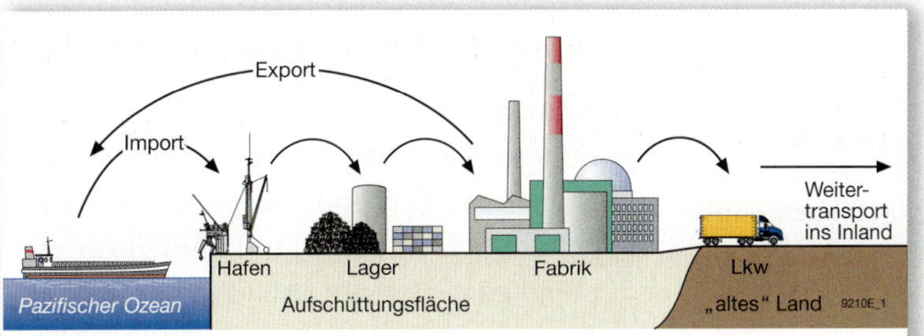

Ein großes Problem Japans ist der Mangel an Siedlungsraum. Japan gewinnt deshalb Neulandflächen aus dem Meer, bis heute mehr als 1 000 km². Trotz der hohen Erschließungskosten rentieren sich die Maßnahmen angesichts der extrem hohen Bodenpreise. Japans Industrie erhält so verkehrsgünstige Standorte an der Küste. Hochseeschiffe können direkt an den Hafenanlagen der Betriebe Rohstoffe löschen oder Industrieprodukte für den Export übernehmen.
Die transportierten Rohstoffe und Bauteile für Kraftfahrzeuge, Werkzeugmaschinen, Kameras, Computer und andere Hightechprodukte werden schon kurze Zeit später zu Fertigwaren weiterverarbeitet. Ein großer Teil davon wird sofort exportiert. Viele Unternehmen, wie Mitsubishi Oil, Kawasaki Steel oder Mazda, haben ihre Produktionsstätten in den Häfen oder in Hafennähe errichtet. Dadurch sparen sie Zeit und halten die Transportkosten niedrig.

M3 Wirtschaftsraum Küste – Raumnot führt zu Neulandgewinnung

Für die industrielle Produktion benötigt Japan viel Energie. Bei der Energieversorgung hat Japan lange auf Atomkraftwerke gesetzt. Wegen des günstigen Strompreises können die Industrieunternehmen ihre Produkte kostensparend herstellen. Von der Nutzung der Atomenergie geht jedoch eine hohe Gefahr aus. Da Japan in einer erdbebengefährdeten Region liegt, kann es zu Unfällen in den Atomkraftwerken kommen. Die Tsunami-Katastrophe im Jahr 2011 hat gezeigt, wie gefährlich die Nutzung der Atomenergie sein kann. Die Region Fukushima wird auf unabsehbare Zeit durch die atomare Verstrahlung unbewohnbar sein. Viele Menschen sind durch die Strahleneinwirkung erkrankt oder sogar gestorben. Aufgrund der hohen Gefahren durch die Atomenergie überlegt nun Japan, die Nutzung alternativer Energien auszubauen.

M5 Energieproduktion mit hohen Risiken

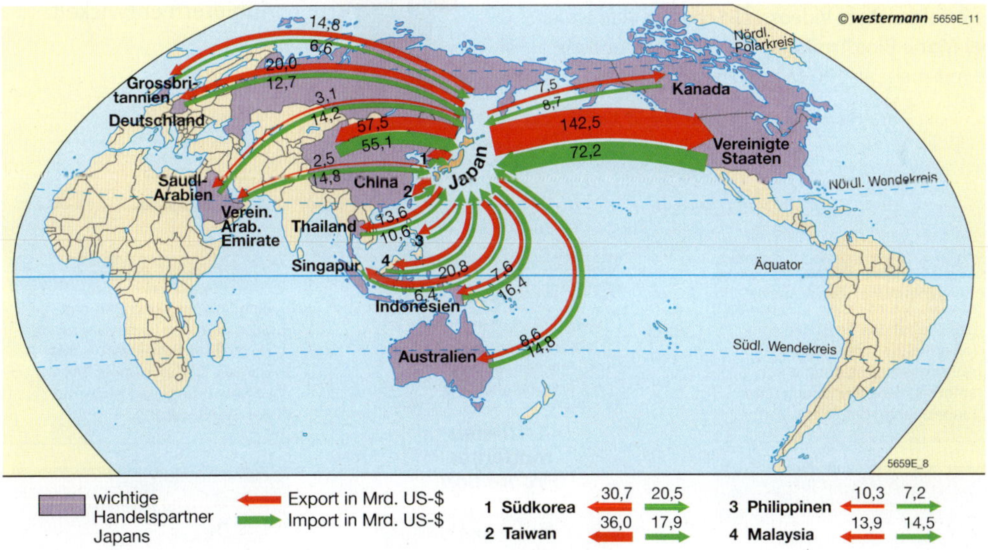

M4 Wichtige Handelspartner Japans

5 *Erkläre, warum die Küstenregionen Japans für die Wirtschaft sehr bedeutend sind (Text, M2, M3).*

6 *Zeichne für den Import und Export jeweils ein Säulendiagramm mit den drei wichtigsten Handelspartnern Japans* ***oder*** *beschreibe die Handelsbeziehungen Japans in einem Zeitungsartikel (M4).*

7 *Recherchiere. Stelle die Folgen der Tsunami-Katastrophe (11. März 2011) auf die Atomkraftwerke in Fukushima in einem Kurzvortrag vor.*

Gründe für den wirtschaftlichen Erfolg

Toyota – von Japan in die ganze Welt
Im Jahr 1933 begann die Erfolgsstory von Toyota. Kiichiro Toyoda gründete innerhalb einer Webstuhlfirma den Bereich Automobile und entwickelte zwei Jahre später sein erstes Auto. Die ersten Fahrzeuge wurden 1952 nach Südamerika exportiert. In den USA wurden ab 1957 Toyotas angeboten. Daraufhin weitete das Unternehmen seinen Export in viele Länder der Welt aus: Bereits 1962 wurde der millionste Toyota produziert. Die 10-Millionen-Marke war zehn Jahre später, die 100-Millionen-Marke 1999 erreicht. Sieben Millionen Toyota-Fahrzeuge laufen heute jährlich vom Band.

M1 Erfolgsgeschichte Toyota

Nintendo – Exportschlager aus Japan
Die Nintendo Co. Ltd., 1889 in Kyoto gegründet, gehört zu den führenden und innovativsten Anbietern im Bereich interaktiver Unterhaltung. Nintendo stellt TV-gebundene und tragbare Videospielkonsolen – z. B. Wii und Nintendo DS – als auch die zugehörige Software her.
Seit 1983 hat Nintendo über 470 Millionen Konsolen und fast 2,7 Milliarden Videospiele verkauft, darunter der meistverkaufte Einzeltitel und die erfolgreichste Videospiel-Serie der Videospiel-Geschichte: „Super Mario Bros." mit über 40 Millionen und die „Pokémon"-Spiele mit mehr als 100 Millionen Exemplaren.

(Quelle: www.nintendo.de, Zugriff am 11.3.2014)

Japan hat weltweit die meisten Patentanmeldungen. Denn hier sorgen moderne Produktionsmethoden und der große Einsatz der Mitarbeiter in den Unternehmen für eine ständige Weiterentwicklung von Produkten.
In vielen Firmen Japans gilt der Leitspruch „Die Firma ist die Familie". Viele der großen Firmen stellen ihren Mitarbeitern und deren Angehörigen Wohnungen, Ausbildungsplätze sowie eine kostenlose Krankenversicherung zur Verfügung. Dafür ist es allerdings auch selbstverständlich, dass die Mitarbeiter unbezahlte Überstunden leisten.
Die Beschäftigten identifizieren sich stark mit den Unternehmen. Durch Fleiß, Disziplin und Erfindungsreichtum der Mitarbeiter haben sich die japanischen Unternehmen in vielen Branchen zu weltweit führenden Anbietern entwickelt.

◁ **M3** Erfolgsgeschichte Nintendo

Leitlinien moderner Produktion

Zero Defekt (Null-Fehler-Produktion)
Das Ziel ist das Erreichen einer fehlerfreien Produktion und Ausschussvermeidung durch sofortige Fehlerbehebung unter Einbeziehung der Arbeitnehmer.

Kaizen (Verbesserung)
Produkte werden stetig verbessert. Dazu verwendet man immer die gerade neueste Technologie.

Ringi-System
Eine Entscheidung wird erst dann getroffen, wenn alle an der Herstellung Beteiligten befragt wurden. Dadurch sollen Mitverantwortung und Motivation gesteigert werden.

Lean Production (schlanke Produktion)
Darunter versteht man die Verlagerung der Produktion auf den Zulieferer. Der eigene Betrieb übernimmt im Extremfall nur noch die Endmontage der gelieferten Teile.

Innovation
Es wird stets versucht Produkte zu entwickeln, für die ein neuer Markt aufgebaut werden kann (z.B. Walkman, Gameboy, Tamagotchi).

Kanban (just in time)
Die für die Produktion benötigten Teile werden vom Zulieferer genau dann angeliefert, wenn sie verarbeitet werden. So werden Lagerkosten gespart.

13385E_2

M2 In Japan entwickelte moderne Produktionsmethoden

1 *Beschreibe, wodurch der wirtschaftliche Erfolg japanischer Unternehmen begründet ist (Text, M2).*
2 *Stelle die Entwicklung Toyotas in einer Zeitleiste dar (M1).*
3 *Nenne Erfolgsdaten der Firmengeschichte Nintendos (M3).*

Ein „Lebendiges Diagramm“ auswerten

Ein „Lebendiges Diagramm“ hilft, die Inhalte von Diagrammen besser zu verstehen. Die Zahlenwerte von Diagrammen werden in Verbindung mit Ereignissen oder Lebensumständen gebracht und können so besser eingeordnet werden.

So gehst du vor:

Schritt 1 •
→ Betrachte das Diagramm und gib einen Überblick, was das Diagramm verdeutlicht.

Schritt 2 • •
→ Beschreibe die dargestellte Entwicklung.

Schritt 3 • • •
→ Lies die Aussagen und ordne sie den richtigen Stellen im Diagramm zu.

Schritt 4 • • • •
→ Notiere zu jeder Zuordnung eine kurze Begründung.

Schritt 5 • • • • •
→ Diskutiert in der Klasse eure Ergebnisse.

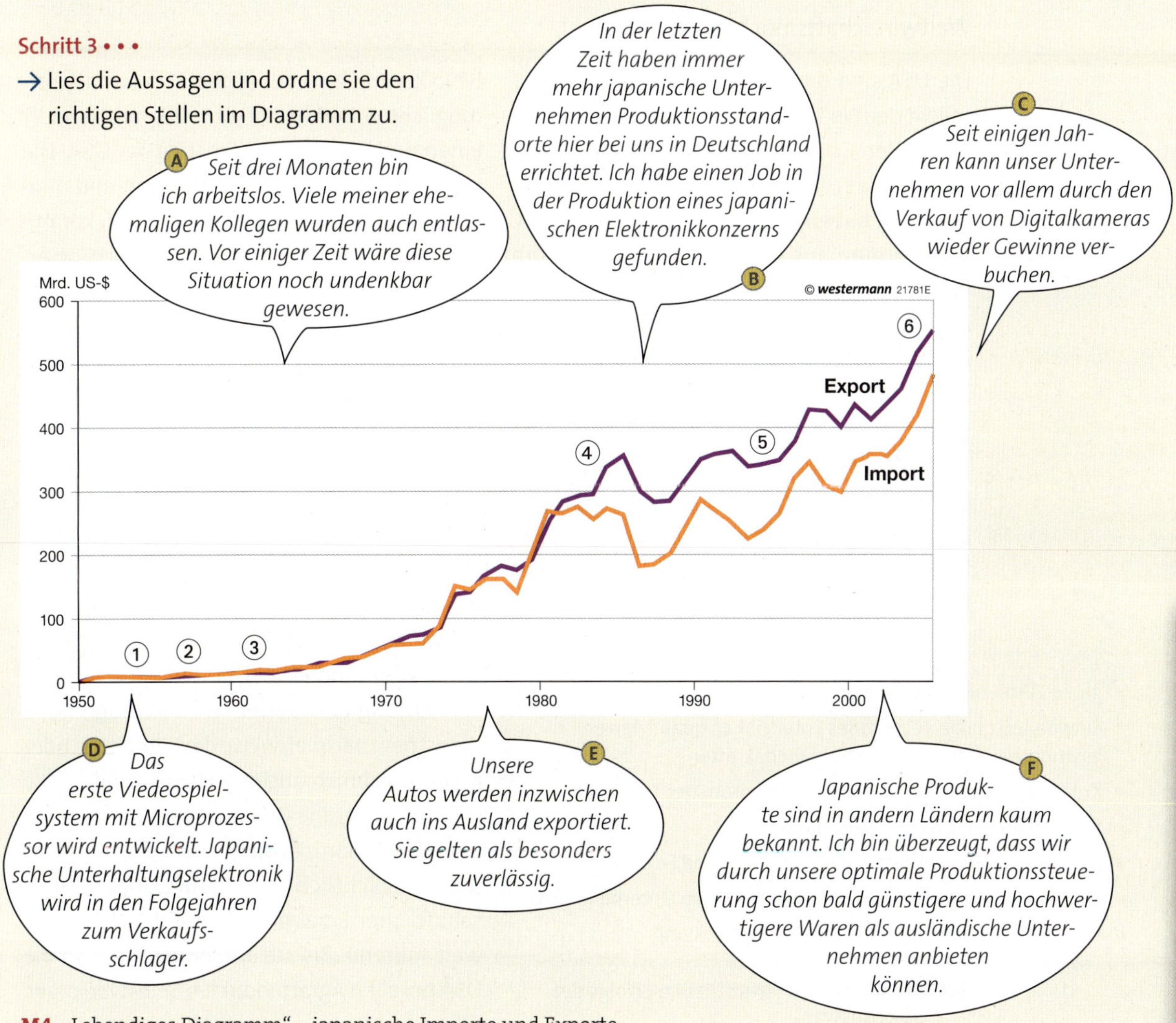

M4 „Lebendiges Diagramm“ – japanische Importe und Exporte

4 *Ordne die Aussagen A–F den Zahlenpunkten 1–6 im Diagramm richtig zu und begründe deine Entscheidung (M4).*

GEO Methode

M1 Flugzeug-Produktion bei Boeing in Everett

M3 „World of Coca-Cola“ in Atlanta

Wirtschaftsräume in den USA

Weltwirtschaftsmacht Nummer 1

Die USA sind die bedeutendste Wirtschaftsmacht der Welt. Unternehmen wie Getränkehersteller Coca-Cola, Flugzeugproduzent Boeing oder Firmen der IT-Branche wie Microsoft haben ihren Stammsitz in den USA. Viele Firmen aus den USA vermarkten ihre Produkte erfolgreich in der ganzen Welt und erzielen so hohe Gewinne. Dadurch erreicht die US-Wirtschaft im globalen Vergleich seit Jahren eine Spitzenposition. Die USA erwirtschaften ein Viertel der weltweiten Wirtschaftsleistung, obwohl die US-amerikanische Bevölkerung nur etwa vier Prozent der Weltbevölkerung umfasst.

Besonders der Rohstoffreichtum, gut ausgebildete Arbeitskräfte, der Ideenreichtum der Bevölkerung und der große Absatzmarkt ermöglichten bereits vor dem 20. Jahrhundert einen wirtschaftlichen Aufstieg der USA. Die steigende Nachfrage an günstigen und qualitativ hochwertigen Industriegütern konnte durch die maschinelle Massenproduktion erreicht werden.

Besonders nach dem Zweiten Weltkrieg entwickelten sich viele US-Unternehmen zu international tätigen Großunternehmen. Der Lebensstandard in den USA stieg im Vergleich zu anderen Staaten überdurchschnittlich.

Industrielle Arbeitsprozesse wurden zur Produktionssteigerung immer stärker automatisiert, wodurch der Bedarf an Arbeitsplätzen in den Industriebetrieben zurückging. Die Folge war ein Anstieg der Arbeitslosenzahlen in den 1970er- und 1980er-Jahren.

Seit Anfang der 1990er-Jahre nahmen neue Industrien, beispielsweise die Computer- oder Medizintechnikbranche, an Bedeutung zu. Die US-amerikanische Wirtschaft erlebte dadurch eine neue Boomphase.

Auch hinsichtlich der Produktion landwirtschaftlicher Erzeugnisse sind die USA weltweit führend. Bis auf Tropenfrüchte sind die USA bei allen Agrarprodukten Selbstversorger.

- große Flächen fruchtbaren Bodens, Rohstoffreichtum
- Einwanderer bilden ein großes Potenzial an qualifizierten, leistungsbereiten und mobilen Arbeitskräften
- Kreativität der Erfinder und Einfallsreichtum der Techniker
- freie Entwicklung der Wissenschaften
- günstige Gesetzgebung für die Wirtschaft und Forschung
- hohe Risikobereitschaft von Kapitalgebern und Unternehmern
- hohe Investitionen in Forschung und Entwicklung

M2 Gründe des wirtschaftlichen Erfolgs der USA (Auswahl)

1 *Erstelle eine Liste mit US-amerikanischen Weltmarktfirmen.*

2 ? *Beschreibe die Entwicklung und Bedeutung der US-Wirtschaft (Text, M2, M5).*

3 *Erläutere Gründe für den wirtschaftlichen Erfolg (Text, M2, M5, M6).*

Jahr	Erfinder bzw. Firmen	Innovationen
1974	Hewlett und Packard	Taschenrechner
1975	Ed Roberts	PC
1978	Bradford Parkinson	GPS
1981	Microsoft	Betriebssystem MS-DOS
1983	Martin Cooper	Mobiltelefon
1993	Apple	Tablet-Computer
2001	Apple	iPod
2004	Mark Zuckerberg	Facebook
2007	Apple	iPhone
2013	Google	Google Glass

M4 Auswahl an Innovationen aus den USA

M7 Firmensitz von Microsoft in Redmond

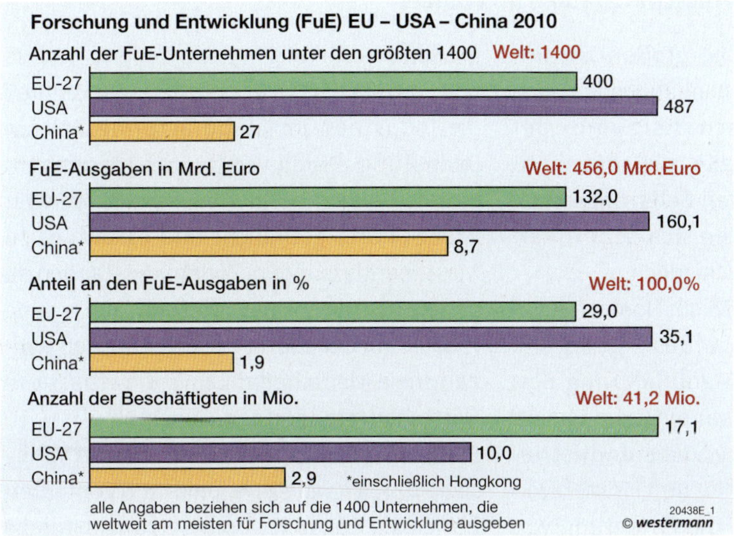

M5 Forschung und Entwicklung im Vergleich (2011)

M8 Unternehmen bzw. Produkte aus der IT-Branche

Durch den Einsatz modernster Maschinentechnik und durch die Entwicklung von produktiven Bewirtschaftungsmethoden ist die Landwirtschaft in den USA weltweit führend. Beim Vergleich der Produktionsmengen liegt die US-amerikanische Landwirtschaft bei Mais, Soja, Rindfleisch, Kuhmilch, Hühnchen- und Truthahnfleisch sowie bei Erdbeeren auf dem ersten Platz. Bei der Produktion von Eiern, Grapefruit und Orangen liegen die USA weltweit auf Platz zwei. Die dritthöchste Platzierung der weltweiten Produktion erreichen die USA bei Baumwolle, Weizen, Tomaten, Walnüssen und Kartoffeln.

M6 USA – landwirtschaftliche Produktion für den Weltmarkt

4 *Häufig wird behauptet, US-amerikanische Unternehmen wie McDonald´s, Coca-Cola oder Starbucks verändern den Alltag in anderen Ländern. Nimm Stellung zu dieser Aussage.*

5 *Recherchiere. Schreibe einen Bericht mit dem Titel „bedeutende Industrieregionen der USA".*

M1 City von Houston

M2 Industrieleerstand in Detroit

Wirtschaftsräume im Wandel

Die großen zusammenhängenden Wirtschaftsräume der USA, die sogenannten Belts, entwickelten sich sehr unterschiedlich.

Der im Nordosten des Landes gelegene Manufacturing Belt war einst die bedeutendste Industrieregion der USA. Steinkohle- und Eisenerzvorkommen begünstigten die Errichtung von Eisenhütten und Stahlwerken bereits ab Mitte des 19. Jahrhunderts. Den produzierten Stahl nutzte man beim Ausbau des Schienennetzes und im Schiffsbau.

Entlang der großen Seen im Nordosten der USA breitete sich ab dem Beginn des 20. Jahrhunderts die Automobilindustrie immer stärker aus. Die Stadt Detroit wurde zur „Motor City" mit Hauptsitz der drei großen Hersteller Chrysler, General Motors und Ford. Zu Beginn der 1970er-Jahre verloren die Industrien im Manufacturing Belt an Bedeutung. Durch verstärkten Maschineneinsatz bei der Produktion wurden weniger Arbeitskräfte gebraucht und es kam es zu Massenentlassungen. Zudem entstanden ab den 1950er-Jahren im Süden des Landes neue Produktionsstandorte im sogenannten Sunbelt. Viele Menschen zogen in die attraktiven Wirtschaftsstandorte im Süden.

Südlich von San Francisco im Silicon Valley siedelten sich viele Elektronik- und Computerfirmen an. Günstige Voraussetzungen für die Entwicklung neuer Hightech-Produkte boten die hochqualifizierten Studienabgänger der über 80 kalifornischen Universitäten. Im Südosten des Landes sind überwiegend die Luft- und Raumfahrt sowie die Rüstungsindustrie von großer wirtschaftlicher Bedeutung. Diese konnte sich mit staatlicher Unterstützung durch Rüstungsaufträge und Forschungsgelder sehr stark entwickeln. Auch die Freizeitbranche ist im Süden ein großer Arbeitgeber.

M3 Der „Ford T", das erste am Fließband hergestellte Auto der Welt. Das Werk ging 1908 in Detroit in Betrieb.

1 *Beschreibe M1 und M2.*

2 *Erkläre die Bezeichnung „Belt" (Text).*

3 *Erläutere die Entwicklung des Manufacturing Belt und des Sun Belt (Text, M1–M4).*

4 *Stelle die Stadtentwicklung Detroits (M2,M5, M7)* ***oder*** *Houstons (M1, M6, M7) in einem Kurzvortrag vor.*

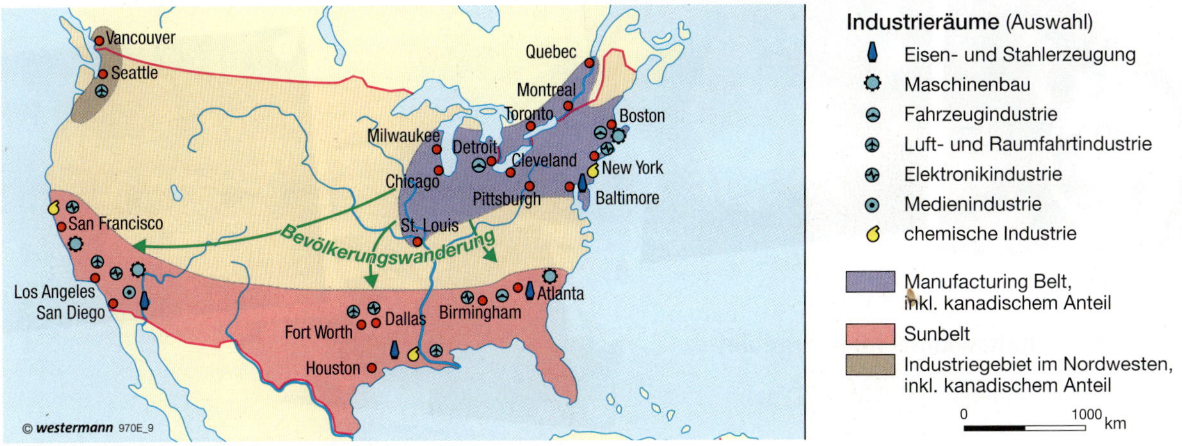

M4 Bevölkerungswanderung zwischen Manufacturing und Sunbelt

Detroit wurde von Siedlern zum Anfang des 19. Jahrhunderts gegründet. Die Stadt wuchs besonders durch die Automobilindustrie zu einer wohlhabenden Metropole.
Seit Mitte des 20. Jahrhunderts setzten Krisen in der Automobilbranche ein und führten zum Niedergang der Automobilindustrie in Detroit. Die Bevölkerungszahlen nahmen daraufhin stark ab. Die Armut stieg immer stärker an. Fast 30 % der Bürger Detroits leben heute in Armut. Die Kriminalität wuchs, sodass Detroit heute zu den gefährlichsten Städten der USA zählt. Viele Menschen verließen die Innenstadtgebiete. Der Leerstand der Häuser wurde immer größer. Ganze Wohn- und Gewerbegebiete verwahrlosten. Bis heute konnte die Ansiedlung neuer, von der Automobilindustrie unabhängiger Wirtschaftsunternehmen nicht zu einer Erholung der Stadt führen.

M5 Detroit – schrumpfende Stadt

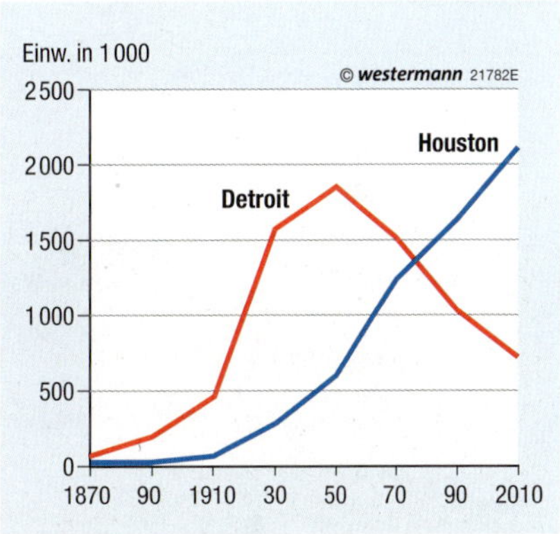

M7 Entwicklung der Einwohnerzahlen in Detroit und Houston

Die Stadt Houston erlebte ihren ersten Aufschwung zu Beginn des 20. Jahrhunderts. Erdölfunde in der Nähe der Stadt führten zur Ansiedlung der Ölindustrie. Die Infrastruktur wurde ausgebaut, sodass der heute größte Hafen der USA über einen 60 km langen Kanal sogar mit Hochseeschiffen erreicht werden kann. Beim Frachtumschlag ist Houstons Hafen im US-Vergleich führend, viele Menschen finden hier Arbeitsplätze. Einen weiteren Aufschwung erlebte Houston durch die Eröffnung des für die Raumfahrt zuständigen Space-Centers zu Beginn der 1960er-Jahre. Die NASA beschäftigt heute in Houston fast 15 000 Menschen. Die Universitäten der Stadt bilden Menschen in verschiedenen Bereichen aus. Viele Beschäftigte von Unternehmen der Flugzeug- und Raketenindustrie, der Erdölindustrie oder der Medizintechnik arbeiten eng mit den Instituten der Universitäten zusammen. Die Stadt mit ihren vielfältigen Arbeits- und Freizeitmöglichkeiten zieht immer mehr Menschen an.

M6 Houston – aufstrebende Metropole

5 *Beurteile die Aussage: „Die Menschen folgen der Arbeit." anhand der Beispiele Houston und Detroit.*

6 *Recherchiere. Stelle die Entwicklung einer weiteren Stadt aus dem Sunbelt oder aus dem Manufacturing Belt in einer Plakatarbeit vor (vgl. M4).*

1 Wirtschaftswandel im Ruhrgebiet

Beschreibe anhand der Fotos A – D den Strukturwandel im Ruhrgebiet.

2 Wirtschaftsräumliche Gliederung Deutschlands

Beschreibe mithilfe der Karte die wirtschaftsräumliche Gliederung Deutschlands.

3 Ansiedlung eines Unternehmens einer Wachstumsbranche

a) Erkläre den Begriff „Wachstumsbranche".

b) Erstelle mithilfe der Textbausteine ein sinnvolles Flussdiagramm zum Thema „Mögliche Auswirkungen der Ansiedlung einer Wachstumsbranche".

Ansiedlung eines Unternehmens einer Wachstumsbranche

Steigerung der Steuereinnahmen

neue Arbeitsplätze entstehen, Zuzug von Arbeitskräften (mit Familien)

Wachstum des allgemeinen Wohlstands der Region

Schaffung besserer Infrastruktur für Bevölkerung und Unternehmen (z. B. Straßen, Freizeiteinrichtungen)

neue Arbeitsplätze im lokalen Dienstleistungssektor (z. B. Supermarkt, Frisör usw.) entstehen

Ansiedlung weiterer Unternehmen, die die wachsende Nachfrage nach Gütern und Dienstleistungen nutzen wollen

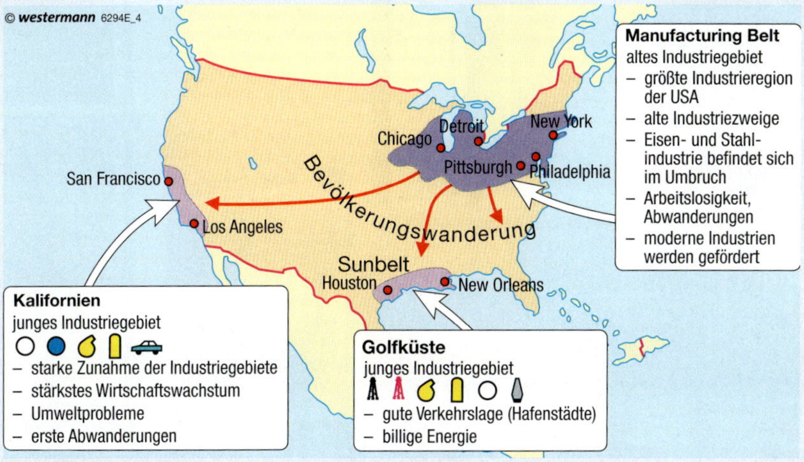

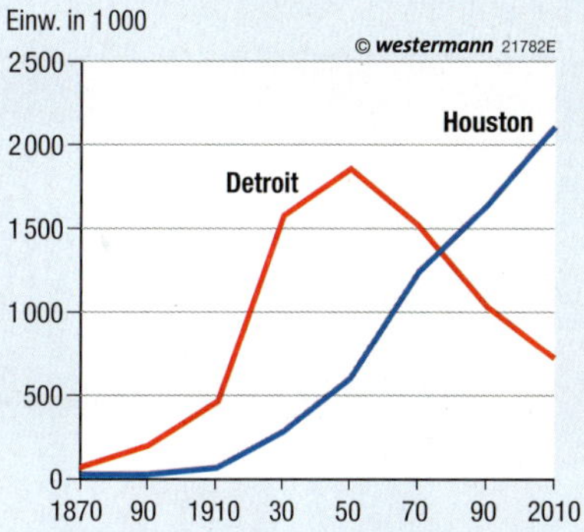

4 USA – Bedeutungswandel von Industriegebieten

Erläutere mithilfe der Karte und dem Diagramm den Bedeutungswandel von Industriegebieten in den USA.

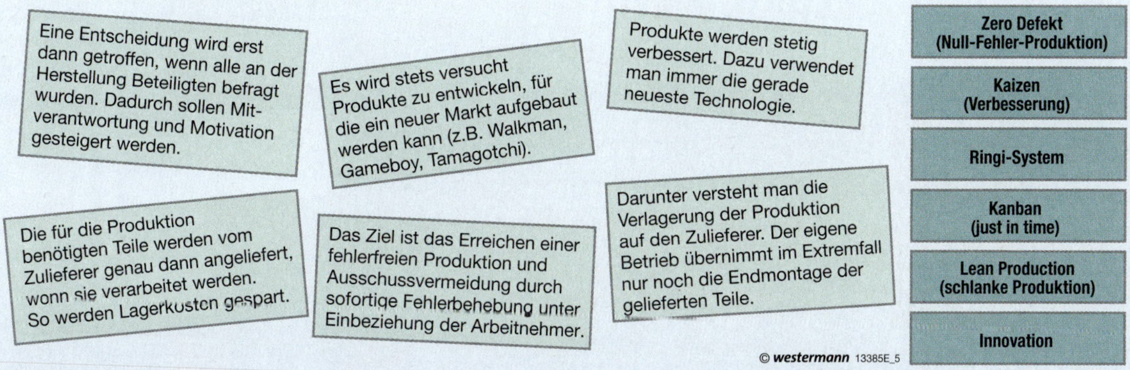

5 Japan – Produktionsmethoden

a) Ordne die Erklärungen zu den Leitlinien moderner Produktion in Japan den richtigen Begriffen zu.
b) Nenne weitere Gründe für den Aufstieg Japans zu einer Weltwirtschaftsmacht.

6 Wirtschaftsraum Europa

Ordne folgende Merkmale jeweils den Kategorien „wirtschaftlicher Aktivraum Europas“ bzw. „wirtschaftlicher Passivraum Europas“ richtig zu. Begründe deine Entscheidung.

viele Arbeitsplätze im tertiären Wirtschaftssektor / London / Blaue Banane / Rumänien / Länder an den Außengrenzen Europas / Hamburg / viele Arbeitsplätze im primären Wirtschaftssektor / international bedeutende Unternehmen / Slowenien / Sunbelt / Mangel an Bildungsmöglichkeiten / gute Verkehrsinfrastruktur / Deutschland

Grundbegriffe

Binnenwanderung
Bruttoinlandsprodukt
Euregio
primärer Wirtschaftsbereich
Schlüsselindustrie
sekundärer Wirtschaftsbereich
Standortfaktor
Strukturwandel
Subvention
tertiärer Wirtschaftsbereich
Verdichtungsraum
Wachstums- und Zukunftsbranche
Wirtschaftsraum

Welthandel und Globalisierung

Welthandel und Globalisierung

M2 Vernetzte Welt – in der Arktis

M3 Kiosk im brasilianischen Regenwald

Die weltweiten Verflechtungen haben in allen Bereichen zugenommen. Man bezeichnet diesen Prozess mit dem Begriff „Globalisierung“. Was bedeutet das für unseren Alltag und welche Auswirkungen hat die Globalisierung auf andere Regionen in der Welt?

M1 Geschäftsstraße in Hongkong/China

M1 Beispiele für Globalisierung

Leben in einer globalisierten Welt

Globalisierung

Dieser Begriff bezeichnet die Zunahme der weltweiten Beziehungen, zum Beispiel in der internationalen Wirtschaft. Durch die Globalisierung wird die Verflechtung der Staaten miteinander größer. Neue Kommunikations- und schnelle Verkehrsmittel fördern den Prozess der Globalisierung.

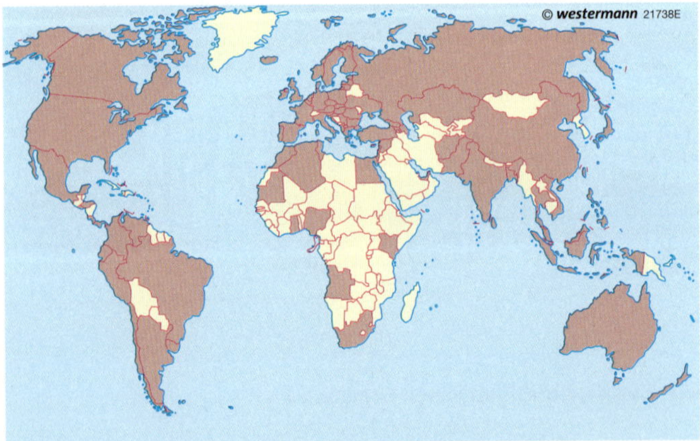

M2 Länder mit Versionen der Sendung „Who want´s to be a millionaire“

Für die meisten Menschen ist die Zunahme der weltweiten Beziehungen seit den 1990er-Jahren etwas ganz Alltägliches geworden. Sie bestimmt zunehmend das Leben und Handeln der Menschen.

Internationale Beziehungen gibts es schon sehr lange. Von **Globalisierung** spricht man allerdings erst ab etwa 1990 – seit es durch technologische Neuerungen (z. B. das Internet) weltweit massive Veränderungen in der Wirtschaft und im Leben der Menschen gegeben hat.

Die Menschen spüren die unterschiedlichen Auswirkungen der Globalisierung. Wenn die Produktion von Autos, Textilien oder Elektronikartikeln aus Kostengründen ins Ausland verlagert wird, ist dies ein Anzeichen für Globalisierung.

Der Konsum von Waren, wie Bananen, Mangos, Kaffee oder Kakao ist nur möglich, weil diese Produkte rund um den Globus transportiert werden. Auch dieses gehört zur Globalisierung. Ein weiteres Beispiel ist die Ausbreitung von Fast-Food-Ketten wie McDonald´s oder von Kaffeehaus-Ketten wie Starbucks. Durch sie werden Produkte rund um den Globus verbreitet und bekannt.

1 *Nenne vier Beispiele für Globalisierung (M1).*

2 *Erstelle anhand M4 eine Liste mit Aspekten der Globalisierung.*

3 *Nenne Beispiele aus deinem Alltag, die zeigen, dass du mit anderen Teilen der Welt verflochten bist.*

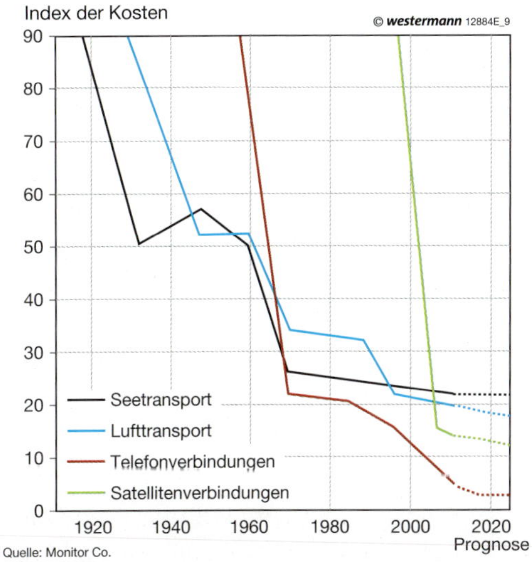

M3 Entwicklung der Kosten in Handel und Kommunikation

Oft spricht man bei uns geringschätzig von Globalisierung. Nur weiß kaum einer, was sich hinter diesem Begriff verbirgt. Das Wort allein bedeutet doch nur, das sich etwas über den Globus ausdehnt. Wer also gegen Globalisierung ist, soll erst einmal erklären, gegen welchen Aspekt der Globalisierung er ist. Protestiert man gegen die weltweite Ausdehnung der Kommunikationssysteme? Die weltweite Anwendung neuer Technologien? Die weltweite Verfügbarkeit wichtiger Daten? Die weltweite Präsenz der Nachrichtensender und ihrer Reporter? Die weltweite Verbreitung von Medikamenten und Therapien? Die weltweite Öffnung von Grenzen oder Reisebeschränkungen? Die weltweiten Reise- und Transportmöglichkeiten für Menschen und Güter? Das weltweite Angebot weltweit erzeugter Produkte? Die weltweite Verbreitung von Demokratie? Die weltweite Durchsetzung der Menschenrechte?

M5 Was verbirgt sich hinter dem Begriff „Globalisierung"?

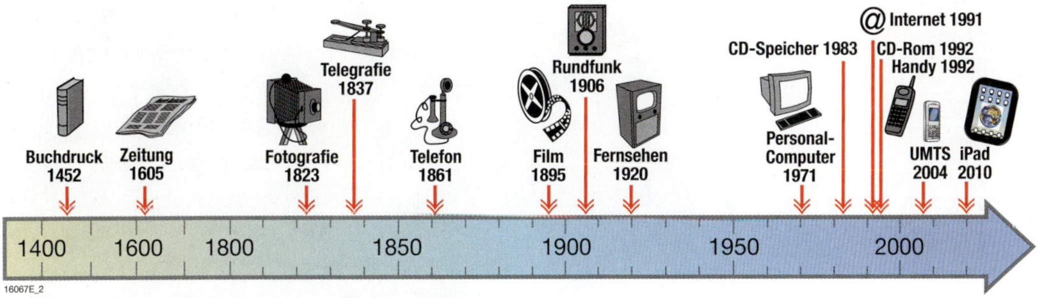

M4 Erfindung wichtiger Kommunikationsträger

4 *Wähle zwei Medien in M4 aus. Erläutere, welche weltweiten Veränderungen dadurch bewirkt wurden **oder** werte die Grafik M3 aus.*

5 *Überall auf der Welt kann man die gleichen Hamburger essen oder Kinofilme aus Hollywood sehen. Diskutiere Vor- und Nachteile.*

Welthandelsströme

Riesige Mengen an Gütern, zum Beispiel Rohstoffe oder Industrieprodukte, werden täglich auf der Welt transportiert. Auch der Handel mit Dienstleistungen, zum Beispiel das Abtippen von Texten oder das Programmieren von Computerprogrammen, hat stark zugenommen.

Der Überseehandel hat sich seit dem 15. Jahrhundert als Folge europäischer Entdeckungsreisen entwickelt. Zu jener Zeit gelangten erstmals Waren wie Baumwolle, Gewürze und Kaffee auch nach Europa. Die Strukturen des **Welthandels** sind noch ähnlich wie zur Kolonialzeit: Oft importieren Industrieländer landwirtschaftliche Produkte und Rohstoffe aus Entwicklungsländern und verarbeiten sie weiter zu Fertigwaren. Diese Fertigwaren werden in alle Teile der Welt exportiert.

Die meisten Waren werden per Schiff transportiert. Die Luftfracht umfasst etwa ein Drittel des internationalen Warenverkehrs. So fließen riesige Waren- und Geldströme unablässig zwischen den Kontinenten hin und her.

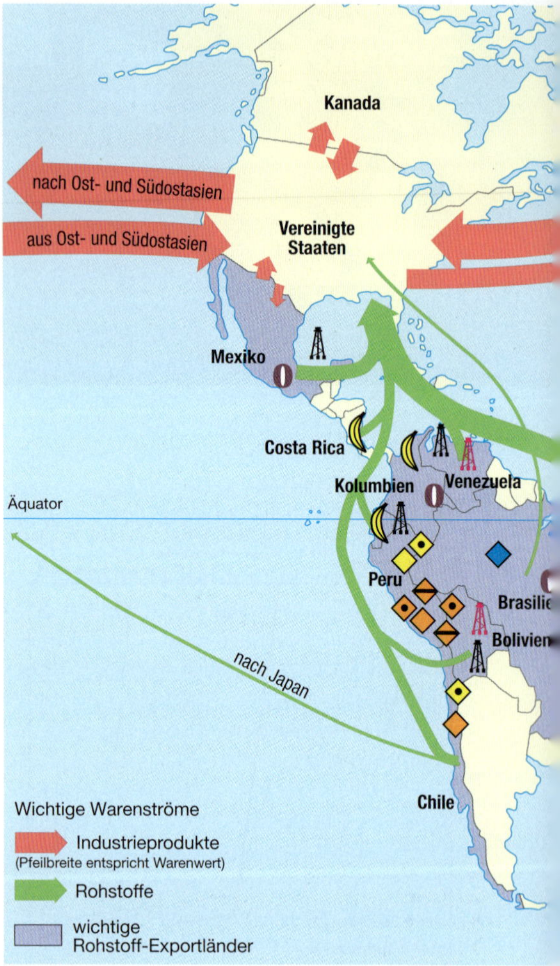

M2 Welthandelsströme

M1 Weltweit größte Containerhäfen 2012

M3 Containerhafen von Shanghai

1 *Beschreibe die Welthandelsströme (M2) a) von Industriewaren, b) von Rohstoffen.*

2 *Nenne die Staaten, in denen die größten Containerhäfen liegen (M1).*

www.diercke.de D3-034   www.heimatundwelt.de HW-186

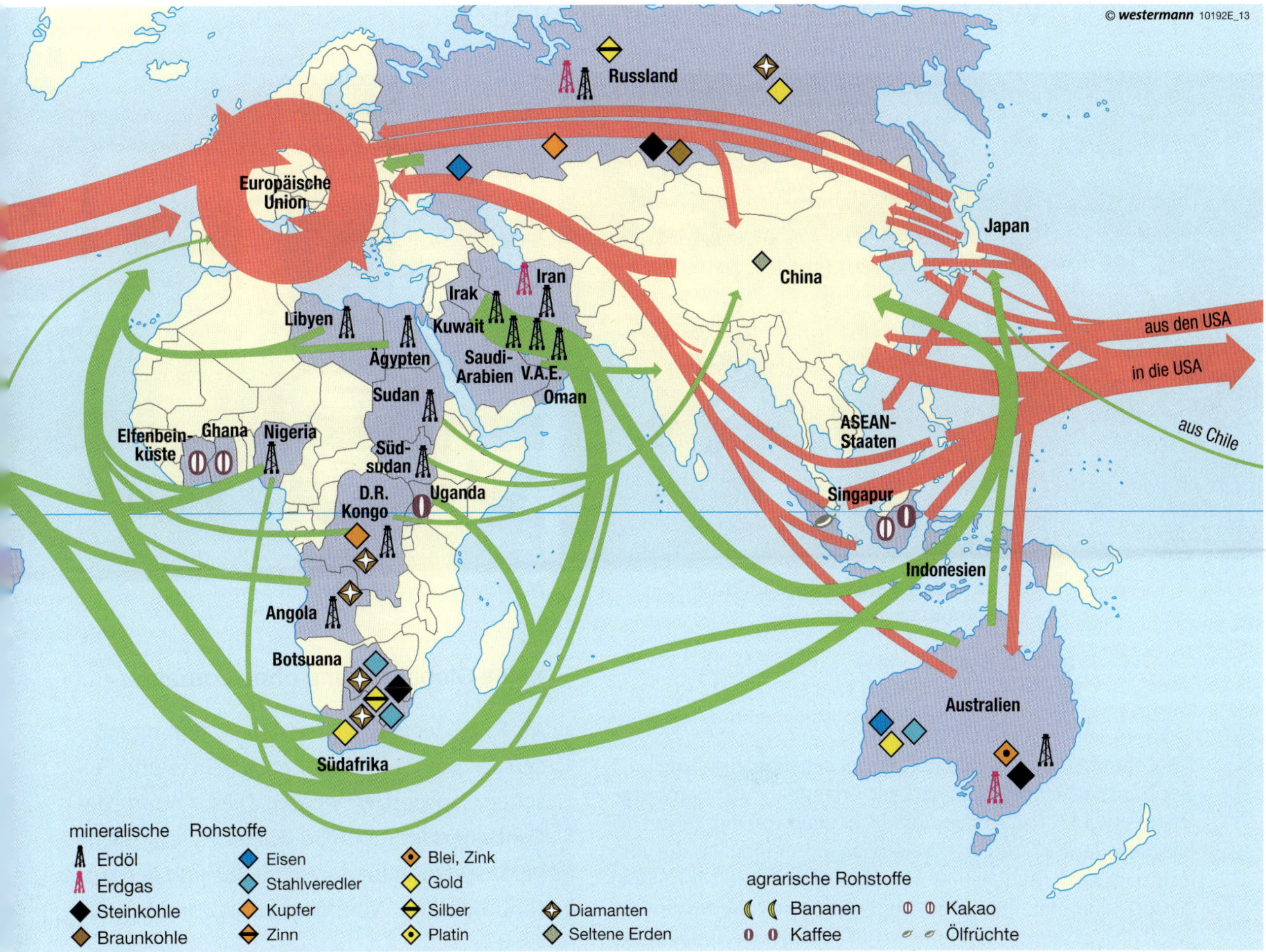

Zu den Gewinnern der Globalisierung gehören die Containerhäfen. Sie haben sich zu wichtigen Drehscheiben der Welthandelsströme entwickelt. Nachdem über viele Jahre im Hafen von Singapur die meisten Container be- und entladen wurden, steht nun Shanghai an der Spitze der weltweit größten Containerhäfen. Hier werden pro Jahr mehr als 32 Millionen Standardcontainer umgeschlagen. Aufgrund der hohen Ausfuhren des „Exportweltmeisters" China zählen mit den Häfen von Hongkong, Shenzhen, Ningbo, Guangzhou (Kanton) sowie Qingdao (Tsingtau) fünf weitere chinesische Häfen zu den Top Ten der Welt.
Der größte Containerhafen Europas ist mit fast 12 Millionen abgefertigten Standardcontainern Rotterdam. Hier kommen die meisten Schiffe aus Übersee an, weil immer größere Schiffe eingesetzt werden und diese Rotterdam leichter anlaufen können als die Häfen der Wettbewerber. Außerdem sind dort die Verbindungen ins Hinterland gut ausgebaut.

M4 Containerhäfen – Drehscheiben der Welthandelsströme

3 *Erstelle eine Liste mit zehn Ländern, die Rohstoffe exportieren. Beschreibe Gemeinsamkeiten.*

4 *Erläutere die Beziehungen zwischen den Warenströmen in M2.*

5 *Im Hafen von Shanghai werden die meisten Güter umgeschlagen. Nenne Gründe dafür.*

Weltweit vernetzte Transporte

M1 Umschlagplatz für Container im Hamburger Hafen

M3 Containertransport per Lkw

Die Containerschiffe sind die Packesel der Globalisierung. Der Transport eines Containers von Shanghai nach Hamburg kostet etwa 1300 €. Angenommen, er wäre voll mit Reisweinflaschen, dann kostete der Weitertransport einer Flasche von Hamburg nach München fünfmal so viel wie deren Reise über 20 000 Kilometer – trotz der Unmengen an Öl, die ein Schiffskoloss wie das Containerschiff „Cosco“ auf dieser Reise bei einer Fahrgeschwindigkeit von 23 Knoten (42,6 km/h) verbrennt: 230 Tonnen – pro Tag.
Damit könnte man ein Einfamilienhaus fast 50 Jahre lang beheizen. Dennoch ist der Schiffstransport mit weitem Abstand wirtschaftlicher als jede andere Transportart. Egal, was das Öl gerade kostet.
In der Fachsprache heißen die Standard-Container „TEU“ – Twenty Foot Equivalent Unit. Ein TEU ist 6,06 Meter lang, 2,44 Meter breit und 2,59 Meter hoch. Die 6 000 TEUs, die die „Cosco“ nach Hamburg bringt, würden, alle übereinander gestapelt, einen Turm bilden, der fast doppelt so hoch wäre wie der Mount Everest: 16 000 Meter.

M2 Container machen die Globalisierung erst möglich.

Keine Globalisierung ohne Container

Als Folge der weltweiten Arbeitsteilung müssen auf der Welt immer mehr Güter und Personen transportiert werden. Die Erfindung des **Containers** im Jahr 1956 war eine wesentliche Voraussetzung für den schnellen und den kostengünstigen Warentransport rund um die Welt.
Selbst größere Containerschiffe können heutzutage einen Hafen bereits nach 24 Stunden wieder verlassen. Gerade einmal drei Minuten benötigt ein Kranbrückenfahrer im Durchschnitt, um einen Container von einem Schiff an Land zu setzen. In einen Standardcontainer (Ladekapazität: 33,2 m³) passen zum Beispiel 10 000 Jeans. Ohne die Containerschifffahrt wäre die Globalisierung des Welthandels nahezu undenkbar.

1 *Beschreibe anhand der Fotos auf dieser Doppelseite die einzelnen Schritte bei der globalen Zustellung eines Paketes (M1, M3, M4, M5).*

2 *Erläutere, wie die Entwicklung des Welthandels und die Erfindung des Containers zusammenhängen (M2).*

3 *Berechne die Transportkosten per Container für eine Jeans (Text, M2).*

M4 Logistikzentrum

M5 Weltweiter Paketdienst durch UPS

Per Express um die Welt

Neben großen Transportsystemen wie der Containerschifffahrt wird der Transport von Stückgut, Paketen und Briefen auch per Luftfracht, Bahn und Paketdiensten wichtiger. In der globalisierten Welt kommt es immer häufiger vor, dass zum Beispiel ein Ersatzteil am „anderen Ende der Welt" benötigt wird. Dafür bieten weltweit operierende Logistikunternehmen ihre Expressdienstleistungen an (z. B. „UPS" oder „DHL").

ⓘ Logistik

Der Begriff Logistik stammt ursprünglich aus dem Militärwesen. Er beinhaltet die Verwaltung, Lagerung und Steuerung des Transports von Waffen, Munition und Verpflegung.
Heute wird generell die Planung und Organisation des Warentransportes als Logistik bezeichnet. Hierzu gehört auch die Lagerung und die digitale Verwaltung von Waren.

Die Öffnung der Märkte und die zunehmende Arbeitsteilung haben es Industrie und Handel ermöglicht, die Beschaffungsaktivitäten weltweit auszudehnen. Nicht allein der vermehrte Abbau von Handelshemmnissen haben den weltweiten Handel vereinfacht. Die Globalisierung hat auch in vielen anderen Bereichen Einzug gehalten, besonders aber in der Beschaffungslogistik.
Gut organisierte Transportketten sind das A und O, um eine ständige Verfügbarkeit der Waren zu garantieren, denn was nützt es dem Einkauf, wenn Waren weltweit bezogen werden können, aber keine optimale und durchgängige Transportabwicklung zu attraktiven Preisen geboten wird?

(Quelle: www.wirtschaftszeitung.de, 1.8.2011)

M6 Globalisierung als Herausforderung an die Logistik

4 *Erläutere, wie sich Containerschifffahrt und Paketdienst ergänzen.*

5 *Schreibe einen Zeitungsbericht mit dem Titel „Logistik im Zeitalter der Globalisierung" **oder** erstelle eine Bildschirmpräsentation zum Thema (vgl. S. 59).*

6 *Recherchiere im Internet den Preis und die Dauer von einer Expresslieferung von Hamburg nach Sydney.*

Weltkonzerne – Akteure der Globalisierung

Global Player

Volkswagen baut ein neues Werk in der chinesischen Stadt Changsha in der Provinz Hunan. Das Werk (...) werde mit einer Kapazität von 300 000 Autos ausgelegt. Der Produktionsbeginn werde 2016 sein. VW-China-Chef Jochen Heizmann hatte den Bau des neuen Werks in Changsha bereits Ende April anlässlich der Automesse in Shanghai angekündigt. Die Fabrik sei Teil der Strategie von Volkswagen, neue Produktionsstätten in den noch unerschlossenen Regionen im Süden und Westen Chinas hochzuziehen, so Heizmann.

(Nach: „Wolfsburger Allgemeine" 12.5.2013, gekürzt)

M1 Zeitungsmeldung

Große Firmen wie BP, Volkswagen, Toyota Motor, E.ON, Siemens oder Allianz sind Unternehmen, die auf der ganzen Welt produzieren, Handel treiben, Waren und Dienstleistungen kaufen oder verkaufen. Sie regeln ihre weltweite Produktion, Materialbeschaffung und ihren Handel in einer Art globaler Arbeitsteilung. Wegen ihrer globalen Aktivität nennt man diese Unternehmen Global Player. Zu ihnen gehören etwa 50 000 Firmen auf der Welt. Da sie weltweit vertreten sind und alle Märkte mit ihren Produkten beliefern, nehmen sie bei der Globalisierung eine wichtige Stellung ein. Bei der Standortwahl sind Kriterien wie billige Arbeitskräfte, preiswerte Rohstoffe, Marktnähe oder Steuervorteile von Bedeutung.

Mit ihren Produkten üben sie besonderen Einfluss auf die Konsumgewohnheiten der Menschen und auf die wirtschaftliche Entwicklung der Länder aus.

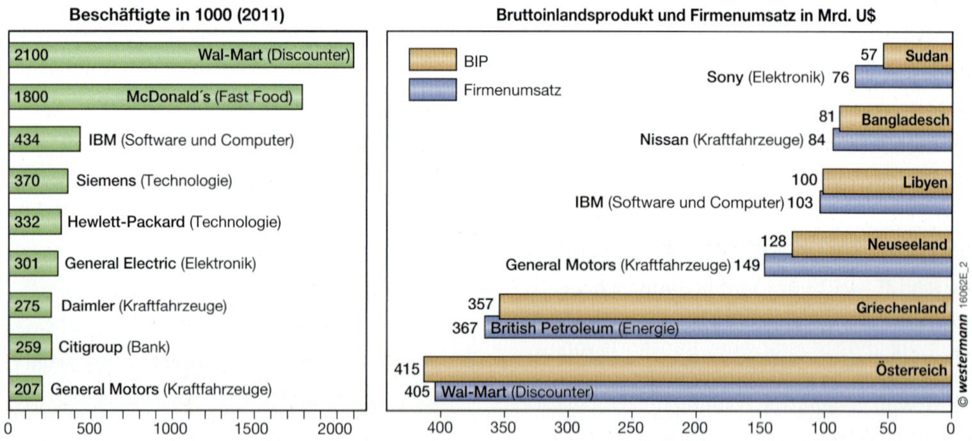

M2 Links: Beschäftigte von Weltkonzernen; rechts: Das BIP einiger Länder im Vergleich zur Wirtschaftskraft einiger Konzerne

1. *Erläutere den Begriff „Global Player" an einem Beispiel.*
2. ?! *Stelle dar, welche Bedeutung Global Player für den Prozess der Globalisierung haben.*
3. *Berichte, ob deine Konsumgewohnheiten durch Global Player beeinflusst werden.*
4. ?! *Werte die Grafik M2 aus.*
5. *Nenne wichtige Gründe für die Verteilung von Produktionsstandorten.*

www.diercke.de D3-034 www.heimatundwelt.de HW-186

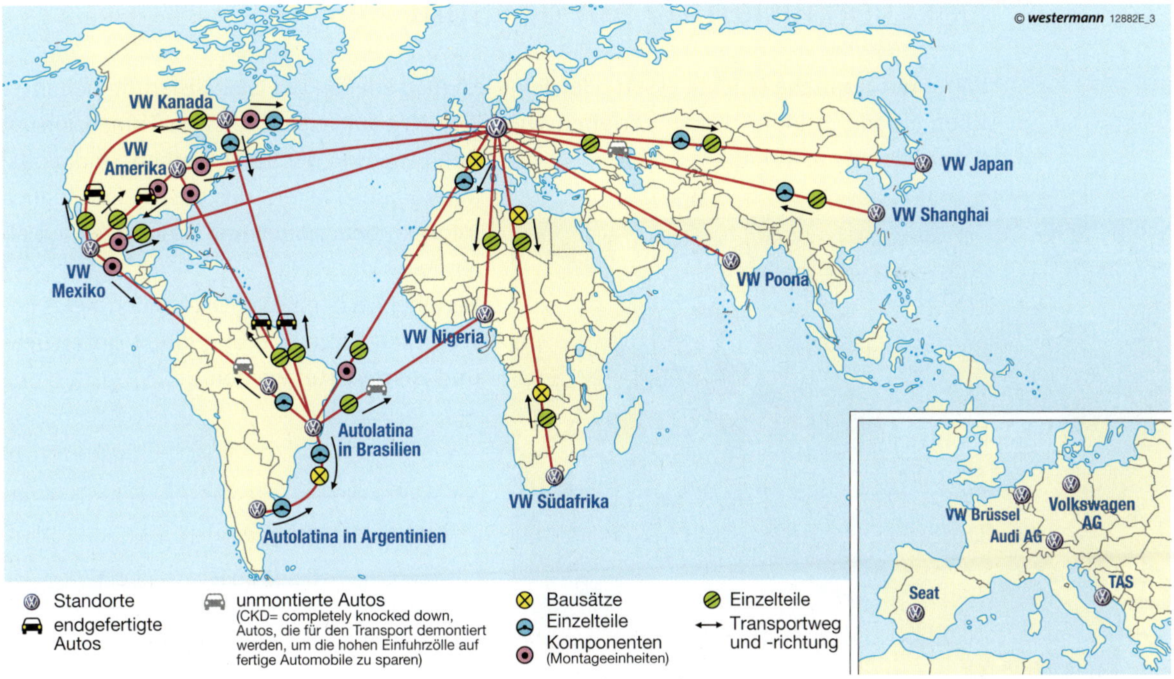

M3 Weltweite Produktionsstandorte des Volkswagen-Konzerns

VW – ein Global Player

Der Volkswagenkonzern (VW) mit Sitz in Wolfsburg ist einer der führenden Automobilhersteller weltweit. VW hat sich innerhalb weniger Jahrzehnte zu einem bedeutenden Global Player entwickelt. Bereits im Jahr 1953 hat VW in Brasilien erste Filialen eröffnet und so den Prozess der Globalisierung eingeläutet. Die Erfolgsmodelle VW Käfer und VW Golf gehören zu den weltweit meistverkauften Autos und haben den Aufstieg des Konzerns mit vorangetrieben.

Heute hat der Konzern Produktionsstandorte auf allen Kontinenten. Zwischen den einzelnen Standorten bestehen enge organisatorische Beziehungen. Hergestellt wird dort, wo es wirtschaftlich effektiv ist.

Ein weiterer Grund für die Produktionsverlagerung in andere Länder ist, dass ausländische Märkte leichter zu erschließen sind, wenn dort eigene Produktions- und Vertriebsstätten existieren. So kann man auf Kundenwünsche eingehen und die Transportkosten sinken.

M4 In einem VW-Werk in Indien

M5 VW Käfer – eines der weltweit meistverkauften Autos

6 *Beschreibe die Vernetzung der Produktionsstandorte des Volkswagenkonzerns* ***oder*** *schreibe einen Bericht mit dem Titel „VW – ein Global Player" (M3).*

7 *Nimm Stellung und beurteile folgende Aussage: „Die Schwellenländer sind die Märkte der Zukunft und somit das Sprungbrett für künftiges Wachstum der Unternehmen."*

8 *Entwickle eine Geschäftsidee für ein global tätiges Unternehmen. Nenne Produkte sowie mögliche Produktionsstandorte und erläutere deine Idee.*

Der Globalisierung auf der Spur

Wenn wir tropische Früchte essen oder Textilien „Made in India“ tragen, erleben wir Globalisierung ganz nah.

Ebenso erleben wir Globalisierung bei unserem Weg durch die Stadt. Viele Firmen, die mit ihren Logos in der Stadt werben, sind global aktiv. Ebenso liefern uns die Medien täglich Informationen, Bilder und Reportagen aus allen Teilen der Welt.
Bei einer Recherche vor Ort können viele Hinweise auf Globalisierung direkt untersucht und ausgewertet werden.

M1 Handelswaren in unserem Alltag

Projekt 1: Welthandel

Viele Gegenstände im Haushalt einer Familie sind Handelswaren, zum Beispiel Nahrungsmittel, Werkzeuge, Möbel, Kleingeräte oder Spielzeug. Einige Gegenstände wurden nicht in Deutschland produziert.
Wählt etwa zehn Produkte aus, die nicht aus Deutschland stammen. Untersucht sie mithilfe von Fragen zum Thema „Welthandel“. (Z. B. Wo ist die Ware hergestellt worden? Welche Produktionsstufen hat sie durchlaufen? Welche Transportwege sind angefallen?)

M2 International tätige Firmen

Projekt 2: Global Player

International tätige Firmen oder ihre Filialen findet man in jeder Stadt besonders an zwei Standorten: In Gewerbegebieten und in der Innenstadt. So erkennt man, wie eine Stadt über ihre Wirtschaft global verflochten ist.
Recherchiert, welche Betriebe im größten Gewerbegebiet eures Schulortes oder in der nächstgelegen Stadt von globaler Bedeutung sind. Wählt daraus oder aus der Einkaufszone der Innenstadt einzelne Global Player aus und stellt sie genauer vor. Findet dafür eigene Kriterien.

Projekt 3: Globalisierung durch Medien

Wie früher über das Dorf, so ist heute jede Familie über die Geschehnisse auf der ganzen Welt informiert. Ob Tageszeitung, Internet oder Fernsehen – sie alle berichten über spezielle Dinge unserer Erde: Politik, Wirtschaft, Kultur oder auch den weltweiten Klimawandel.
Untersucht zum Beispiel, welche Länder in welchen Medien vorkommen oder welche internationalen Themen (z. B. Kultur, Wirtschaft) behandelt werden. Legt einen Tag als Beobachtungszeitraum fest und entscheidet euch für etwa drei Medien.

M3 Handelswaren in unserem Alltag

So gehst du vor:

Schritt 1 •

Planung

Wo und wie finden sich in eurer Schulumgebung Spuren von Globalisierung? Nutzt die Anregungen auf dieser Seite. Diskutiert die Vorschläge und einigt euch auf ein konkretes Thema oder eine Fragestellung. Plant die Durchführung:

- → Bildung von Arbeitsgruppen und Verteilung von Aufgaben,
- → Art der Informationsgewinnung (z. B. Befragung, Kartierung oder Fotoreportage),
- → Festlegung eines Zeitplanes.

Schritt 2 • •

Durchführung und Informationsbeschaffung

- → Legt fest, wer was wann mit wem und mit welchen Materialien unternimmt.
- → Recherchiert möglichst viel vor Ort. Neben Befragungen erhaltet ihr auch durch Telefonbücher, Lokalzeitungen oder im Rathaus Informationen.
- → Sortiert eure gesammelten Informationen und Materialien.
- → Erstellt zu eurem Thema einen zusammenfassenden Text.
- → Erarbeitet weitere Materialien, die für die spätere Präsentation der Ergebnisse hilfreich sind (z. B. Karten, Diagramme, Fotos, Collagen).

Schritt 3 • • •

Auswertung und Präsentation

- → Stellt euch die Ergebnisse der Arbeitsgruppen gegenseitig vor.
- → Erörtert diese anschließend.
- → Überlegt in der Auswertung auch, welche weitergehenden Fragen sich ergeben.
  Zum Beispiel: Ist die Globalisierung wichtig für unsere Stadt? Ist sie für uns persönlich zum Vorteil? Wie können wir negativen Auswirkungen begegnen? Wer steht ihr kritisch gegenüber, mit welchen Argumenten?
- → Präsentiert die Gruppenarbeitsergebnisse in der Klasse oder in eurer Schule.

1 *Führt ein Projekt oder mehrere Projekte in Kleingruppen durch.*

2 *Diskutiert, ob*

a) die Globalisierung auf euren Schulort positive oder negative Auswirkungen hat,

b) ob sich euer Schulort in Zukunft durch die Globalisierung verändern wird.

M1 Textilfabrik in Indonesien

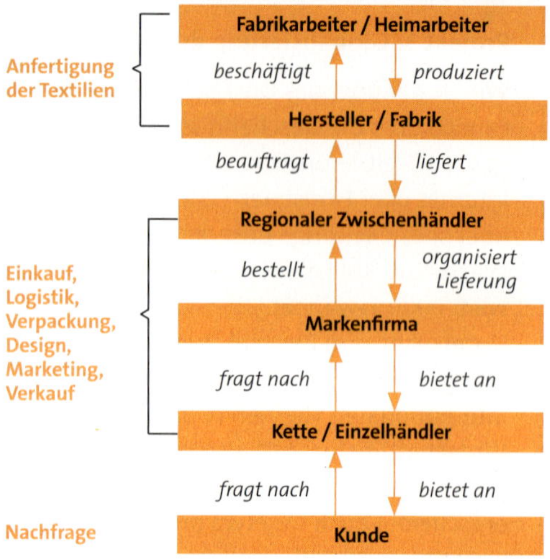

M4 Lieferkette in der globalen Textilindustrie

Globalisierung hautnah

Globale Arbeitsteilung

Viele Waren, die wir täglich verwenden, werden nicht mehr in Deutschland hergestellt. Anhand der Etiketten kann man feststellen, dass z. B. Kleidungsstücke, Zahnbürsten oder Handys oft einen langen Weg hinter sich haben.

Diese Entwicklung haben vor allem Unternehmen der Textil-, Elektro- und Autoindustrie vorangetrieben. Viele davon verfügen über ein weltweites Netzwerk von Produktionsstandorten und Zulieferfirmen. Ihr Ziel sind geringe Produktionskosten. Für sie sind Länder mit niedrigen Lohnkosten besonders attraktiv. Mittlerweile haben viele Firmen ganze Produktionsstufen in andere Teile der Welt ausgelagert. Dadurch kann ein Unternehmen kostengünstiger produzieren und auf dem heimischen oder dem Weltmarkt konkurrenzfähig sein.

M2 Preise und Herkunftsländer von Sportartikeln

Ich heiße Yetti und bin 21 Jahre alt. Ich arbeite als Näherin in einer Fabrik bei Jakarta. Ich war froh, als ich diesen Job bekam, deshalb habe ich mein Heimatdorf verlassen. Die meisten im Dorf sind arm. Ich hatte gehofft, durch meine Arbeit die Familie zu Hause unterstützen zu können. Doch obwohl ich jeden Tag von morgens bis abends arbeite, verdiene ich so wenig, dass ich nichts nach Hause schicken kann. Manchmal arbeite ich 80 Stunden pro Woche, dabei verdiene ich vier Euro am Tag. Das reicht gerade für mein Essen und die Miete. Wirklich leben kann ich davon nicht.

M3 Erzählung einer Näherin aus Indonesien

www.diercke.de
D3-144

Beispiel Textilindustrie

Wenn man den Herstellungsprozess einer Jeans betrachtet, wird deutlich, dass die Textilindustrie ein Musterbeispiel für die Globalisierung von Produktionen ist. Die Herstellung in allen Teilen der Welt vernetzt die Wirtschaft dieser Länder und sorgt für die Zunahme des Welthandels.

Design, Planung und Werbung einer Jeans geschehen in Europa. Die eigentliche Fertigung findet jedoch in anderen Ländern statt. Die Lohnkosten in vielen asiatischen Ländern sind viel geringer als in Europa. Daher ist die Textilindustrie, die sehr viele Arbeitskräfte benötigt, in Länder wie Indonesien, Bangladesch, Kambodscha oder Vietnam abgewandert. Hier werden die Kleidungsstücke in **Sweatshops** hergestellt. Das sind kleine Fabriken, in denen die Menschen zu Niedriglöhnen arbeiten.

M6 Wer verdient wie viel an einer Jeans (Preis 50 €)?

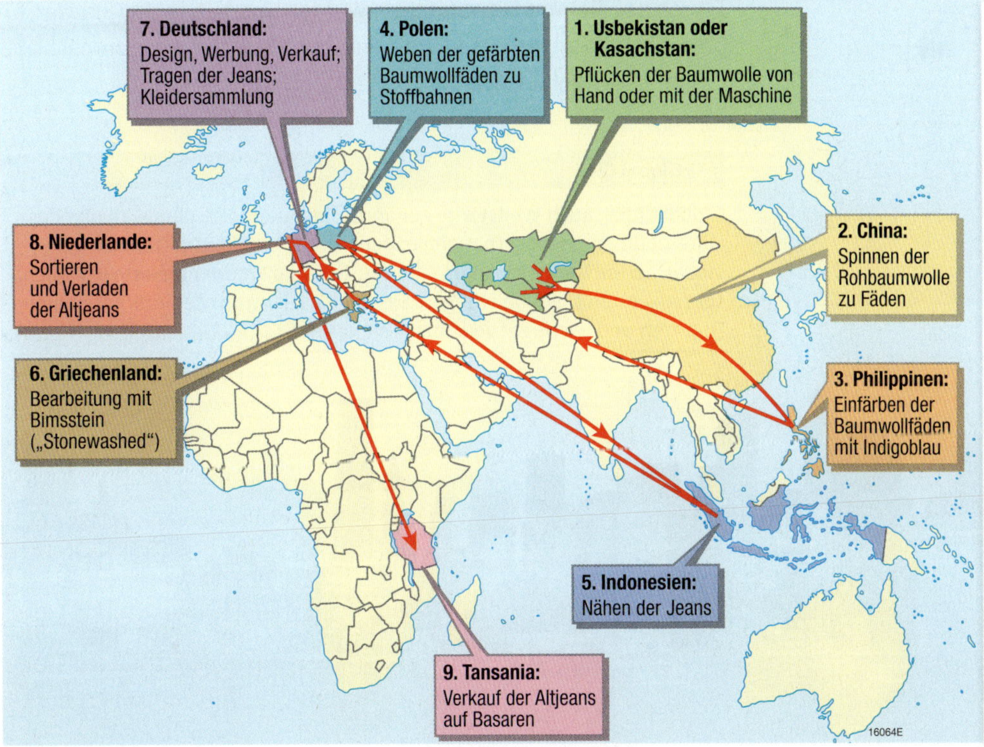

Beispiel Jeans

1. Rohstoffphase:
von der Baumwollpflanze zum Stoffballen
Betriebe: Plantagen, Spinnereien, Webereien; Transport

2. Produktionsphase:
Herstellen der Jeans
Betriebe: Designer, Färbereien, Nähereien; Transport, Logistik

3. Gebrauchsphase:
Kaufen, Tragen der Jeans
Betriebe: Großhandel, Textilgeschäfte; Transport

4. Entsorgung,
Verwertung:
Kleidersammlung bis Verkauf in Afrika
Betriebe: Abfallverwertung, Märkte in Afrika; Transport

M5 Weltreise einer Markenjeans in neun Etappen (ca. 60 000 km)

1 *Ermittle für drei deiner Kleidungsstücke, welches Land auf dem Etikett angegeben ist.*

2 *Stelle dar, warum viele Produktionen und Dienstleistungen europäischer Unternehmen nach Asien verlagert wurden (M2–M6).*

3 *Lege eine Tabelle mit den Produktionsstufen sowie den Produktionsländern einer Jeans an **oder** schreibe einen Zeitungsbericht mit der Überschrift „Weltreise einer Jeans“ (M4, M5, M6).*

4 *Erstelle einen Kurzsteckbrief zweier Länder, in denen Textilien produziert werden.*

M1 Die Lage von New York City

Global Cities – Machtzentren der Welt

Knotenpunkte der Weltwirtschaft

Im Zuge der Globalisierung haben einige Metropolen große Bedeutung für die Weltwirtschaft erlangt. New York beispielsweise ist eine solche **Global City**. Viele Global Player haben hier ihren Sitz und hier werden wichtige politische und wirtschaftliche Entscheidungen von weltweiter Bedeutung getroffen. Begünstigt wurde die Entwicklung von Global Cities durch neue Informationstechnologien wie dem Internet. So kann die Produktion auch an entfernten Standorten organisiert und überwacht werden.

In den Global Cities haben sich hochspezielle Finanz- und Dienstleistungszentren gebildet. Dadurch ist in diesen Zentren auch der Bedarf nach einfachen Dienstleistungen entstanden, z. B. nach Reinigungskräften, Kurieren, Sicherheitspersonal oder Gastronomiepersonal. Das hat dazu geführt, dass Global Cities insbesondere seit den 1990er-Jahren das Ziel von Einwanderern wurden und sich in den Städten für bestimmte Gruppen von Migranten eigene Stadtteile wie zum Beispiel China Towns gebildet haben.

	gar nicht	etwas	mehr	sehr
Armut	?	?	?	?
Glamour	?	?	?	?
Grünanlagen	?	?	?	?
Hafenstadt	?	?	?	?
Handelsstadt	?	?	?	?
Kultur/Medien	?	?	?	?
Landwirtschaft	?	?	?	?
Weltstadt	?	?	?	?
Skyline	?	?	?	?
Sport	?	?	?	?
Tourismus	?	?	?	?
Finanzzentrum	?	?	?	?
Einwanderer	?	?	?	?

M2 Bei New York denke ich an ...

Global City

Global Cities (auch Weltstädte genannt) sind Standorte global agierender Unternehmen und internationale Steuerungs- und Kontrollzentren der globalisierten Weltwirtschaft. Global Cities sind Produktionsorte von hoch spezialisierten Dienstleistungen. Sie sind das Zentrum der internationalen Finanzen und wichtiger Verkehrsknotenpunkt.

M3 Skyline von Manhatten

1 *Erstelle eine Übersicht mit Merkmalen einer „Global City" (Text, M3, M4).*

2 *Erläutere, warum gerade Unternehmen, die weltweit aktiv sind, einen großen Bedarf an spezialisierten Dienstleistungen haben (Text).*

3 *Begründe, weshalb New York als Global City bezeichnet werden kann.*

4 *Übertrage M2 in deine Mappe und kreuze an, was dir spontan zu New York einfällt.*

5 *Ermittle mithilfe deines Atlas a) welche Bevölkerungsgruppen in New York leben; b) die Flächennutzung Manhattans.*

Globalisierung

M5 Die Lage von Singapur

M4 Skyline von Singapur

Singapur auf dem Weg zur Weltstadt

Seit Beginn der 1990er-Jahre wird Singapur konsequent zur Weltstadt mit globaler Bedeutung ausgebaut. Als die ehemalige britische Kolonie 1965 unabhängig wurde, war es lediglich eine kleine überbevölkerte Insel von der Größe Westberlins. Es gab keine Rohstoffe, kein Ackerland und Wohnungsmangel.

Mit Beginn der Unabhängigkeit von der ehemaligen Kolonialmacht Großbritannien begann ein unaufhaltsames Wirtschaftswachstum. Dabei nutzte Singapur die ehemaligen kolonialen Kontakte und lockte Investoren mit günstigen Steuern. Insbesondere hochtechnologische Fertigungsindustrien wie die Mikroelektronik wurden angesiedelt. Durch geschickte staatliche Steuerung wurden nach und nach für die Neuansiedlung von Firmen nur noch Unternehmen mit höherer Technologie zugelassen. So entwickelte sich insbesondere der Elektronik-, Chemie-, Pharma- und Biotechnologiesektor.

Seit den 1990er-Jahren erfolgte ein gezielter Ausbau Singapurs zu einem regionalen Finanz- und Dienstleistungszentrum für internationale Banken und Großunternehmen. Darüber hinaus ist Singapur Drehscheibe für den Handel in Südostasien.

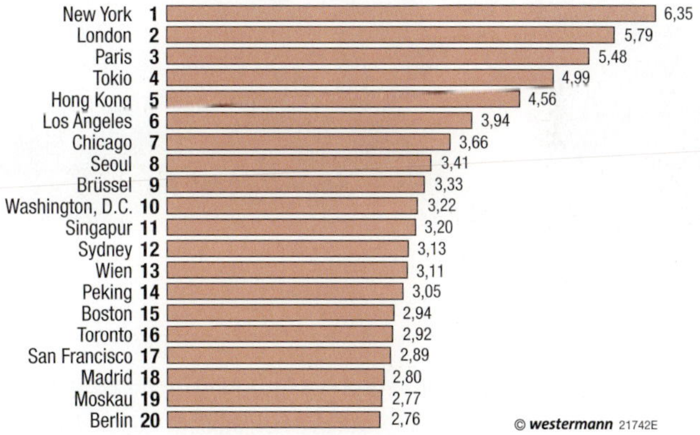

M6 Rangliste der Global Cities. (Folgende Kriterien wurden berücksichtigt: Anzahl globaler Unternehmen, Anzahl und Qualität von Schulen und Universitäten, Informationsaustausch, Anzahl und Qualität kultureller Einrichtungen und Veranstaltungen, politisches Engagement)

6 *Fertige eine Tabelle an und ordne die Global Cities (M6) den Ländern und Kontinenten zu.*

7 *Erstelle einen Ländersteckbrief zu Singapur* ***oder*** *beschreibe die räumlichen Gegebenheiten des Stadtstaates.*

8 *Erläutere, durch welche Maßnahmen Singapur zur Weltstadt wurde (Text, M4).*

9 *Recherchiere und erstelle eine Präsentation mit dem Titel „Singapur – eine Global City“.*

M1 Lage der Demokratischen Republik Kongo

M3 Abbau von Coltan in der D.R. Kongo

Globalisierung der Ressourcen in Zentralafrika

M2 Jugendlicher in einer Coltan-Mine

Rohstoffreichtum im Kongo

Afrika ist einer der rohstoffreichsten Kontinente. Da sich in Süd- und Zentralafrika große Lagerstätten von weltweit bedeutenden Rohstoffen befinden, sind hier viele Bergbauzentren entstanden.

Wegen seines Rohstoffreichtums besitzt der Kongo eine große Bedeutung für die Weltwirtschaft. Hier lagern etwa 30 Prozent aller Diamanten und rund zehn Prozent der Kupfervorkommen der Erde. Außerdem befinden sich hier ca. 70 Prozent aller Reserven des für die Computerindustrie so wichtigen Erzes Coltan.

Wie ein Wurm kriecht Simon ins Innere der Erde, schiebt sich bäuchlings über nassen Lehm und kantigen Granit, durch einen Stollen, so eng, dass er sich nicht umdrehen, kaum Luft holen kann. Zehn Meter, zwanzig, dreißig. Immer neue Gänge öffnen sich, verzweigen sich wieder und wieder, und überall in dieser modrigen, glitschigen Unterwelt dreschen Männer mit Hammer und Meißel auf den Fels ein, die Gesichter mit Staub bedeckt, die Augen geweitet von der Finsternis.

Simon schlüpft in ein niedriges Gewölbe und beginnt sofort mit der Arbeit. Als kleiner Junge wollte er Tänzer werden, doch mit 14 Jahren war seine Kindheit vorbei, denn er musste sich allein nach Nyabibwe durchschlagen, zu einer der größten Erzminen in der Provinz Südkivu im Ostkongo. „Meine Eltern wurden im Krieg erschossen«, keucht Simon. »Ich hatte Hunger. Was sollte ich tun?“

(Quelle: www.zeit.de, 6.11.2011)

M4 Die dunkle Seite der digitalen Welt

www.diercke.de **D3-178** www.heimatundwelt.de **HW-130**

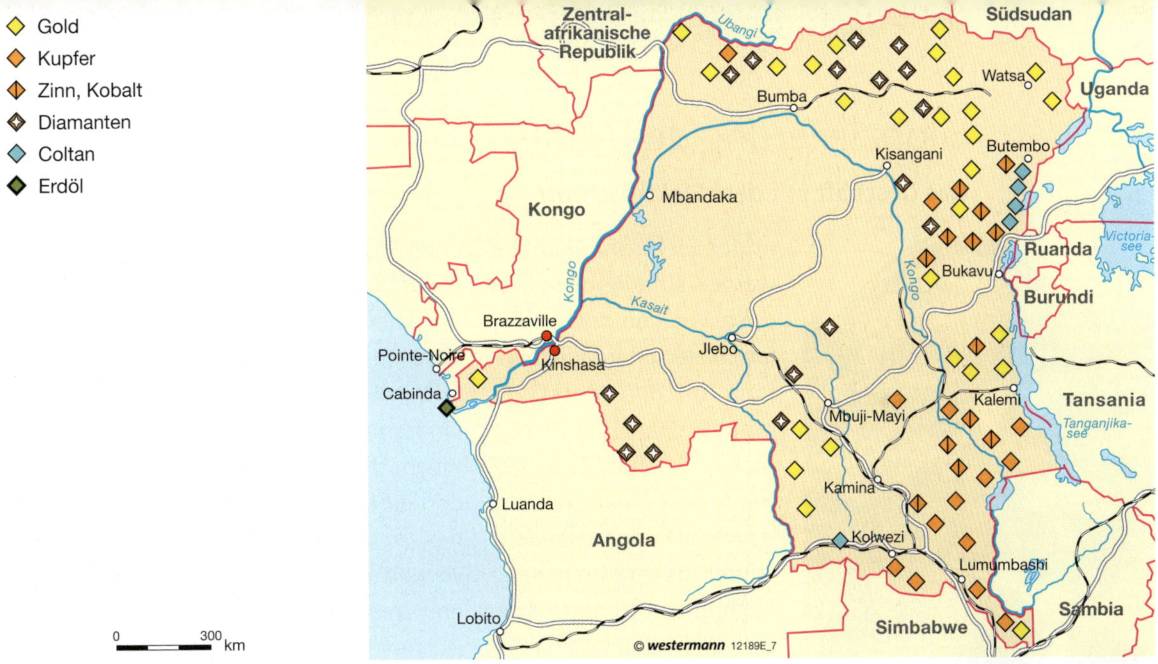

M5 Lagerstätten von Rohstoffen in der D.R. Kongo

Armut trotz Rohstoffreichtum

Trotz des Reichtums an Rohstoffen, der günstigen klimatischen Bedingungen und der guten Ackerböden ist die Bevölkerung in der Demokratischen Republik Kongo sehr arm. Jahrelang tobte ein Bürgerkrieg, bei dem es um religiöse Konflikte und um Zugang zu den Bodenschätzen ging. Die landwirtschaftlichen Erzeugnisse reichen nicht aus, um die Bevölkerung zu ernähren, und die gesamte Infrastruktur ist in einem schlechten Zustand. Ein Teil der Landbevölkerung arbeitet in den Minen und vernachlässigt so die Landwirtschaft. Obwohl der Bürgerkrieg seit dem Jahr 2008 als beendet gilt, ist die Lage noch immer angespannt. Noch immer wird der Abbau von Gold, Diamanten und Coltan von Rebellen kontrolliert, die die Arbeiter unterdrücken und die Rohstoffe illegal ins Ausland verkaufen.

M6 Soldaten zur Bewachung einer Mine im Kongo

ⓘ Coltan

Coltan ist ein Erz, aus dem das Metall Tantal gewonnen wird. Der Name ist abgeleitet aus der Mineralgruppe Columbit Tantalit. Tantal wird benötigt, um möglichst kleine Kondensatoren herzustellen. Deshalb wird dieses Metall für den Bau von Handys, Spielekonsolen und Laptops benötigt.

1 *Nenne die wichtigsten Rohstoffvorkommen in der D.R. Kongo (M5).*

2 *Berichte über den Rohstoff Coltan und seine Verwendung.*

3 *Stelle die Bedingungen dar, unter denen Coltan gefördert wird.*

4 *Erläutere den Zusammenhang zwischen dem Prozess der Globalisierung und der Situation im Kongo* ***oder*** *schreibe einen Bericht mit der Überschrift „Unterentwicklung trotz Rohstoffreichtum“.*

5 *Recherchiere. Erstelle eine Präsentation mit dem Titel „Rohstoffreichtum im Kongo und seine Folgen“.*

Globalisierung des Mülls

Das Geschäft mit dem Elektroschrott

M1 Elektroschrott

In der Elektronikbranche werden ständig neue Produkte wie Computer, Spielekonsolen oder Mobiltelefone auf den Markt gebracht. Der technische Fortschritt hat dazu geführt, dass Elektronikartikel in den Industrieländern schnell als veraltet gelten. Auch in den Ländern Afrikas, Asiens und Lateinamerikas werden immer mehr Computer, Mobiltelefone oder Kühlschränke nachgefragt. Viele Menschen versorgen sich mit Elektro- und Elektronikgeräten durch importierte Gebrauchtwaren.

Wegen der wachsenden Nachfrage nach Rohstoffen gewinnt das Recycling an Bedeutung. Jedes Jahr entstehen weltweit etwa 50 Millionen Tonnen Elektroschrott. Somit ist der sogenannte E-Schrott die weltweit am schnellsten wachsende Abfallart.

Weil das Recyceln der Geräte wegen der hohen Umweltauflagen in den Industrieländern sehr kostenintensiv ist, werden viele Altgeräte in Entwicklungsländer geschickt, um dort die begehrten Rohstoffe zurückzugewinnen. In vielen Ländern ist so eine Wiederverwertungsindustrie im **informellen Sektor** entstanden.

Da nur funktionierende Gebrauchtgeräte exportiert werden dürfen, wird E-Schrott oftmals als funktionierende Gebrauchtware deklariert. In den Entwicklungsländern werden die nicht funktionierenden Geräte dann mit einfachsten Mitteln recycelt.

Informeller Sektor

Als informellen Sektor bezeichnet man jenen Teil einer Volkswirtschaft, der nicht von einer offiziellen Statistik erfasst wird. Oft spricht man auch von Schattenwirtschaft. Es ist ein wichtiger Teilbereich der Wirtschaft vieler Entwicklungsländer, der durch arbeitsintensive Produktion, kleine Betriebsgrößen und sozial nicht abgesicherte, schlecht bezahlte und gering qualifizierte Arbeit gekennzeichnet ist.

M2 Jugendlicher auf einer Müllkippe in Accra/Ghana ◁

1 *Nenne Gründe, warum der Berg aus Elektroschrott weltweit immer schneller wächst (Text).*

2 *a) Erstelle eine Liste mit Elektro- oder Elektronikgeräten, die in deinem Haushalt im vergangenen Jahr ausrangiert oder weggeworfen wurden.*
b) Berichte, wie und wo die Geräte entsorgt wurden.

3 *Beschreibe, in welche Länder Industrieländer ihren E-Schrott exportieren (M5).*

www.diercke.de D3-178 www.heimatundwelt.de HW-130

M3 Zerkleinerter Elektroschrott

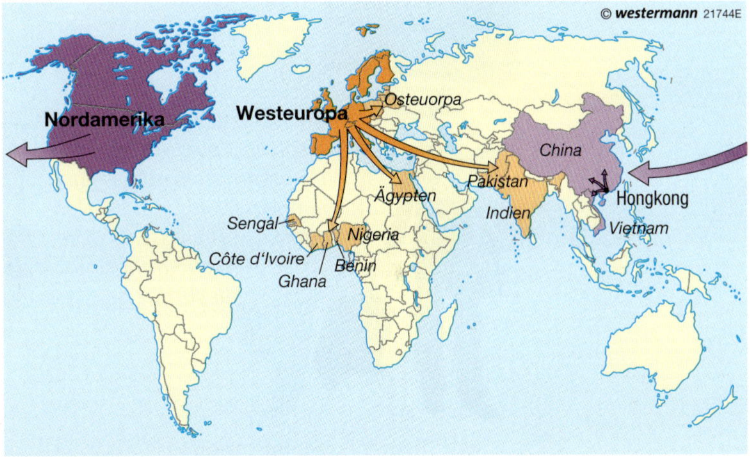

M5 Export von Elektroschrott

Der Handel mit Elektoschrott in Ghana

In Accra, der Hauptstadt Ghanas, verdienen etwa 10 000 bis 15 000 Menschen ihren Lebensunterhalt mit dem Handel und der Reparatur von gebrauchten Elektrogeräten. Weitere 5 000 Menschen, darunter viele Kinder, schlachten die alten Geräte aus. Sie leben von dem Geld, das sie für die Rohstoffe bekommen. Obwohl in Ghana Schulpflicht ist, gehen nur wenige der Kinder zur Schule. Bereits morgens um acht Uhr beginnen sie mit bloßen Händen und einem Schraubenzieher die Laufwerke und Bildschirme zu zerschlagen. Über offenem Feuer verbrennen sie die Festplatten und Kabel, um an das kostbare Kupfer zu gelangen. Etwa zwei Dollar verdienen sie mit dem Verkauf der Rohstoffe am Tag.

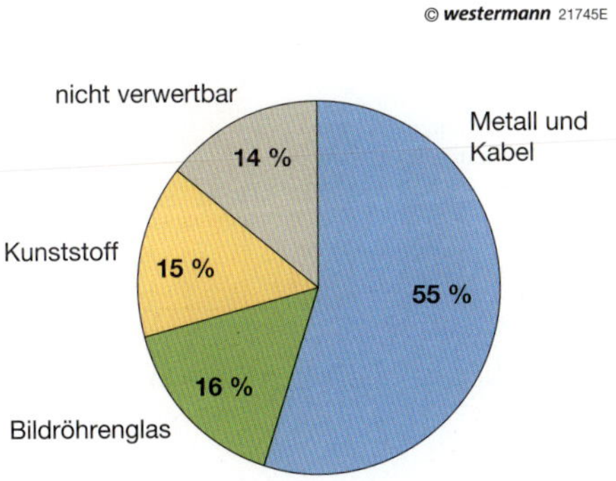

M4 Zusammensetzung des Elektonikschrotts

Johnson Amenume und sein 14-jähriger Sohn Kingsley sortieren eilig einen Berg Elektronikschrott. Mit ihren bloßen Händen und ein paar großen Steinen brechen sie ein Fernsehgerät auf. Daneben schwelt ein Kabelgewirr. Der 45-Jährige hat es angezündet, um die Plastik-Ummantelung wegzubrennen. Beißender schwarzer Rauch steigt auf, doch Vater und Sohn arbeiten unbeirrt weiter, ihre Gesichter bedeckt von Ruß und Schmutz. Amenume und Kingsley arbeiten auf einer der größten Elektronik-Müllhalden der Welt. Sie liegt in Agbogbloshie, einem Slum in Ghanas Hauptstadt Accra.

M6 Arbeit auf einer Elektronik-Müllhalde

4 *Schreibe einen Brief aus der Sicht eines Jugendlichen, der auf einem Schrottplatz in Accra arbeitet und über seine Arbeit berichtet* ***oder*** *stelle in einer Tabelle gegenüber, wer vom Müllhandel profitiert und wer dadurch Nachteile hat (M2, M3, M6).*

5 *In Zukunft brauchen alle Elektrogeräte, die aus Europa exportiert werden, einen Nachweis, dass sie funktionieren. Nimm Stellung dazu.*

M1 Globale Kommunikation

Indien – Software und Dienstleistungen für den Weltmarkt

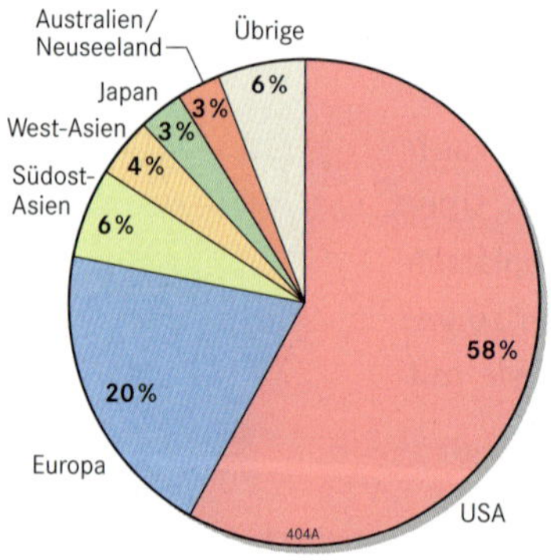

M2 Abnehmer indischer Software

Ob Microsoft, Hewlett Packard oder SAP – jede größere internationale Computer- bzw. Softwarefirma hat heute in Indien eine Niederlassung. Seit Anfang der 1990er-Jahre verlagern immer mehr US-amerikanische und europäische Firmen ihre Forschungs- und Entwicklungsabteilungen nach Indien, um dort neue Programme entwickeln zu lassen. Durch eine gezielte staatliche Förderung der technischen Hochschulen stehen genügend gut ausgebildete Fachkräfte für Softwarefirmen bereit. Da Indien über einen langen Zeitraum britische Kolonie war, zählt Englisch noch heute zu den Amtssprachen in Indien. Daher sprechen viele Inder Englisch und können sich so international sehr gut verständigen.

Ein weiterer Vorteil für international tätige Firmen sind die niedrigen Lohnkosten in Indien. Bei gleicher Leistung können die Firmen in Indien erheblich kostengünstiger produzieren lassen als in den USA oder Europa. Auch auf Dienstleistungen wie Callcenter werden von Firmen immer häufiger nach Indien verlagert.

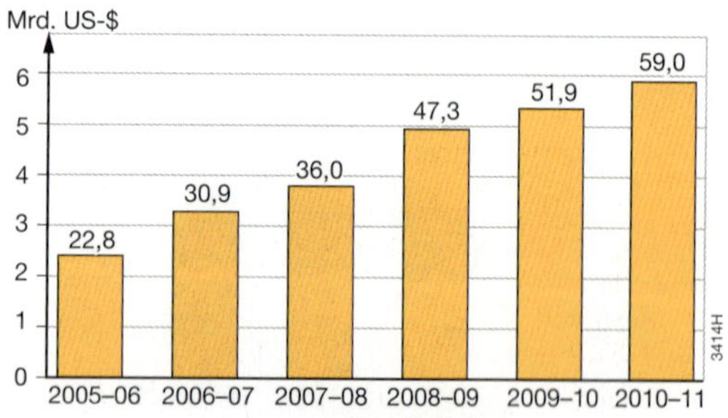

M3 Anstieg der indischen Software-Exporte

1 *a) Beschreibe M1.*
b) Erkläre, wodurch die dargestellte „globale Kommunikation" möglich ist.

2 *Werte die Grafik M2 aus. Stelle Vermutungen an, womit die Verteilung begründet werden könnte.*

3 *Stelle die Standortvorteile Indiens in Bezug auf Softwareentwicklung und Kommunikationsdienstleistungen in einer Tabelle oder einem Bericht zusammen (Text, M7).*

4 *? Erkläre, warum sich die indischen Software-Zentren erst durch die Globalisierung so stark entwickeln konnten (Text, M2, M4, M6, M7).*

M4 Technologie-Park in Indien

M6 Software-Zentren in Indien

In indischen Callcentern lassen westliche Firmen überwiegend aus dem englischen Sprachraum Auskünfte, telefonische Reservierungen oder Bestellungen ausführen. Möglich ist die Verlagerung nur durch das international gut ausgebaute Kommunikationsnetz, das die schnelle, zuverlässige und kostengünstige Übermittlung von Informationen ermöglicht.

Im Zuge des Kostendrucks durch die Globalisierung suchen Firmen ständig weltweit nach günstigen Standorten zur Kostenreduzierung der Arbeitsprozesse. Bei einem möglichen Anstieg des Lohnniveaus in Indien ist somit eine Verlagerung der auf Kommunikation bezogenen Dienstleistungen in andere Länder nicht ausgeschlossen.

M5 Karikatur

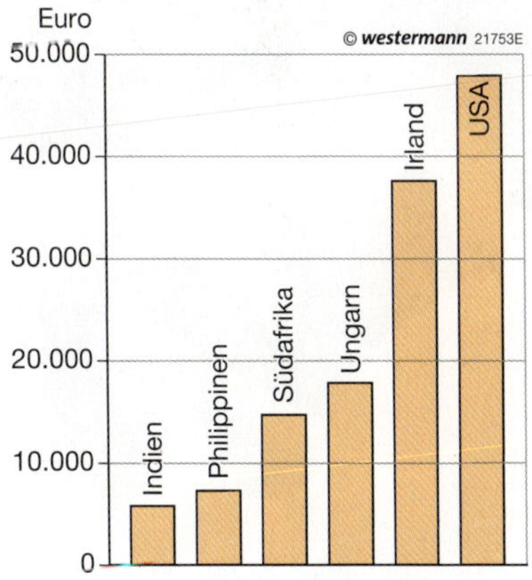

M7 Personalkosten pro Jahr für einen Softwareangestellten in ausgewählten Ländern

5 *Interpretiere die Karikatur M5 (to outsource [engl.] = auslagern).*

6 *Beurteile die Zukunftsperspektiven der indischen Softwareindustrie und der global ausgerichteten Kommunikationsdienstleistungen (Text, M7).*

7 *Recherchiere. Stelle einen Technologiepark in Indien in einem Kurzvortrag vor.*

Bangalore – zwei Gesichter einer Stadt

M1 Arbeitsplatz Software-Firma

Boomtown Bangalore

Auf den Straßen von Bangalore führt ein tägliches Verkehrschaos an Indiens „Palästen der Zukunft“ vorbei. In diesen seit den 1990er-Jahren errichteten Gebäuden der Informationstechnologie-Branche (IT-Branche) arbeiten die Experten für Software-Entwicklung, Kommunikationstechnik oder Datenverarbeitung.

Bangalore ist das IT-Zentrum Indiens und gilt als ein Vorzeigebeispiel, wie Schwellenländer von der Globalisierung profitieren können. Hierfür sind nicht nur die gute Ausbildung von Fachkräften in den vier Universitäten und den ingenieurtechnischen Colleges sowie die bereits seit langer Zeit angesiedelten Forschungsinstitute verantwortlich.

Auch die schon in der Kolonialzeit der Briten entstandenen gepflegten Wohnsiedlungen und die durch die Höhenlage (921 m ü. M.) angenehmen klimatischen Bedingungen (24 °C Jahresdurchschnittstemperatur, 940 mm Jahresniederschlag) in dieser Region bieten für die neue indische Mittel- und Oberschicht äußerst attraktive Lebens- und Arbeitsbedingungen.

Die in der IT-Branche gezahlten vergleichsweise hohen Gehälter haben zu einem annähernd westlichen Lebensstandard und -stil der inzwischen etwa 150 000 Software-Experten Bangalores geführt. Dies zeigt sich teils auch schon im Stadtbild, z. B. durch Ladenlokale internationaler Ketten.

M2 Arbeitsplatz Straße

1 *Beschreibe die Fotos (M1 und M2).*

2 *Erkläre, inwiefern die Stadt Bangalore „zwei Gesichter“ hat (Text M1, M2, M4)* ***oder*** *nenne in Stichpunkten verschiedene Gründe für das starke Bevölkerungswachstums der Stadt Bangalore (Text).*

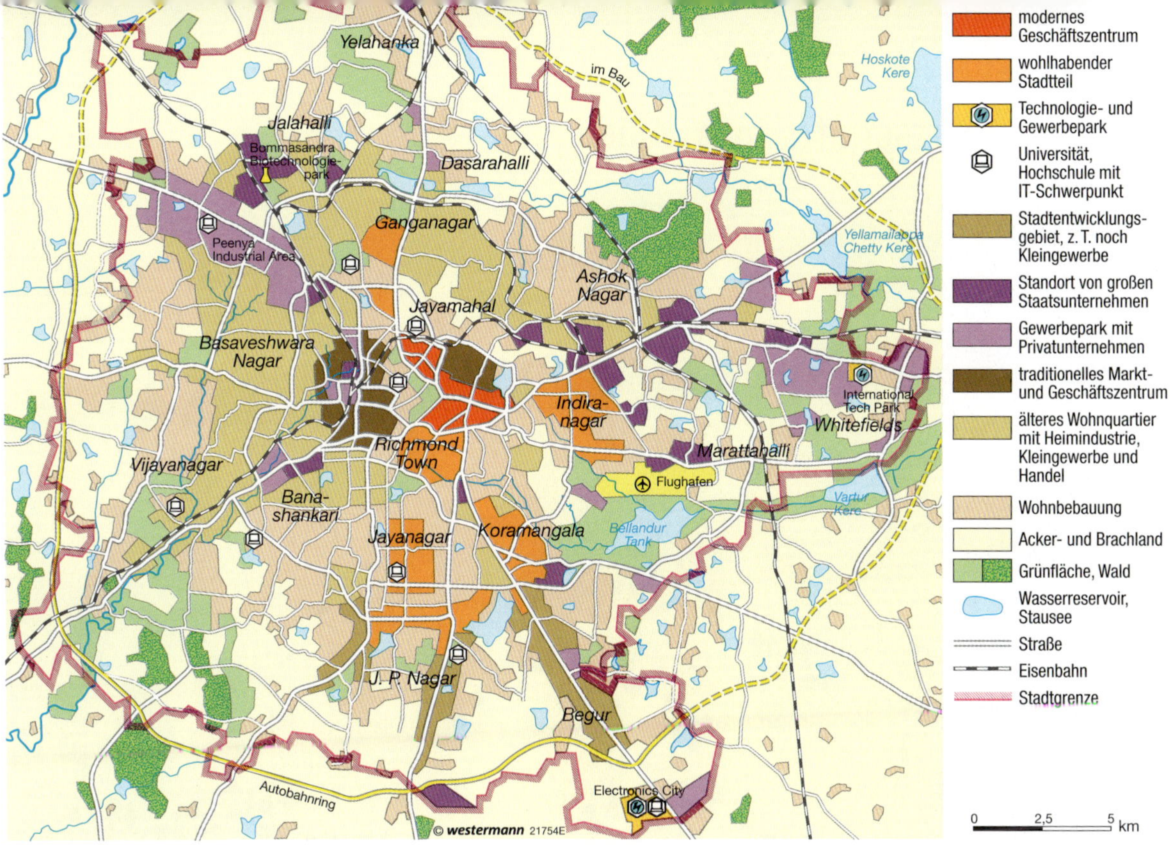

M3 Stadtgebiet von Bangalore

Das andere Gesicht Bangalores

Von dem IT-Boom profitiert jedoch nur ein sehr geringer Teil der sieben Millionen Einwohner Bangalores. Fast ein Drittel der Bevölkerung lebt in Slums. Die Zuzugsrate der armen Bevölkerungsgruppen aus den ländlichen Gebieten ist sehr hoch, die Stadt wächst und wächst. Diese Menschen hoffen auf bessere Jobmöglichkeiten als in den ländlichen Gebieten und wollen zumindest indirekt am wirtschaftlichen Aufschwung durch die IT-Branche teilhaben. Für Jobs direkt im IT-Bereich fehlt ihnen die Ausbildung, denn die Ausstattung mit Schulen ist besonders in den ländlichen Regionen Indiens unzureichend. Im Jahr 2005 lag die Analphabetenrate der gesamten indischen Bevölkerung bei ca. 30 %.

M4 Slum und modernes Geschäftszentrum in Bangalore

3 *Erläutere, wie sich die sogenannten „zwei Gesichter" im Stadtbild der Stadt Bangalore zeigen.*

4 *Bangalore wird häufig als „Silicon Valley Indiens" bezeichnet. Erkläre.*

5 *Recherchiere. Stelle die Lebensbedingungen in einem Slum und in einem wohlhabenden Stadtteil Bangalores vor.*

Wirtschaftsraum Asien

M1 Asien – Wirtschaft

1 *Bearbeite die Übungskarte M1.*

2 *Nenne die Länder, in denen Textilien hergestellt werden.*

3 *Recherchiere. Wähle einen asiatischen Staat aus und erstelle eine Präsentation darüber.*

Präsentieren mit elektronischen Medien

Mithilfe von Präsentationsprogrammen lassen sich Arbeitsergebnisse durch Einbinden von Folien, Abbildungen und Kurzfilmen anschaulich präsentieren. Die Präsentation erfolgt über einen „Beamer“ oder über eine elektronische Tafel (z. B. Smartboard) und dient zur Unterstützung eines Vortrages. Dadurch können geographische Sachverhalte gut dargestellt und erörtert werden.

M2 Mögliche Titelfolie zum Thema „Globalisierung“

So gehst du vor:

Schritt 1 •

Vorbereitung

- → Formuliere das Thema für deine Präsentation kurz und treffend.
- → Gliedere das Thema in wesentliche Unterpunkte und erarbeite die Inhalte.
- → Suche dazu in Büchern, Zeitschriften, Lexika oder im Internet Informationen und geeignetes Bild- sowie Zahlenmaterial, das die Inhalte veranschaulicht.
- → Achte darauf, dass du aktuelle Daten verwendest.

Schritt 2 • •

Durchführung

- → Gestalte zuerst eine zum Thema passende Titelfolie. Erstelle dann die weiteren Folien.
- → Reduziere deine erarbeiteten Ergebnisse auf wesentliche Aussagen. Entscheide, welche Informationen auf den einzelnen Folien vorgestellt und wie sie veranschaulicht werden sollen, damit die Zuhörenden dem Vortrag folgen können.
- → Beschränke dich dabei auf wesentliche Punkte.
- → Bedenke, dass Schrift- und Bildmaterial für eine Präsentation ausreichend groß sein müssen.
- → Damit eine Präsentation besonders ansprechend aussieht, kann die Gestaltung der Folien (z. B. durch Verändern der Hintergrundfarbe) entsprechend variiert werden.

Schritt 3 • • •

Auswertung und Präsentation

- → Überprüfe vor deinem Vortrag, ob alle benötigten Geräte funktionieren. Erstelle für deinen Vortrag Karteikarten mit Stichworten.
- → Formuliere deinen Vortrag so frei wie möglich, lies nicht nur die Inhalte der Folien vor.
- → Um den Vortrag abwechslungsreicher zu gestalten, kannst du jede Folie anders präsentieren (z. B. jede Textzeile einzeln ergänzen).
- → Achte darauf, dass die Folien keine unnötigen Effekte enthalten und lange genug zu sehen sind.
- → Gehe auf Fragen der Zuhörenden ein, indem du die passende Folie eventuell noch einmal aufrufst.

M1 Abwrackwerft am Strand von Chittagong

M3 Schiffsabwrackung und wichtige Seehäfen in Süd-/Südostasien

Abwrackwerften – Friedhöfe der Globalisierung

Abwrackwerften in Südostasien

Durch die Globalisierung hat der internationale Schiffsverkehr stark zugenommen. Irgendwann sind die Schiffe alt und technisch überholt. Dann werden sie verschrottet, man spricht dabei von „Abwrackung". Jährlich werden etwa bis zu 700 Hochseeschiffe abgewrackt.

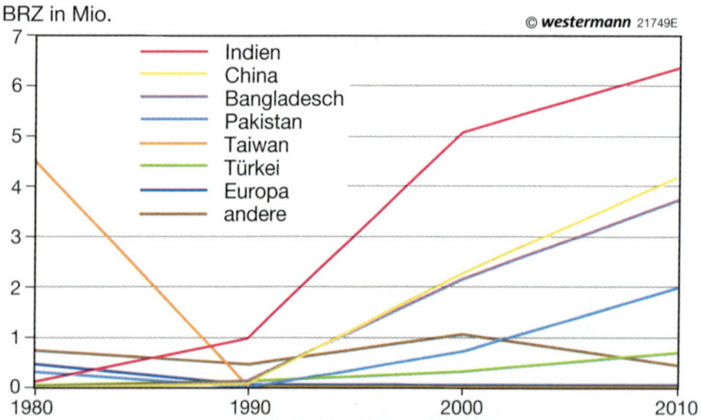

M2 Schiffsabwrackung nach Staaten (BRZ = Bruttoraumzahl: Maßzahl des Schiffsvolumens)

Etwa zwei Drittel dieser Schiffe werden an Stränden und Flussufern in Süd- und Südostasien verschrottet. Dort fährt man sie mit voller Kraft auf den Strand. Tagelöhner und Wanderarbeiter zerlegen sie in mühevoller Arbeit mit ganz einfachen Werkzeugen. Die Arbeit ist gefährlich. Umweltauflagen und Sicherheitsmaßnahmen gibt es so gut wie keine.

Das Recyceln der Schiffsmaterialien ist gerade in Zeiten knapper Rohstoffe ein gewinnbringendes Geschäft. Der Eigentümer eines Schiffes verkauft dieses an den Eigentümer der **Abwrackwerft**. Ein Großtanker kann so noch bis zu 10 Mio. US-Dollar einbringen. Nach dem Zerlegen der Schiffe verkaufen die Werften die einzelnen Teile wieder als Rohstoff.

Das Abwracken von Schiffen ist für Südasien eine wichtige Rohstoffquelle. Bangladesch gewinnt so zum Beispiel 80 bis 90 Prozent des im Land benötigten Stahls.

1 *Beschreibe die Abbildungen M1, M4 und M6.*

2 *Nenne Gründe, warum sich gerade in Süd- und Südostasien viele Abwrackwerften befinden.*

www.diercke.de D3-158
www.heimatundwelt.de HW-112

M4 Arbeiter in einer Abwrackwerft in Alang/Indien

Arbeitsbedingungen in der südasiatischen Abwrackindustrie

In der Abwrackindustrie an den Küsten Südasiens arbeiten etwa 100 000 Menschen. Somit ist die Industrie ein wichtiger Arbeitgeber. Die Arbeitsbedingungen sind allerdings sehr schlecht. Jedes Jahr gibt es hunderte Unfälle oder die Menschen erkranken beispielsweise durch Einatmen giftiger Dämpfe oder Asbeststaub an Lungenkrebs. Häufig kommt es auch zu Vergiftungen durch Blei oder Lähmungen durch Arsen. Wer aufgrund von Krankheit oder Verletzung nicht arbeiten kann, bekommt auch kein Geld.

M6 Werftarbeiter zerlegt mit einem Schneidbrenner Stahlplatten.

„Wir sind wie die meisten hier Wanderarbeiter und kommen während der Monsunzeit her, wenn wir zu Hause nichts anbauen können. Die Arbeit hier ist äußerst gefährlich und wir haben ständig Angst, dass einer von uns verletzt wird oder stirbt, außerdem sind wir nicht krankenversichert. Unsere Bezahlung ist so gering (ca. 1 €/Tag) dass wir kaum Geld sparen können. Obwohl wir versuchen, wenig auszugeben, können wir pro Monat nur etwa 800 Rupies (umgerechnet 10 €) nach Hause schicken."

M5 Bericht des jungen Werftarbeiters Aisidul (16 Jahre)

3 *Erörtere die Auswirkung der Schiffsabwrackung in Südostasien* ***oder*** *erstelle eine Kausalkette mit der Überschrift „Schiffsfriedhöfe durch Globalisierung".*

4 *Nimm Stellung zur Abwrackung von Schiffen in Südostasien aus Sicht des Werftarbeiters Aisidul (M5, M6).*

Eine Fishbowl-Diskussion durchführen

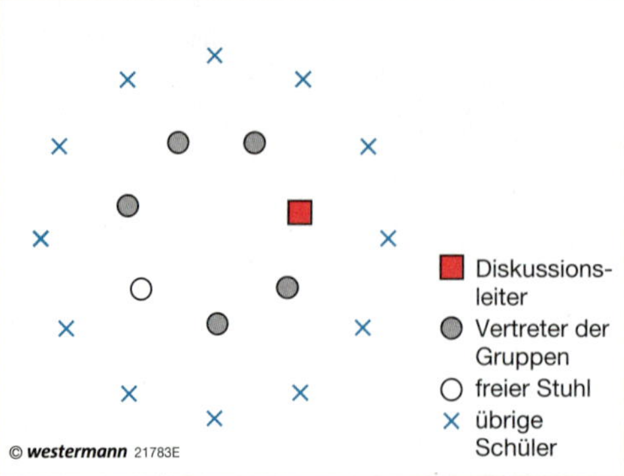

M1 Stuhlanordnung für die Fishbowl-Diskussion

Gewinner und Verlierer der Globalisierung

In den Medien wird immer wieder diskutiert, ob die Globalisierung positiv oder negativ zu bewerten ist. Die Antwort auf diese Frage ist schwer. Auf der einen Seite ist der Lebensstandard vieler Entwicklungsländer gestiegen; gleichzeitig sind aber die Gegensätze zwischen Arm und Reich gewachsen. Um die Vor- und Nachteile der Globalisierung für unterschiedliche Personengruppen abzuwägen, könnt ihr eine Fishbowl-Diskussion führen.

So gehst du vor:

Schritt 1 •
Vorbereitung

→ Bestimmt einen Diskussionsleiter.
→ Bildet anschließend fünf Gruppen und wählt jeweils eine der auf S. 63 dargestellten Personen aus, mit deren Meinung zur Globalisierung ihr euch auseinandersetzen wollt. Bei Bedarf zieht weitere Informationsquellen wie Zeitungen oder das Internet hinzu. Stellt wichtige Argumente in Stichworten zusammen.
→ Abschließend bestimmt jede Gruppe einen Schüler, der sie in der Diskussion vertritt und dabei die Rolle der ausgewählten Person übernimmt.
→ Die übrigen Schüler benötigen für die Diskussion Notizpapier.
→ Dem Diskussionsleiter sollten die Meinungen aller Diskussionsteilnehmer vertraut sein.
→ Ordnet abschließend die Stühle im Klassenraum wie in M1 an.

Schritt 2 • •
Durchführung

→ Die Diskussionsleitung führt in das Thema ein und ist für den geregelten Verlauf der Diskussion verantwortlich.
→ Die Diskussionsteilnehmer achten darauf, sich aufeinander zu beziehen.
→ Die Schüler, die nicht Vertreter ihrer Gruppe sind, machen sich Notizen zu den aufgeführten Aspekten.
→ Diese Schüler können sich auch an der Diskussion beteiligen. Dazu setzt sich ein Schüler aus dem Außenkreis auf den freien Stuhl im Innenkreis. Die Person, die gerade spricht, darf ihre Ausführungen noch beenden. Anschließend kann der hinzugekommene Schüler seinen Diskussionsbeitrag leisten. Danach macht er den Stuhl wieder frei.
→ Wer den Innenkreis verlässt, kann zurückkehren, sobald der Stuhl wieder frei ist.

Schritt 3 • • •
Auswertung

→ Nach Abschluss der Diskussion findet eine gemeinsame Auswertung statt.

Aspekte bei der Auswertung:
- Einhaltung der Diskussionsregeln
- Moderation der Diskussion durch den Diskussionsleiter
- Nutzung des freien Stuhls zum Mitdiskutieren
- Aufeinandereingehen der Diskussionsteilnehmer
- sachliche Fundiertheit der Diskussionsbeiträge

GEO Methode

1 ***Ausgangssituation**: Auf der UN-Weltkonferenz zum Thema „Globalisierung" sind Vertreter verschiedener Nationen zusammengekommen, um über die positiven und negativen Auswirkungen der Globalisierung zu diskutieren. Fünf Diskussionsteilnehmer und ihre Meinungen findet ihr auf dieser Seite. Führt die Diskussion anhand der Fishbowl-Methode durch.*

1 Szenen der Globalisierung

Erläutere die Bilder 1 – 5 und verwende dabei folgende Begriffe:

Welthandel | *Outsourcing* | *Global Player* | *Sweatshop* | *Internet*

Baumwolle ist ein Rohstoff für die Textil- und Bekleidungsindustrie. Sie wird in **Usbekistan** angebaut.

→ Die Fasern der Baumwolle werden in der **Türkei** zu Garn verarbeitet und aufgespult.

→ In **Taiwan** wird aus dem Garn Stoff hergestellt. Dazu braucht man Webmaschinen.

→ Der Stoff wird auf den **Philippinen** gefärbt.

→ In **Bangladesch** werden die Stoffe zugeschnitten und zusammengenäht. Die T-Shirts werden dann verpackt und exportiert.

→ In zahlreichen Geschäften in **Deutschland** wird Kleidung aus Bangladesch verkauft.

2 Globalisierung am Beispiel eines T-Shirts

a) Henrika und Robert freuen sich über ein T-Shirt für 4,90 Euro. Notiere, was sie nicht bedenken.

b) Der Besitzer einer deutschen Textilfirma, die in Bangladesch Waren herstellen lässt, wird von einem Reporter gefragt, warum er nicht in Deutschland produziert. Antworte für ihn.

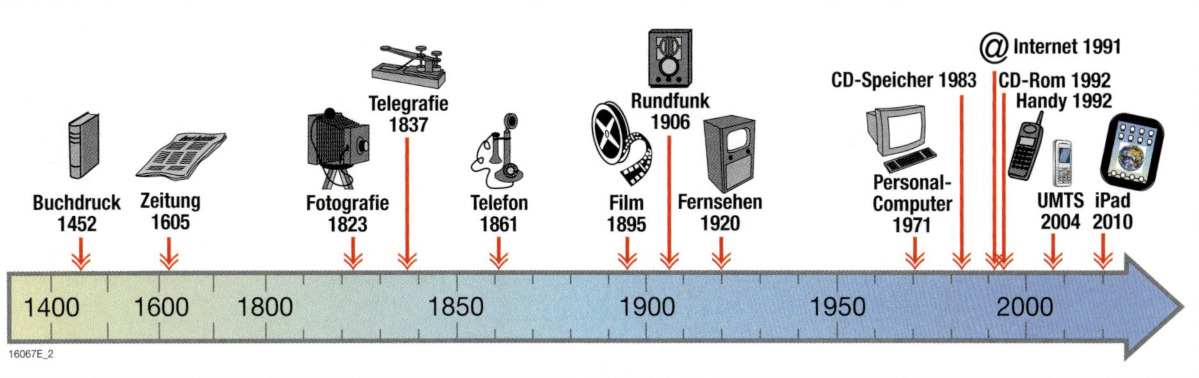

3 Globalisierung durch neue Medien

Wähle drei Medien aus und erkläre, welche weltweiten Veränderungen sich durch die Erfindung dieser Medien ergeben haben.

4 Globalisierung in der Diskussion

Die Meinungen über Ursachen und Auswirkungen von Globalisierung gehen weltweit auseinander. Einerseits wird sie als Chance für Menschen und Regionen betrachtet, andererseits bedeutet sie für einige eine „Bedrohung", die kulturelle Unterschiede verschwinden lässt und einander anpasst.Erörtere die Aussage „Globalisierung – Chance oder Bedrohung?".

5 Karikaturauswertung

Fertige eine ausführliche Auswertung der Karikatur an.

6 Begriffsketten

Jeweils ein Begriff oder Name pro Begriffsreihe passt nicht. Finde den Begriff und begründe, warum er nicht in die Reihe passt.

Kupfer / Braunkohle / Kaffee / Coltan / Erdöl / Gold / Platin / Silber / Erdgas / Steinkohle / Diamanten

Call Center / Container / Glasfaserkabel / Global Player / traditionelle Landwirtschaft / China

Containerschiff / Taxi / Datenleitung / Flugzeug / Kurier / Paketdienst / Eisenbahn

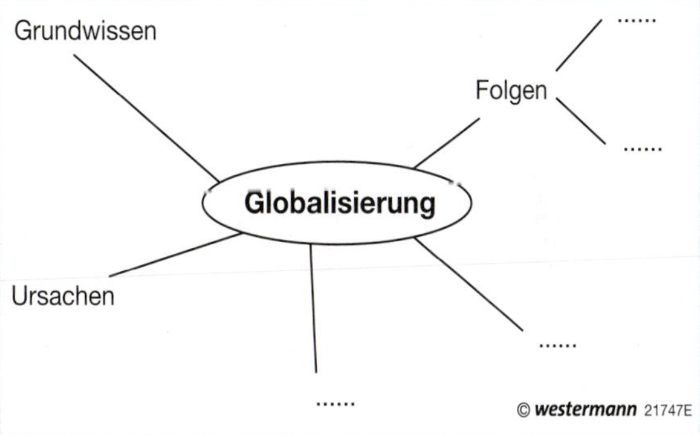

7 Mind Map zur Globalisierung

Erstelle zum Thema „Globalisierung" eine Mind Map. Stellt die Mind Maps in euer Klasse aus.

Grundbegriffe

Abwrackwerft
Container
Global City
Globalisierung
Global Player
informeller Sektor
Logistik
Sweatshop
Welthandel

Globale Bevölkerungs-entwicklung

M2 In Indien hält der Ausbau des Verkehrssystems nicht mit der steigenden Bevölkerung Schritt.

M3 Großfamilie in Afrika

Die Weltbevölkerung ist in den letzten zwei Jahrhunderten sehr schnell angewachsen und die Bevölkerungszahlen steigen immer noch. Manche Länder sind dicht besiedelt, in anderen Regionen gibt es nur wenige Einwohner auf großer Fläche. Es gibt Staaten, in denen viele Kinder und andere in denen wenige Kinder geboren werden. Die Bevölkerungsentwicklung stellt die Menschen vor große Herausforderungen.

M1 Wohngebäude in Shanghai

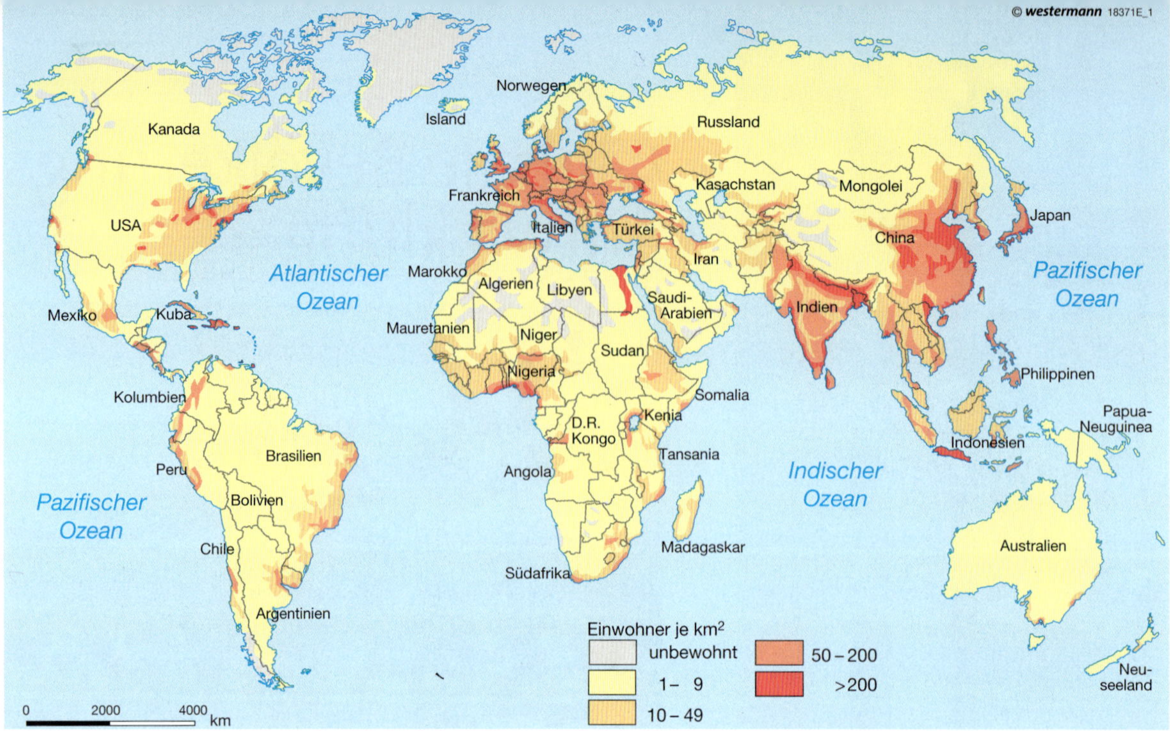

M1 Bevölkerungsdichte der Erde

Verteilung der Menschen auf der Erde

Zurzeit bewohnen mehr als sieben Milliarden Menschen die Erde. Im Durchschnitt leben 51 Einwohner auf einem km².

M2 Einwohner pro km² der Kontinente ▷

Kontinent	Einw. pro km²
Asien	135
Afrika	36
Europa	32
Südamerika	22
Nordamerika	16
Australien	3

M3 Daten ausgewählter asiatischer Staaten (2013) ▷

Staat	Bevölkerung in Millionen	Einwohner pro km²
China	1 357,4	142
Indien	1 276,5	388
Indonesien	248,5	130
Bangladesch	156,6	1087
Japan	127,3	337
Mongolei	2,8	2
Bahrain	1,1	1630

Aber die **Bevölkerungsdichte** ist unterschiedlich. So siedelt die Hälfte der Menschen auf nur etwa fünf Prozent der Gesamtfläche.

Die Bevölkerung verteilt sich von Kontinent zu Kontinent unterschiedlich. Das hat vielfältige Ursachen, z. B. die Verfügbarkeit von Wasser, Nahrung, Arbeit oder Ressourcen. Die Mehrheit der Menschen lebt in klimatisch begünstigten Räumen mit Durchschnittstemperaturen zwischen 5 und 25 °C. Obwohl in den meisten bewohnten Regionen Landwirtschaft betrieben wird, ist die Grundversorgung oft nicht gewährleistet.

Auch kulturelle, wirtschaftliche und soziale Gegebenheiten haben Einfluss auf die Bevölkerungsdichte. In Entwicklungsländern z. B. nimmt die Bevölkerung stärker zu als in Industrieländern. Millionen Menschen verlassen jährlich ihre Heimat und ziehen an andere Orte. Auch sie tragen damit zur unterschiedlichen Verteilung der Weltbevölkerung bei.

1 *a) Beschreibe die Bevölkerungsdichte auf der Erde (Text, M1, M2, M3).*
b) Nenne je drei Räume mit hoher und mit niedriger Bevölkerungsdichte (M1, Atlas).

2 *Liste Einflussfaktoren auf die Verteilung der Weltbevölkerung auf (Text).*

www.diercke.de D3-030
www.heimatundwelt.de HW-182

M4 Mongolische Nomaden vor ihrer Jurte

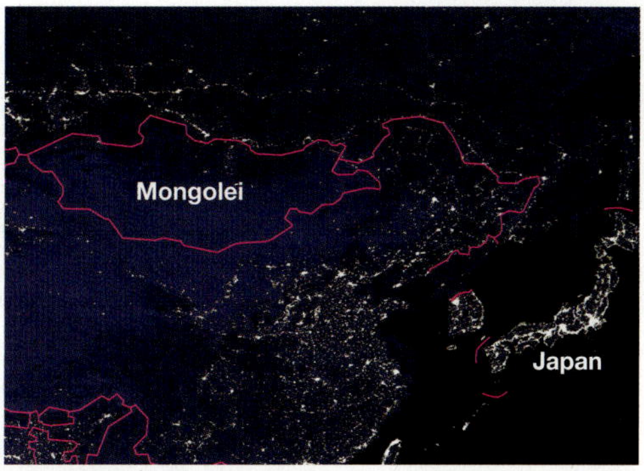

M7 Nächtliches Satellitenbild Ostasiens

Die Hauptstadt der Mongolei heißt Ulan Bator. Die Mongolei hat eine Fläche von 1,5 Millionen km² und ist eines der am dünnsten besiedelten Gebiete der Erde. Dort herrscht trockenes, kontinentales Klima. Die Winter sind lang und kalt, die Sommer sind mit Temperaturen bis zu 40 °C sehr heiß. Der Temperaturunterschied zwischen Tag und Nacht kann bis zu 32 °C betragen. Ein Großteil des Landes besteht aus Wüste oder Halbwüste. Es gibt auch Gebirge oder Hochebenen. Die Mongolei gilt als rohstoffreich, ist aber wenig erschlossen.

M5 Geographische Angaben zur Mongolei

Meine Mutter weckt mich in der Morgendämmerung und ich frühstücke schnell. Mein Vater braucht mich, um das Vieh zusammenzutreiben. Wir wollen einen neuen Weideplatz aufsuchen. Dort treffen wir auch die Lehrerin, die meinen jüngeren Geschwistern das Lesen und Schreiben beibringt. Sie besucht uns regelmäßig in unserer Jurte. Ich habe ein paar Jahre bei Verwandten in Ulan-Bator gelebt und bin dort zur Schule gegangen. Einen Abschluss konnte ich nicht machen, weil meine Eltern mich als Arbeitskraft brauchten. Jetzt höre ich gelegentlich den Schulfunk im Radio oder informiere mich im Fernsehen. Den Strom dafür erhalten wir durch Solarzellen.

M6 Bericht des Nomaden Timur (16), Mongolei

Morgens um 7 Uhr klingelt mein Wecker. Kurz darauf frühstücke ich mit meiner Mutter. Mein Vater arbeitet dann schon. Er ist IT-Spezialist in einem großen Unternehmen. Nach dem Frühstück fahre ich mit der U-Bahn in die Schule. Der Unterricht beginnt um 8.15 Uhr und dauert bis 15.00 Uhr. In der Mittagspause gibt es in der Schule ein warmes Mittagessen. Nach der Schule gehe ich zum Sport oder ich habe Gitarrenunterricht. Wenn ich gegen 18.00 Uhr zu Hause bin, mache ich Hausaufgaben. Danach esse ich mit meiner Mutter Abendbrot. Mein Vater arbeitet dann immer noch. Abends spiele ich mit meinem PC oder schaue fern.

M8 Bericht der Schülerin Mika (15), Tokio

Nomaden

Nomaden sind Angehörige eines Volkes oder Stammes, die keinen festen Wohnsitz haben und ihren ganzen Besitz mit auf Wanderschaft nehmen. Zum Beispiel ziehen Nomaden mit ihrem Vieh von Weideplatz zu Weideplatz.

3 *Erkläre, warum die Weltbevölkerung unterschiedlich verteilt ist (Text, M5, vgl. auch Seite 24/25).*

4 *Erläutere das Satellitenbild (M7).*

5 *Vergleiche den Alltag von Timur und Mika (M5–M8, Seite 24/25). Erkläre, wie die Bevölkerungsdichte ihr Leben beeinflusst.*

6 *Recherchiere. Berichte genauer über das Leben in der Mongolei **oder** in Japan **oder** im australischen Outback.*

M1 Weltbevölkerungsuhr vor dem Fußballstadion in Hannover

M3 Weltbevölkerungsuhr – Fotografiert am 05.01.2014 um 15.30 Uhr, 15.40 Uhr und 15.50 Uhr

Die Weltbevölkerung wächst

Über Jahrtausende wuchs die Bevölkerung der Erde nur sehr langsam. Zwar konnten sich die Menschen, seitdem sie in der Steinzeit sesshaft wurden und Ackerbau betrieben, immer besser versorgen und lebten länger. Aber zahlreiche Menschen starben immer wieder an Seuchen wie Pest, Cholera oder Pocken.

Zur Zeit der Industrialisierung stiegen vor allem in den Industrieländern die Bevölkerungszahlen. Durch medizinische Erfolge, bessere Hygiene, Impfungen und neue Behandlungsmethoden konnte die Ausbreitung von Krankheiten reduziert und sogar verhindert werden. 1930 kamen ungefähr 30 Prozent der Weltbevölkerung aus Europa. Etwa seit Mitte des letzten Jahrhunderts blieb das Wachstum in Europa und Nordamerika gering oder gleich. Heute geht es in einigen Ländern sogar zurück.

Die Weltbevölkerung steigt weiter um 80 bis 90 Millionen pro Jahr. Allerdings ist die **Tragfähigkeit** der Erde begrenzt. In der zweiten Hälfte des 20. Jahrhunderts fand in den Entwicklungsländern Asiens, Südamerikas und Afrikas eine **Bevölkerungsexplosion** statt. Heute leben dort rund 80 Prozent der Weltbevölkerung.

Auch hier werden die Menschen durch bessere ärztliche Versorgung immer älter, außerdem sinkt die Kindersterblichkeit. Unter anderem wurde die Nahrungsmittelproduktion gesteigert und weniger Menschen leiden an Unterernährung.

	1950	2000	2050	Zahl der Kinder pro Frau 2013
China	554,8	1264,5	1314	1,5
Indien	357,6	1002,1	1651,6	2,4
USA	157,8	257,6	399,8	1,9
Indonesien	79,5	212,2	366,2	2,6
Brasilien	54,0	170,1	227,5	1,8
Nigeria	30,0	115,0	440,0	6,0
Deutschland	68,4	82,1	76,2	1,4

M4 Bevölkerungsentwicklung in Mio. in einigen Ländern der Erde (2050: Prognose der UNO)

M2 Das Wachstum der Weltbevölkerung

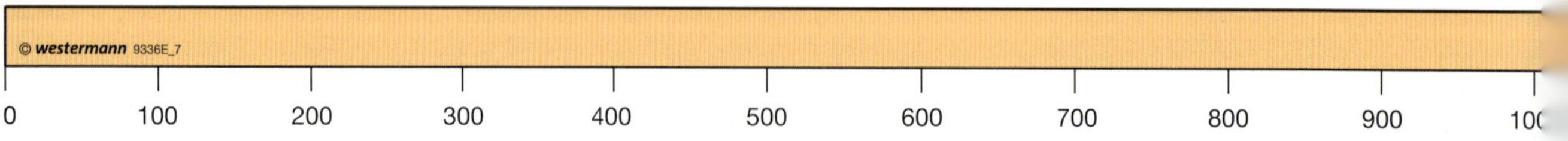

Globale Bevölkerungsentwicklung

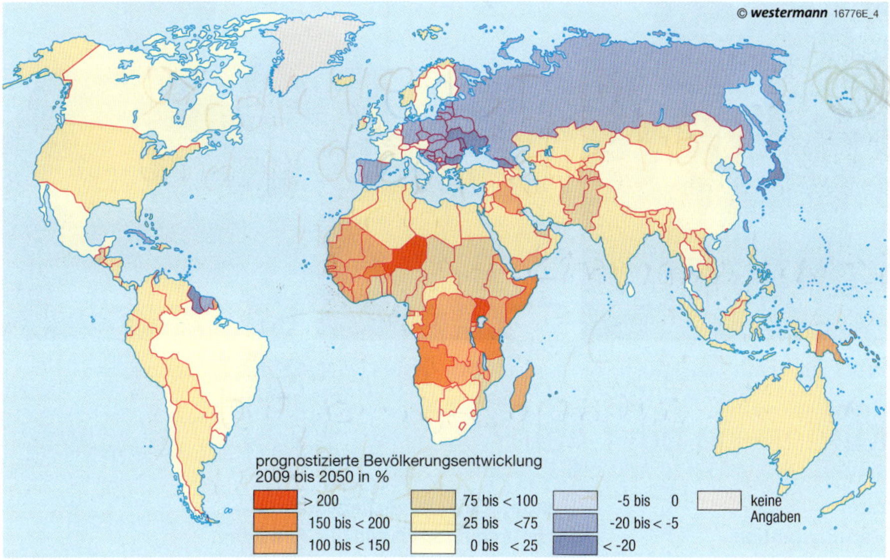

M5 Prognostizierte Bevölkerungsentwicklung bis 2050 in Prozent

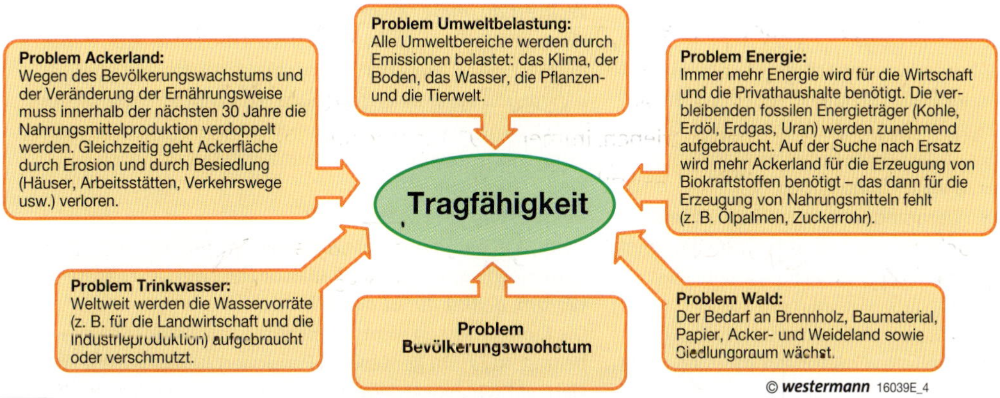

M6 Belastungen der Tragfähigkeit der Erde durch Bevölkerungswachstum

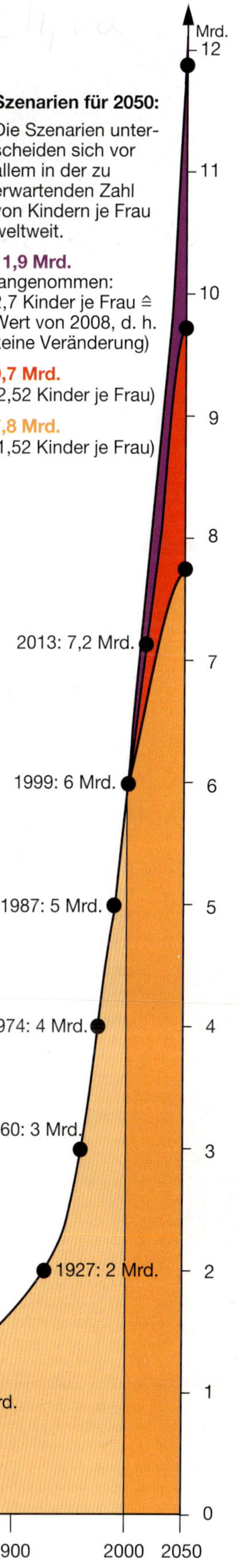

1 *Ermittle die Zahl der Kinder, die jeweils innerhalb von 10 Minuten auf der Erde geboren wurden (M3).*

2 *Liste Ereignisse auf, die das globale Bevölkerungswachstum beeinflusst haben (Text).*

3 **[?]** *Berechne die Zahl der Jahre, in denen die Weltbevölkerung um jeweils eine Milliarde Menschen gestiegen ist bzw. steigen wird (M2).*

4 *Vergleiche die Bevölkerungsentwicklung der Länder (M4).*

5 **[?]** *a) Nenne jeweils fünf Staaten der Erde mit dem höchsten prognostizierten Bevölkerungswachstum und dem höchsten prognostizierten Bevölkerungsrückgang (M5, Atlas).*
b) Ordne die Staaten dem jeweiligen Kontinent zu (M5, Atlas).

6 *Erläutere drei Probleme bezüglich der Tragfähigkeit der Erde (M6).*

M1 Madiha (43 Jahre) aus Tansania

M4 Ursula (25 Jahre) aus der Schweiz

Viele Kinder – ja oder nein?

Madiha, Tansania, verheiratet

Erzähle uns etwas zu deiner Lebenssituation.

Ich habe zehn Kinder und zwei Enkelkinder. Das ist nicht ungewöhnlich. Meine Schwester hat 12 und meine Nachbarin 15 Kinder. Wir haben ein Stück Land, auf dem wir Getreide anbauen, und Hühner, Kühe und Ziegen. Unsere Farm ist so klein, dass wir keine Arbeiter beschäftigen können. Daher müssen unsere Kinder mitarbeiten.

Gibt es eine Schule hier im Dorf?

Nein, aber im Nachbardorf ist eine Schule, etwa zwei Stunden zu Fuß. Leider ist das Schulgeld teuer und wir können nur die Jungen in die Schule schicken. Die Mädchen heiraten früh, daher ist die Schule für sie nicht wichtig.

Wolltest du immer so viele Kinder haben?

Frauen mit vielen Kindern sind sehr angesehen. Zudem sollen mich meine Kinder im Alter pflegen. Zwei sind schon gestorben. Seit wir die Krankenstation haben und die Kinder geimpft werden, sterben nicht mehr so viele. Könnte ich es mir aussuchen, würde ich nur vier Kinder haben. Nur wenige verhüten. Verhütungsmittel sind teuer und schwer zu bekommen. Viele wollen keine Verhütungsmittel nehmen, weil sie meinen, dass es schlecht mit unserer Kultur vereinbar sei.

Ursula, Schweiz, verheiratet

Du hast einen Sohn und bist Anwältin. Fällt es dir leicht, Arbeit und Familie zu vereinen?

Am Anfang war es schwer. Ich wollte viel Zeit mit dem Kind verbringen und trotzdem Karriere machen. Nun haben wir einen Betreuungsplatz. Die Absprachen mit meinem Mann klappen.

Wolltest du immer Kinder haben?

Nein, ein Kind zu haben, war keine leichte Entscheidung für mich. Ich habe lange darüber nachgedacht. Ich war unabhängig und hatte einen guten Job. Ich konnte mir viel leisten. Als ich dann meinen Mann kennenlernte, war ich bereit, eine Familie zu gründen. Ich konnte entscheiden, wann ich ein Kind haben wollte.

Möchtest du ein zweites Kind?

Nein. Man hat heute mehr Kontrolle. Meine Großmutter hatte noch sechs Kinder. Ich selbst habe zwei Geschwister.

Warum, denkst du, ist das so?

Die Kinder müssen nichts mehr zum Familieneinkommen beitragen. Es gibt Renten und Pensionen. Kinder kosten auch viel Geld. Ich denke, dass viele Paare Angst haben, dass ihr Lebensstandard sinkt. Denn mehrere Kinder würden zumindest die Berufstätigkeit eines Ehepartners stark einschränken.

M2 Zwei Frauen berichten aus ihrem Leben

	Bevölkerung 1950	Bevölkerung 2013	Bevölkerung 2050 (Prognose)	Bevölkerungswachstum 2013	Kinder pro Frau 2013	Lebenserwartung 2013
Tansania	7,9 Mio.	49,1 Mio.	129,1 Mio.	3,1 %	5,4	60 Jahre
Schweiz	4,7 Mio.	8,1 Mio.	9,0 Mio.	0,2 %	1,5	83 Jahre

M3 Ein Entwicklungsland und ein Industrieland im Vergleich

1. *Werte die Fotos M1 und M4 aus.*
2. *Vergleiche die Bevölkerungszahlen Tansanias und der Schweiz (M3).*
3. *Nenne Gründe für die unterschiedliche Kinderzahl in Entwicklungsländern und in Industrieländern (Text S. 73, M2).*
4. *Liste Probleme auf, die Teenagerschwangerschaften mit sich bringen (M4).*

Wie viele Kinder braucht eine Familie?

Etwa neun von zehn Kindern werden in Entwicklungsländern geboren. Vor allem arme Familien haben dort viele Kinder.

In Entwicklungsländern spielen Kinder bei der Versorgung der Familie eine wichtige Rolle. Sie müssen mitarbeiten und tragen zum Einkommen der Großfamilie bei. Auch müssen sie ihre Eltern im Alter versorgen. Statt die Schule zu besuchen, arbeiten viele unter schlechten Arbeitsbedingungen in Industrie- oder Handwerksbetrieben.

Vor allem Mädchen dürfen oft nicht zur Schule gehen. Sie werden früh auf die Rolle als Hausfrau und Mutter vorbereitet. Viele Eltern wollen für ihre Tochter möglichst früh eine „gute Partie" sichern. Nicht selten werden Mädchen bereits im Kindesalter verheiratet und haben schon vor dem 18. Lebensjahr mindestens ein Kind geboren.

Frühe Mutterschaft und niedrige Schulbildung tragen auch zu einer hohen **Geburtenrate** bei. Im afrikanischen Land Uganda zum Beispiel haben Frauen ohne Schulbildung durchschnittlich 7,8 Kinder, Frauen mit höherer Schulbildung nur 3,9 Kinder.

In Industrieländern ist zur persönlichen Alterssicherung und für das gesellschaftliche Ansehen keine hohe Kinderzahl mehr nötig. Die Menschen legen großen Wert auf eine gute Schulbildung und Erfolg im Beruf. Durch Gesetze und Verordnungen sind die Frauen den Männern gleichgestellt, sodass Frauen unter anderem die gleichen beruflichen Möglichkeiten haben wie Männer.

Viele Paare entscheiden sich bewusst gegen Kinder, weil ihnen die Kosten und die Unannehmlichkeiten, die durch Kinder entstehen zu hoch sind.

ⓘ Geburtenrate

Die Geburtenrate ist die Zahl der Geburten auf 1000 Einwohner. Die durchschnittliche Geburtenrate liegt in Entwicklungsländern doppelt so hoch (22 ‰) wie in Industrieländern (11 ‰). So hatte Deutschland 2013 eine Geburtenrate von 8‰, Nigeria dagegen von 42 ‰.

Jedes Jahr werden in Entwicklungsländern etwa 14 Millionen Teenager schwanger. Oft werden Mädchen bereits im Kindesalter verheiratet und bekommen sehr früh ihr erstes Kind. Frühe Schwangerschaften sind häufig die Folge sexueller Gewalt. Für die Mädchen kann es schnell lebensgefährlich werden, wenn sie früh schwanger werden. Komplikationen in der Schwangerschaft oder bei der Geburt zählen zu den Haupttodesursachen für Mädchen und junge Frauen. Da ihr Körper noch nicht genug entwickelt ist, haben Mädchen im Teenageralter ein doppelt so hohes Risiko, während der Schwangerschaft oder bei der Geburt zu sterben wie Frauen über 20 Jahre. Eine frühe Schwangerschaft birgt aber auch soziale Risiken. Junge Mütter in Entwicklungsländern müssen häufig die Schule oder Ausbildung abbrechen, damit sie ihre Kinder versorgen können. Oft haben sie nicht die Möglichkeit eigenes Geld zu verdienen. Viele leben in Armut, führen den Haushalt ihrer Familie und bekommen viele Kinder.

M5 Teenagerschwangerschaften (nach: Datenreport der Stiftung Weltbevölkerung 2013)

5 *Erkläre den Zusammenhang zwischen der Bildung von Frauen und der Zahl ihrer Kinder (Text, M2, M4).*

6 *Schreibe einen Dialog über Familienplanung, den zwei Männer aus Tansania und der Schweiz führen könnten **oder** schreibe einen Dialog über Familienplanung, den du in 20 Jahren mit einer Person aus einem Entwicklungsland führen könntest.*

Bevölkerungsentwicklung in Deutschland

Sterberate

Die Sterberate ist die Zahl der Todesfälle auf 1000 Einwohner. Sie wird in Promille (‰) oder auch in Prozent (%) angegeben.

Wachstumsrate

Die Wachstumsrate ergibt sich aus der Geburtenrate minus der Sterberate. Erst eine hohe Geburtenrate in Verbindung mit einer sinkenden Sterberate führt zu einer hohen Wachstumsrate.

	GR	–	SR	=	WR
Welt	20‰	–	8‰	=	12‰ (1,2 %)
Industrieländer	11‰	–	10‰	=	1‰ (0,1 %)
Entwicklungsländer	22‰	–	7‰	=	15‰ (1,5 %)

M2 Geburtenrate minus Sterberate gleich Wachstumsrate (GR – SR = WR)

Sinkende Sterberate

Bis zu Beginn des 20. Jahrhunderts wuchs die Bevölkerung in Deutschland nicht automatisch, wenn viele Kinder geboren wurden. Über Jahrhunderte wurden die Menschen nicht sehr alt. In der Regel starben sie noch bevor sie 40 Jahre alt wurden. Die **Sterberate** war entsprechend hoch.
Fortschritte in der Medizin, mehr Ärzte und Krankenhäuser, verbesserte hygienische Bedingungen und eine ausreichende Nahrungsmittelversorgung waren in Deutschland Gründe für eine höhere Lebenserwartung. Die Sterberate sank sehr schnell. Die **Geburtenrate** hingegen sank nur wenig. Die Bevölkerungszahlen stiegen.

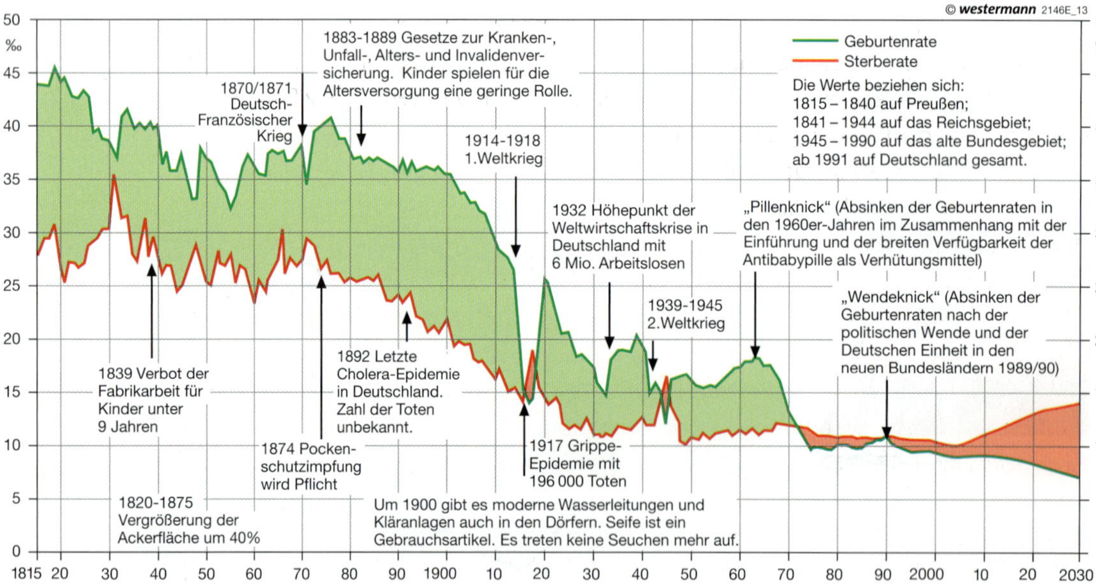

M1 Entwicklung der Geburten- und Sterberate in Deutschland

1 *Nenne Gründe für die Veränderung der Bevölkerungszahlen (Text, M1).*

2 *a) Beschreibe den Verlauf der Geburten- und der Sterberate in Deutschland (M1).*

b) Erläutere die demografischen Veränderungen (Text, M1, M2, M3).

3 *Erkläre die Veränderungen des Durchschnittsalters in Deutschland zwischen 2006 und 2025 (Text, M3 – M6).*

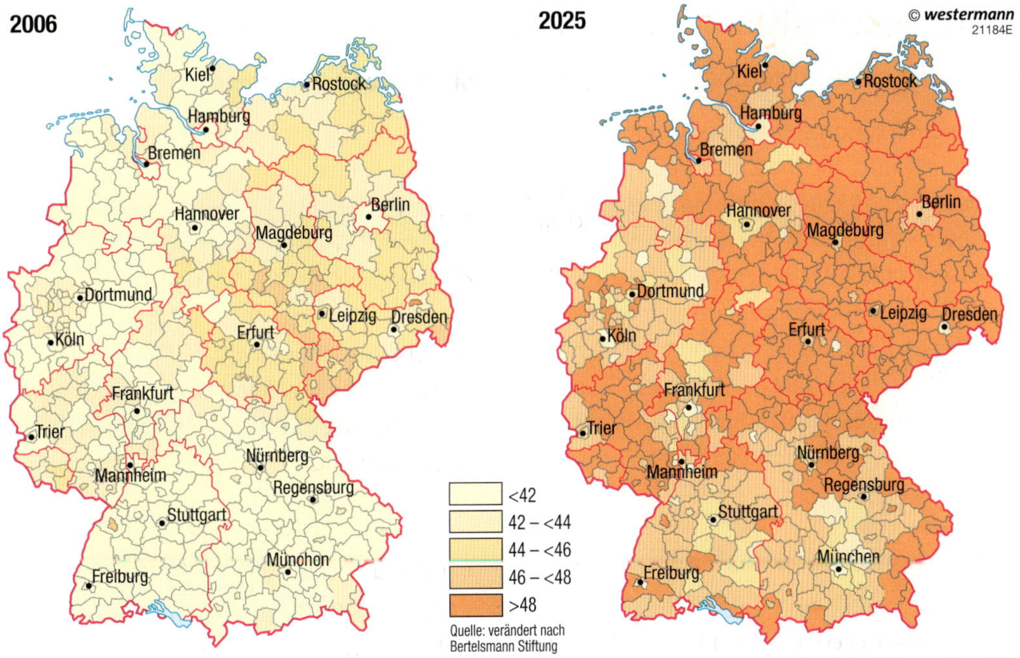

Das Medianalter ist die Zahl, welche an der mittleren Stelle steht, wenn man die Alter aller Bewohner Deutschlands der Reihe nach sortiert.

M3 Veränderung des Durchschnittsalters in Deutschland

Sinkende Geburten- und Wachstumsrate

Heute geht in Deutschland die Zahl der Geburten zurück. Familien mit mehr als zwei Kindern sind selten. Viele bleiben kinderlos. Das Durchschnittsalter steigt, weil weniger Kinder geboren und die Menschen immer älter werden. Im Jahr 2050 werden in Deutschland 40 Prozent der Bevölkerung über 60 Jahre alt sein. Auch die Zahl der über 80-Jährigen wird deutlich steigen.

Da mehr Menschen sterben als Kinder geboren werden, ist die Geburtenrate unter die Sterberate gesunken. Die **Wachstumsrate** fällt in den negativen Bereich (–2 ‰).

Von 100 Ehen haben					
Eheschließungsjahr	0	1	2	3	4 und mehr Kind(er)
1910–1912	12	17	22	17	32
1951–1955	13	25	31	17	14
1970–1974	19	29	40	10	2
2000–2004	44	26	22	6	2

M4 Familiengrößen in Deutschland im Wandel der Zeit

	1950	2000	2050*
Industrieländer	12	19	33
Entwicklungsländer	6	8	21

M5 Anteil der über 60-Jährigen an der Gesamtbevölkerung (in Prozent) *Prognose

	2012	2050*
Deutschland	81,7	71,4
Italien	60,7	55,9
Japan	127,8	95,2
Russland	141,9	109,4

M6 Bevölkerungsentwicklung in ausgewählten Industrieländern (in Millionen) *Prognose

4 *Untersuche die Altersstruktur im Jahr 2020 in deinem Heimatkreis mithilfe des Diercke-Web-GIS. Nutze dazu die entsprechende Abfragefunktion (Seite 92).*

5 *Recherchiere. Informiere dich näher über ein historisches Ereignis, das zu Abweichungen der Geburten- oder Sterberate geführt hat (M1). Berichte.*

Bevölkerungsdiagramme lesen und auswerten

Was ist ein Bevölkerungsdiagramm?

Ein Bevölkerungsdiagramm ist eine grafische Darstellung, die die Zusammensetzung der Bevölkerung eines Kontinents, einer Region, eines Landes oder Ortes veranschaulicht. Es zeigt die Anzahl der Menschen, die einer bestimmten Altersgruppe angehören. Männliche und weibliche Einwohner werden dabei getrennt dargestellt.

Bevölkerungsdiagramme können wichtige Informationen für politische Entscheidungen liefern. Sie ermöglichen zum Beispiel Prognosen für die in den nächsten Jahren benötigten Plätze in Kindergärten, Schulen oder Seniorenheimen.

Je nach Bevölkerungsstruktur werden drei Diagrammtypen unterschieden, die als Modelle zugrunde gelegt werden: die Pyramide, die Glocke und die Urne.

Typ Pyramide

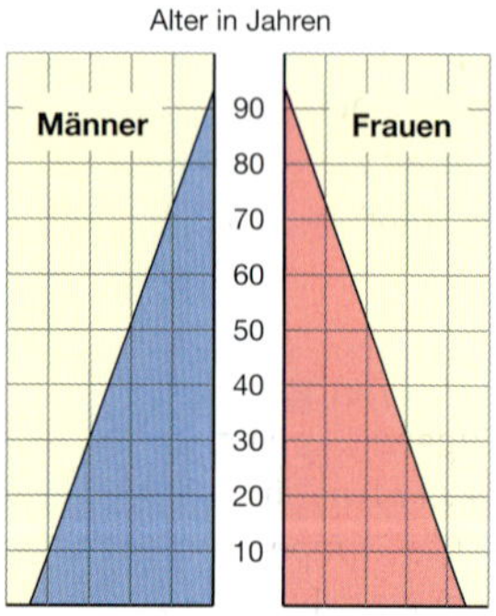

Pyramidenform
Die Bevölkerung wächst beständig. Jeder Neugeborenen-Jahrgang ist größer als der vorangegangene. Deshalb verjüngt sich das Diagramm nach oben. Die Pyramide gilt als Standardform für die meisten Entwicklungsländer.

Typ Glocke

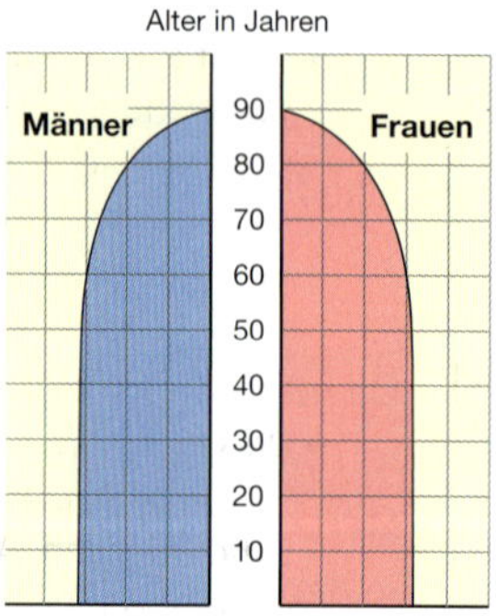

Glockenform
Die Bevölkerung stagniert. Jeder Neugeborenen-Jahrgang ist in etwa so groß wie der vorangegangene. Durch die natürliche Sterberate verjüngt sich das Diagramm nach oben. Die Glockenform ist typisch für viele Industrieländer.

Typ Urne

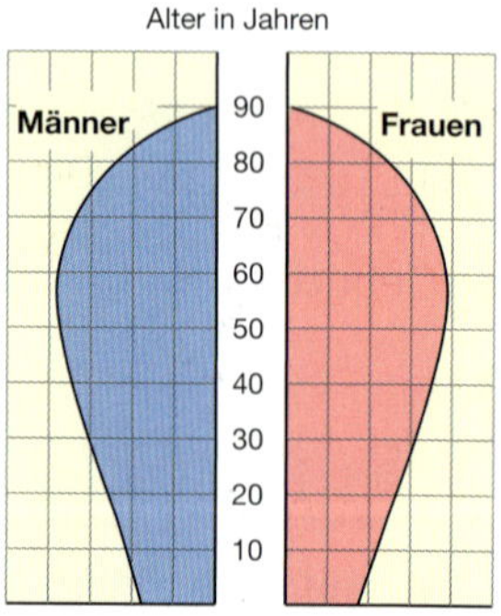

Urnenform
Die Bevölkerung nimmt ab. Jeder Neugeborenen-Jahrgang ist kleiner als der vorangegangene. Deshalb verjüngt sich das Diagramm nach unten. Die Urnenform ist besonders typisch für sehr hoch entwickelte Länder.

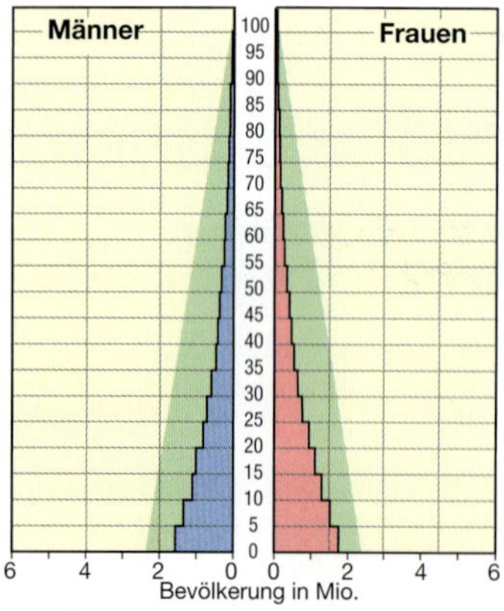

Pyramide = wachsende Bevölkerung, z. B. Madagaskar

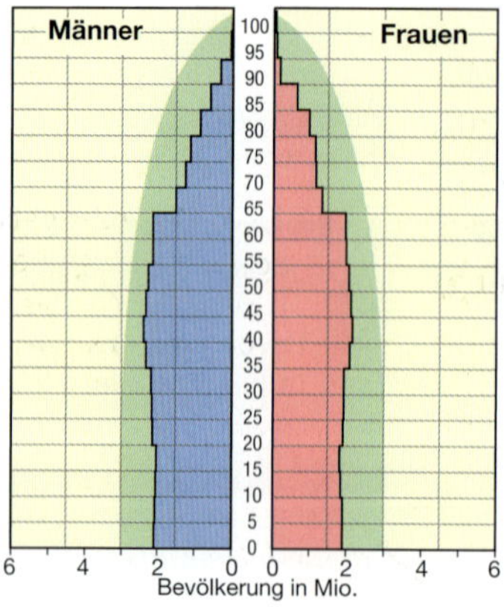

Glocke = statische Bevölkerung, z. B. Frankreich

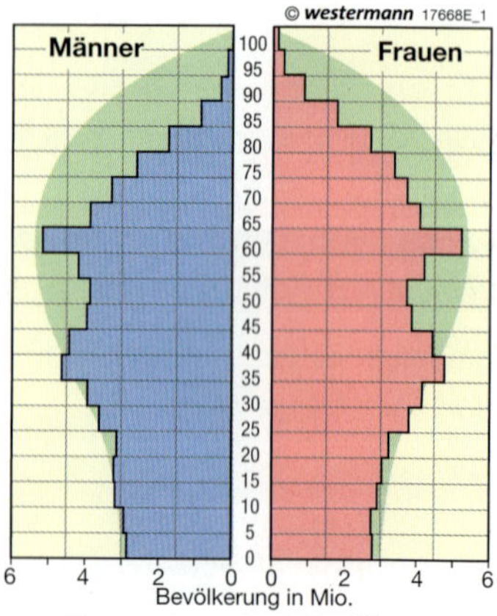

Urne = schrumpfende Bevölkerung, z. B. Japan

M1 Formentypen von Bevölkerungsdiagrammen

GEO Methode

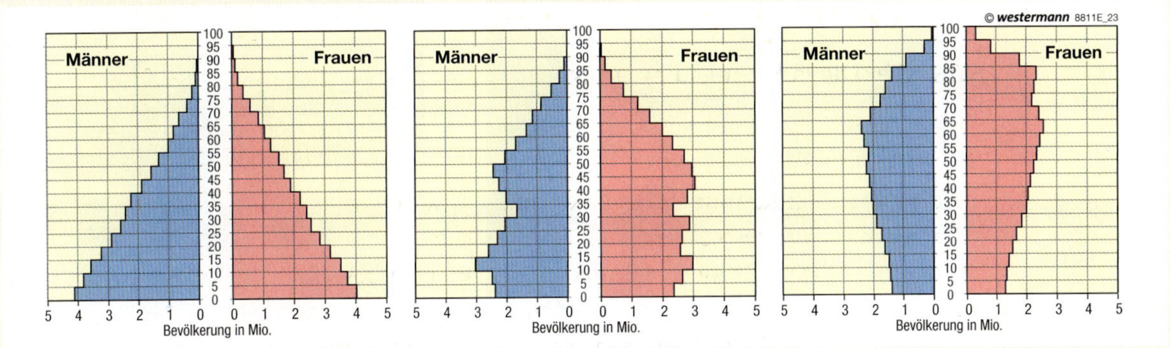

M2 Demografischer Wandel in Deutschland: Bevölkerungsdiagramme von 1910, 1950 und Prognose für 2050

So gehst du vor:

Schritt 1 •

→ Nenne das Land, dessen Bevölkerungszusammensetzung dargestellt ist.
→ Ordne das Diagramm zeitlich ein.

Schritt 2 • •

→ Beschreibe die Form des Diagramms.
→ Bestimme den Diagrammtyp, dem es am meisten ähnelt (Pyramide, Glocke, Urne).
→ Stelle fest, ob es im Vergleich zum Modell Abweichungen oder Unregelmäßigkeiten gibt. Beschreibe sie.

Schritt 3 • • •

→ Entnimm dem Diagramm Informationen zu verschiedenen Altersgruppen (Kinder, Jugendliche, Erwachsene, Senioren) und zum Anteil der Geschlechter.
→ Recherchiere. Finde Ursachen für die Bevölkerungszusammensetzung.

Schritt 4 • • • •

→ Zeige aktuelle und zukünftige Probleme, die sich aus der Bevölkerungszusammensetzung ergeben, auf (mögliche Problemfelder: Bildung, Arbeitsmarkt, Ernährung, Versorgung der Menschen oder einzelner Gruppen zum Beispiel Senioren).

Schritt 1 •

→ **Land:** Madagaskar
→ aktuelles Diagramm aus heutiger Zeit

Schritt 2 • •

→ **Pyramidenform:** Es gibt eine geringe Abweichung vom Modell, weil der äußere Rand als leichte Kurve verläuft; auch besteht eine minimale Asymmetrie, weil es mehr Frauen gibt.

Schritt 3 • • •

→ Die Gruppe der Kinder und Jugendlichen ist sehr groß. Die Altersgruppen werden mit zunehmendem Alter kleiner. Die Gruppe der 80 bis 100-Jährigen ist sehr klein. Es gibt ein wenig mehr Frauen als Männer.
→ Madagaskar ist ein Entwicklungsland und gehört zu den ärmsten Ländern der Welt. Jeder dritte Madagasse lebt unter der Armutsgrenze. Seit Jahren gibt es nicht genug Nahrung auf der Insel. Die ärztliche Versorgung ist mangelhaft. Die Lebenserwartung ist gering. Das Durchschnittsalter der Männer liegt bei 18, der Frauen bei 18,5 Jahren. Die Geburtenrate, aber auch die Kindersterblichkeit ist hoch.

Schritt 4 • • • •

→ Da mehr Kinder geboren werden, als Menschen sterben, wächst die Bevölkerung. Die sozialen Probleme des Landes sind aber heute schon immens. Armut und die Versorgung der Bevölkerung werden immer größere Probleme.

1 *Werte eines der abgedruckten Bevölkerungsdiagramme aus (M1, M2).*

2 *Vergleiche die Bevölkerungsdiagramme von Deutschland. Erläutere die Veränderungen im Laufe der Zeit (Seite 74, M1).*

M1 Ein Kartenspiel, das der Familienplanung dient: Die ersten 6000 Exemplare waren in den Pekinger Familienplanungsbüros nach wenigen Stunden vergriffen.

M4 Plakat zur Bevölkerungspolitik Chinas (Text rechts: „Heiratet später und habt wenige Kinder.“)

M5 Ein-Kind-Familien werden in China durch Betreuung in staatlichen Kindergärten unterstützt

Familienplanung in China

Das bevölkerungsreichste Land der Erde ist China. Durch staatliche Maßnahmen zur **Familienplanung** soll das Bevölkerungswachstum gebremst werden. Im ganzen Land wird über Familienplanung informiert und mit Plakaten und Fernsehspots für kleine Familien geworben. Verhütungsmittel stehen kostenlos zur Verfügung. Sterilisierungen und Abtreibungen werden kostenlos durchgeführt. Durch strenge Regeln soll die Ein-Kind-Familie durchgesetzt werden. Da inzwischen in einigen Großstädten die Bevölkerung schrumpft und eine Überalterung der Gesellschaft erwartet wird, werden die Bestimmungen gelockert.

- jährliche Geldprämie für die Ein-Kind-Familie
- Bevorzugung des Einzelkindes bei der Krankenversorgung, im Kindergarten, bei der Schulwahl und bei der Ausbildung
- finanzielle Zuwendung und öffentliche Auszeichnung von Ehepaaren, die sich sterilisieren lassen
- Festlegung des Mindestalters zum Heiraten für Frauen auf 20 und für Männer auf 22 Jahre
- keine Lohnfortzahlung während der Schwangerschaftsurlaubs bei weiteren Kindern
- hohe Geldstrafen für jedes „überzählige“ Kind
- 14 Jahre Lohnabzug von 5 – 10 % bei mehr als einem Kind

M2 Maßnahmen zur Durchsetzung der Ein-Kind-Familie in China

Länder	Anteil der verheirateten Frauen, die Familienplanung betreiben	Bevölkerung in Milliarden	
		2013	2050*
China	85 %	1357,4	1314,0
Indien	54 %	1276,5	1651,6
Deutschland	70 %	80,6	76,2

M3 Daten zur Familienplanung und Bevölkerungsentwicklung (DSW-Report 2013, *Prognose)

ⓘ Familienplanung

Unter Familienplanung versteht man alle staatlichen und privaten Maßnahmen, durch die Anzahl und Zeitpunkt der Geburten beeinflusst werden. In Ländern, in denen die Bevölkerung über Familienplanung aufgeklärt wurde, gingen die Kinderzahlen und die Kindersterblichkeit zurück. In Industrieländern zielt die Familienplanung wegen des Bevölkerungsrückgangs auf höhere Geburtenraten ab.

1 *Liste die Maßnahmen zur Familienplanung in China auf (Text, M1, M2, M4, M5).*

2 *Erkläre drei der Maßnahmen zur Familienplanung in China genauer und begründe, warum die Ein-Kind-Politik betrieben wird (Text, M1 – M5).*

3 *Informiere dich über gesetzlich geregelte Hilfen für Eltern in Deutschland.*

www.diercke.de D3-144 www.heimatundwelt.de HW-103

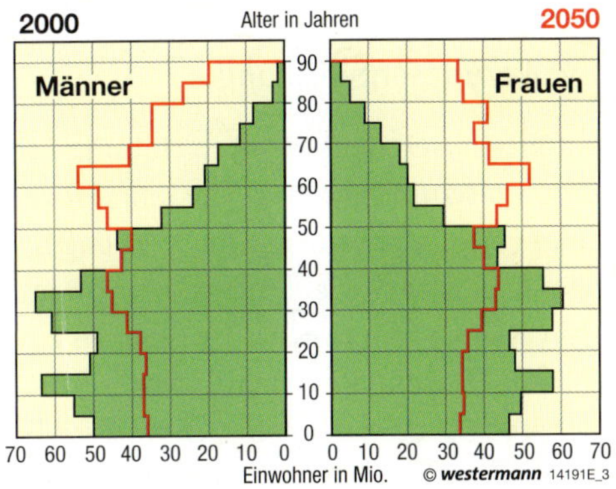

M6 Bevölkerungsdiagramme für China im Jahr 2000 und 2050

M9 Chinesische Ein-Kind-Familie

Wu Cheung hat es geschafft: aus der Provinz in die Großstadt, von einer Angestellten zur Unternehmerin. Sie besitzt eine Eigentumswohnung und ihr dreijähriger Sohn geht in den teuersten Kindergarten des Wohnviertels in Shanghai. Fragt man Wu Cheung und ihren Mann, Yun Cheung, was zu ihrem Glück fehlt, ist die Antwort: ein zweites Kind.
Chinas Ein-Kind-Politik hat zwar viele Probleme entschärft, aber auch neue hervorgerufen. Xiao Huandi, kleine Kaiser, werden die Einzelkinder oft genannt. Von Eltern verwöhnt, sind sie aber einem hohen Erwartungsdruck ausgesetzt. Dies führt zu Drill und Überforderung.

M7 Chinas Idealfamile?

Folgende Personengruppen dürfen ein zweites Kind bekommen:

- Bauern, deren erstes Kind ein Mädchen ist
- Paare, von denen ein Partner Einzelkind ist
- wiederverheiratete Paare, von denen ein Partner noch keine Kinder hat
- Chinesen mit ausländischem Pass
- Angehörige nationaler Minderheiten

Manche Chinesen entziehen sich den Regeln. In ländlichen Gegenden zum Beispiel werden „überzählige" Kinder manchmal nicht gemeldet und vor den Behörden versteckt. Andere Paare zahlen die Geldstrafe, die in Shanghai etwa 10 000 Euro beträgt. Besonders die Bewohner von Großstädten können sich diese Bußgelder leisten.

M10 Ausnahmen von der Ein-Kind-Politik in China

In China kommen auf 100 neugeborene Mädchen 121 Jungen. Normal wäre ein Verhältnis 100 zu 105. Durch vorgeburtliche Untersuchungen kann das Geschlecht des Kindes festgestellt werden. Viele Mädchen werden abgetrieben. Allerdings sind Schwangerschaftsabbrüche wegen des Geschlechts illegal. Eine große Zahl weiblicher Säuglinge wird auch kurz nach der Geburt getötet. Der Handel mit Kindern ist eine weitere kriminelle Folge der chinesischen Ein-Kind-Politik. Der "Bedarf" an Jungen ist groß. Sie werden für etwa 10 000 Euro verkauft, Mädchen für die Hälfte. Jungen wird unter anderem ein höherer Wert für die Altersversorgung beigemessen. Es bestehen begründete Sorgen, dass alte Menschen in Zukunft nicht versorgt werden können. Bald wird es in der Volksrepublik China über 100 Millionen Senioren geben.

M8 Mehr Jungen als Mädchen

Interessante Berichte über Projekte zur Familienplanung findest du unter:
www.weltbevoelkerung.de
→ Projekte

4 *Entwirf ein Werbeplakat **oder** erstelle eine Mindmap **oder** recherchiere über ein Projekt zum Thema Familienplanung in Entwicklungsländern.*

5 *Werte die Bevölkerungsdiagramme für China aus und vergleiche sie (M6) **oder** werte die Tabelle mit Daten zur Familienplanung und Bevölkerungsentwicklung aus (M3).*

6 *Erläutere die gesellschaftlichen Folgen der Ein-Kind-Familie in China (M7 – M10).*

7 *Nimm Stellung zu der Ein-Kind-Politik in China (Text, M1 – M10).*

Herausforderung: Bevölkerungswachstum in Afrika

Subsahara-Afrika

Als Subsahara-Afrika wird die Region in Afrika bezeichnet, die sich südlich der Sahara befindet.

Subsahara-Afrika ist eine der ärmsten Regionen der Welt. Hier wächst die Bevölkerung mit einer Wachstumsrate von 2,7 % weltweit am schnellsten.
Aber viele Frauen möchten weniger Kinder bekommen. Viele Millionen Schwangerschaften sind ungewollt. Schlechte sexuelle Aufklärung und Mangel an Verhütungsmitteln sind nur zwei Gründe für die hohen Kinderzahlen.
Wenn viele Menschen versorgt werden müssen, ist der Lebensstandard in der Regel niedrig und Kinder können nicht in die Schule gehen. In Subsahara-Afrika schließen immer noch mehr als 70 Prozent der Kinder die Grundschule nicht ab.
Etwa 30 Millionen leben dort als Straßenkinder. Ihre Haupteinnahmequelle ist die Prostitution.
Um das Leben der Menschen langfristig zu verbessern, muss vor allem in drei Bereiche investiert werden:

- Gesundheit, Sexualaufklärung und freiwillige Familienplanung
- Bildung
- Beschäftigung unter menschenwürdigen Arbeitsbedingungen

M1 Brennpunkt Subsahara-Afrika

Bevölkerungsentwicklung

Laut Prognosen der Vereinten Nationen soll Europa bis zum Jahr 2100 vierzehn Prozent seiner Einwohner verlieren. In Afrika dagegen sollen vier Mal so viele Menschen wie jetzt leben. Nigeria könnte dann mit mehr als einer Milliarde Einwohnern China als bevölkerungsreichstes Land überholen. Großes Bevölkerungswachstum verursacht viele soziale und wirtschaftliche Probleme, da die vielen Menschen ausreichend versorgt werden müssen.

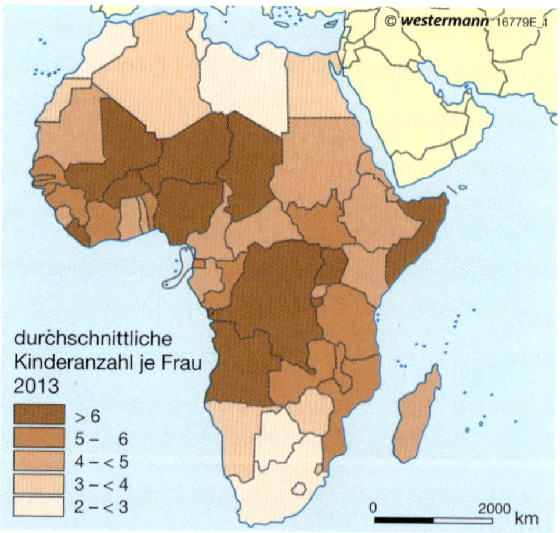

M3 Durchschnittliche Kinderzahl pro Frau

M2 Straßenkinder in Kampala (Uganda)

M4 Arbeitslose in Afrika

1 *Beschreibe die Fotos (M2, M4).*

2 *Nenne je drei Staaten in Afrika mit einer durchschnittlichen Kinderzahl je Frau von mehr als 6, zwischen 4 – 5 und 2 – 3 (M3, Atlas).*

3 *Beschreibe die Bevölkerungsentwicklung ausgewählter Staaten in Subsahara-Afrika (M8).*

www.diercke.de D3-030
www.heimatundwelt.de HW-125

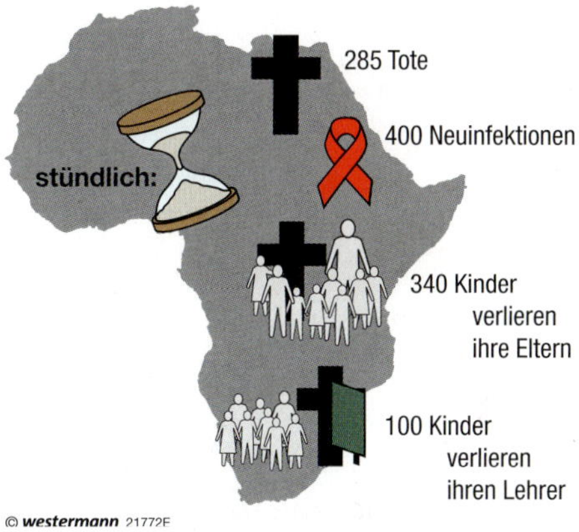

M5 Aids – Überlebenskampf in Afrika

Zhinle, die 15-jährige Tochter, ist jetzt die Älteste der Familie. Die jüngeren Geschwister sind elf und acht, sie sind auf dem Feld zum Pflügen. Die Kinderfamilie hat ein Maisfeld, eine Kuh und vier Ziegen. Die Eltern starben vor einem Jahr, zuerst die Mutter, wenig später der Vater. Die Krankheit, deren Namen die Kinder nicht kennen, hat auch Onkel und Tanten geholt. 80 000 Waisenkinder in einem Land mit einer Million Einwohnern, das ist Swasiland. Jeder zehnte Haushalt hat keine Erwachsenen mehr. Swasiland hat die höchste Aids-Rate der Welt. Die Lebenserwartung beträgt durchschnittlich 34 Jahre.

M7 Swasiland – Land der Waisen

Weniger Menschen durch Aids

Auch die Verbreitung von Aids beeinflusst die Bevölkerungszahlen. Jährlich sterben Tausende Afrikaner an dieser Krankheit. Viele Menschen im erwerbsfähigen Alter stehen dann nicht mehr zur Verfügung. Millionen Waisen müssen versorgt werden oder sich selbst versorgen.

	Bevölkerung in Milliarden			Anteil der Aids-Infizierten im Alter von 15 – 49 J. (in %)	
	2013	2025*	2050*	1995	2011/13
Niger	16,9	27,0	65,8	0,6	0,8
Nigeria	173,6	239,9	440,4	2,3	3,7
Uganda	36,9	55,4	113,9	10,3	7,2
Swasiland	1,2	1,4	1,8	10,6	26,0
Südafrika	53,0	56,9	63,6	4,9	15,9

M8 Bevölkerungsentwicklung und Aids-Rate ausgewählter Staaten in Subsahara-Afrika *Prognose

Ugandas Bevölkerung ist besonders jung. Mehr als die Hälfte der knapp 37 Millionen Einwohner sind jünger als 15 Jahre. Viele von ihnen haben in diesem Alter bereits ihre ersten Sexualkontakte gehabt, ohne ausreichend aufgeklärt zu sein. Jedes vierte Mädchen ist bereits mit 15 Jahren Mutter. Etwa fünf Prozent aller 15- bis 24-jährigen jungen Frauen sind mit Aids infiziert. Viele Neugeborene werden durch ihre Mütter mit Aids angesteckt. Um all dem entgegenzuwirken, geben Jugendliche ihr Wissen über Verhütung sowie Gefahren und Übertragungsmöglichkeiten von Aids weiter.

M6 Aufklärung ist die beste Waffe gegen Aids

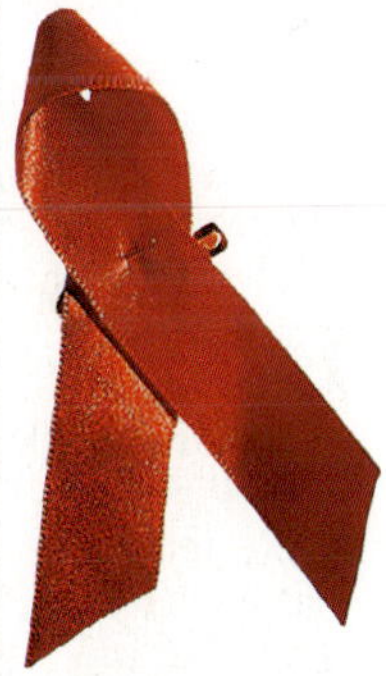

M9 Die rote Schleife ist weltweit ein Zeichen der Solidarität mit Aids-Kranken.

4 *Stelle eine Beziehung zwischen der Bevölkerungsentwicklung und der Aids-Rate her (M8).*

5 *a) Liste Probleme der Menschen in Afrika auf (Text, M1 – M8).*

b) Erkläre, welche Folgen diese Probleme für die Menschen haben (Text, M1, M2, M4 – M6).

6 *Erläutere Maßnahmen, durch die den Menschen in Afrika geholfen werden kann (M1, M6).*

M2 Migration weltweit

Migration weltweit

Migranten unterstützen ihre Heimat

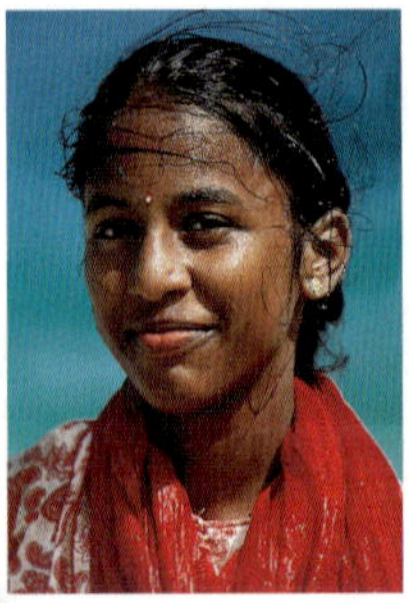

M1 Neha kommt aus einem kleinem Dorf in der Nähe von Chennai. Nach dem Abitur ging sie zum Studium nach Großbritannien. Jetzt arbeitet sie in einer Kanzlei in London.

Viele Flüchtlinge versuchen in überfüllten Booten Europa zu erreichen. Die meisten Einwanderer aber reisen mit dem Flugzeug oder auf dem Landweg nach Europa.

Meist wandern junge, gut ausgebildete Fachkräfte aus. Sie hoffen, in anderen Ländern Arbeit zu finden. In den Heimatländern fehlen dann die Leistungsträger und die Entwicklung der Länder wird erschwert. Aber die Migranten schicken Geld nach Hause. Insgesamt sind diese Beträge höher als die weltweit gezahlte Entwicklungshilfe. Dieses Geld wird im Herkunftsland ausgegeben, deshalb profitiert auch die dortige Wirtschaft davon. Andererseits verlassen sich zahlreiche Familien auf die Zahlungen und vernachlässigen eigene Tätigkeiten. Manche Migranten kehren in ihr Heimatland zurück und können die Bewohner mit ihren erworbenen Kenntnissen unterstützen.

Dr. Popescu kommt aus Rumänien und arbeitet in einem deutschen Krankenhaus. Im Zuge der EU-Erweiterung kommen viele gut ausgebildete Ärzte aus Südosteuropa nach Deutschland. So kann dem Ärztemangel entgegengewirkt werden.

M3 Fachkräfte kommen nach Deutschland

ⓘ Migration

Unter Migration versteht man eine Wanderungsbewegung. Menschen verlassen ihre Heimat mit dem Ziel, ihren Wohnsitz zu wechseln. Schon immer gehört Migration zur Lebensweise der Menschen: So hat sich der Mensch von Afrika aus über die Erde verbreitet und in den USA wohnen seit dem 17. Jahrhundert Einwanderer aus aller Welt. Weltweit leben heute mehr als 200 Millionen Menschen außerhalb ihres Heimatlandes.

1 *Benenne: a) Zielregionen oder -länder, Herkunftsregionen oder -länder der Migranten (M2).*
b) Regionen oder Länder, die ihre Grenzen besonders stark überwachen (M2).
c) Regionen oder Länder mit hoch und gering qualifizierten Auswanderern (M2).

2 *Liste Risiken auf, die Migranten und ihre Familien auf sich nehmen (Text, M5, M6, M7).*

3 *Stelle die „Gewinne" und „Verluste" durch Migration der Herkunftsländer übersichtlich in einer Tabelle zusammen (Text, M1 – M7).*

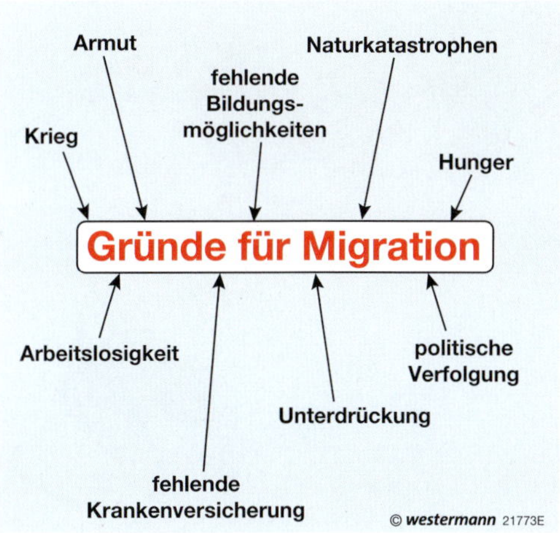

M4 Gründe für Migration

M6 Geschätzte 80 000 Afrikaner und Osteuropäer leben in Almeria, die Hälfte davon ohne Einreise und Arbeitserlaubnis. Sie leben meist am Rande von Dörfern.

Hoffnung auf ein besseres Leben

Die Ursachen, warum Menschen ihre Heimat verlassen, sind vielfältig. Aber immer haben sie die Hoffnung, am neuen Wohnort ihre Lebensverhältnisse zu verbessern und ihr Überleben sowie die Versorgung ihrer Familie zu sichern.

In vielen Ländern ist die Möglichkeit der Einwanderung durch Einreise- und Aufenthaltsbestimmungen stark eingeschränkt. Der Grenzübertritt wird durch Zäune und durch Kontrollboote auf dem Meer erschwert. Trotzdem nehmen viele Migranten Gefahren auf sich, um ihr Wunschland zu erreichen. Dort leben sie dann oft als illegale Arbeitskräfte in Angst vor Abschiebung und sind recht- und schutzlos.

M7 In Tijuana, auf der mexikanischen Seite der Grenzmauer zwischen den USA und Mexiko erinnern Holzkreuze an mehr als 3 000 Migranten, die ums Leben kamen, als sie die Grenze überwinden wollten.

M5 Im Golfstaat Katar werden viele Migranten wie Leibeigene gehalten. Sie müssen ihren Pass abgeben und schlafen zu acht in einem Zimmer. Dennoch ist der Zustrom ungebrochen. Denn hier gibt es Arbeit. ▷

4 *Fertige zum Thema Migration eine Mindmap an (Text, M1 – M7)* ***oder*** *recherchiere und schreibe die Geschichte eines Migranten auf, z. B. als Zeitungsartikel.*

5 *Recherchiere. Informiere dich über folgende Begriffe: Abkommen von Schengen, Frontex, die Organisation IOM und UNHCR.*

„Einst waren Städte wie Babylon, Rom oder Jerusalem das Symbol einer ganzen Welt. Heute ist die ganze Welt im Begriff eine Stadt zu werden."

L. Mumford, britischer Stadthistoriker

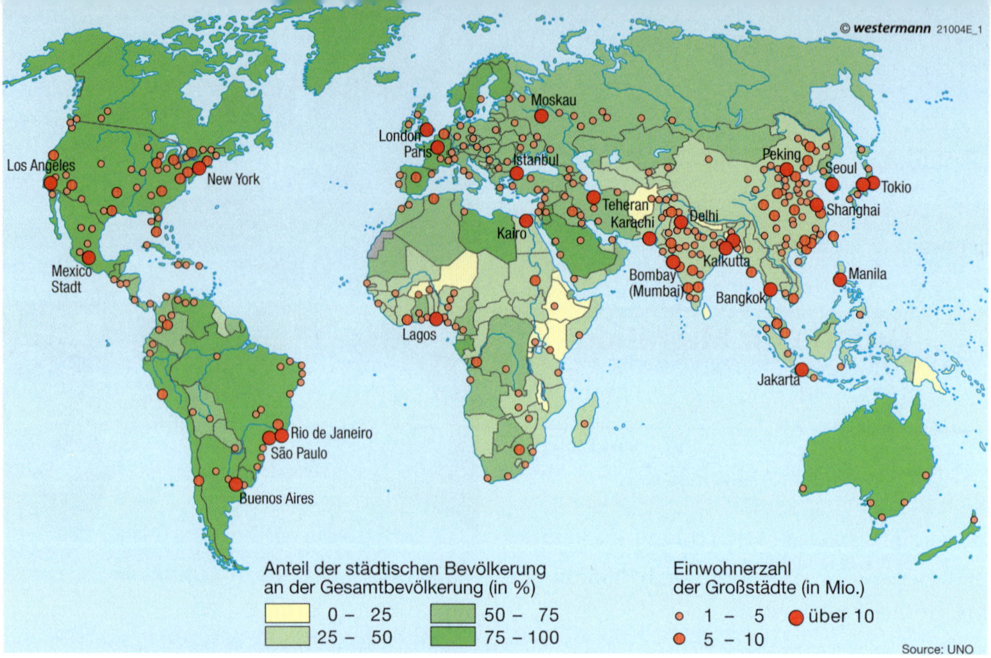

M1 Weltweite Verstädterung und Verstädterungsgrad

Die Mehrheit der Menschen lebt in Städten

M2 Überfüllte Straßen in Neu-Delhi (Indien)

Bevölkerungswachstum in Städten

Seit Jahrzehnten wächst weltweit die Bevölkerung in den Städten stärker als auf dem Land. Während 1975 rund ein Drittel der Weltbevölkerung in Städten wohnte, ist es heute schon über die Hälfte. Prognosen sagen, dass im Jahr 2050 zwei Drittel der Menschheit in Städten leben werden.

In Entwicklungs- und Schwellenländern wachsen die meisten Städte rasant, zum Teil durch hohe Geburtenraten, aber auch durch Zuwanderung. Die Bevölkerung in vielen Städten der Industrieländer aber nimmt wegen sinkender Geburtenraten und Abwanderung in Stadtrandgemeinden inzwischen nur noch wenig zu oder sogar ab.

ⓘ Verstädterung

Verstädterung bedeutet das Anwachsen der Städte nach Bevölkerungszahl, Siedlungs- und Verkehrsfläche. Ausgelöst wird Verstädterung durch Abwanderung aus dem ländlichen in den städtischen Raum.

ⓘ Verstädterungsgrad

Als Verstädterungsgrad bezeichnet man den Anteil der Stadtbevölkerung an der Gesamtbevölkerung eines Staates, Kontinentes oder weltweit. Er wird in Prozent angegeben.

1. *Benenne je fünf Staaten mit einem Verstädterungsgrad von 25 – 50 % und 75 – 100 % (M1).*
2. *Liste für jeden Kontinent die Städte mit mehr als 10 Millionen Einwohnern auf (M1).*
3. *Erkläre die Ursachen der Landflucht (Text, M1, M3, M4).*

www.diercke.de
D3-156, 158

www.heimatundwelt.de
HW-102

Landflucht

Viele Menschen verlassen den ländlichen Raum und ziehen in die Städte, weil sie sich dort bessere Arbeits- und Lebensbedingungen erhoffen. Diesen Vorgang nennt man **Landflucht**. Ursachen dafür sind vor allem die Entwicklungen auf dem Land (siehe M4), die als Push-Faktoren wirken. Die als besser eingeschätzten Lebensbedingungen in den Städten sind die Pull-Faktoren.

Allerdings verbessern sich für Millionen Menschen, die jährlich in die Städte ziehen, die Lebensverhältnisse nicht. Weil die Verdienstmöglichkeiten ausbleiben, leben viele in **Slums**.

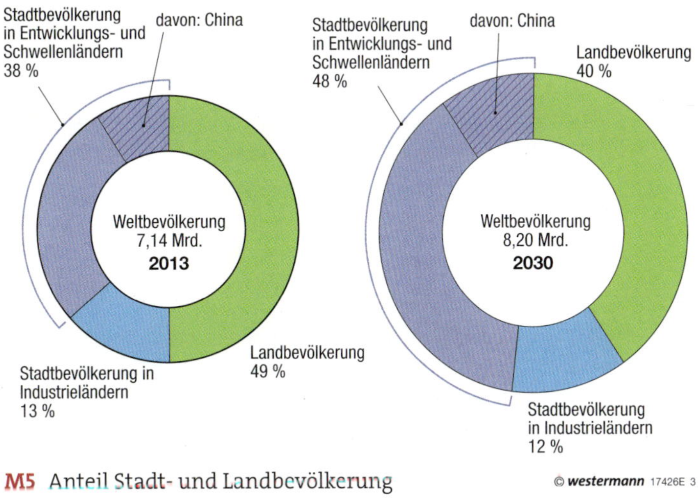

M5 Anteil Stadt- und Landbevölkerung

M3 Indisches Dorf im Bundesstaat Kerala

M6 Slum in Neu-Delhi

M4 Ursachen der Landflucht – vorrangig in Entwicklungsländern

4 *Beschreibe die Wohnsituation armer Bevölkerung im Dorf und in der Stadt (M2, M3, M6).*

5 *Vergleiche die Verteilung der Stadt und Landbevölkerung weltweit 2013 mit der Prognose von 2030 (M5).*

6 *Erläutere die Aussage: Das dritte Jahrtausend wird das Jahrtausend der Städte (Text, M1, M5)* ***oder*** *schreibe einen Zeitungsartikel mit dem Titel „Ursachen und Auswirkungen von Landflucht“ (Text, M2 – M6).*

M1 Lage von São Paulo in Brasilien

Megastadt São Paulo – Stadt der Gegensätze

São Paulo ist mit mehr als zwölf Millionen Einwohnern die größte Stadt Brasiliens. Im gesamten **Ballungsraum** São Paulo leben etwa 21,6 Millionen Menschen. São Paulo ist mit der großen Zahl an Banken, Industriebetrieben und Dienstleistungsunternehmen das wirtschaftliche Zentrum Brasiliens.

Jedes vierte brasilianische Unternehmen hat hier seinen Sitz. Die Stadt hat viele angesehene Hochschulen, Museen, luxuriöse Einkaufszonen und Parkanlagen.

Trotz dieser positiven Seite hat São Paulo mit großen Schwierigkeiten zu kämpfen. Durch das schnelle Stadtwachstum kommen viele Probleme in die Stadt: Günstiger Wohnraum für Menschen mit niedrigem Einkommen ist knapp.

Mittlerweile leben Millionen Menschen in **Favelas**, den Armenvierteln São Paulos. Der Verkehr der Stadt kommt regelmäßig zum Stillstand, denn das Straßennetz reicht für das hohe Verkehrsaufkommen nicht aus.

Städte wie São Paulo wachsen zu **Megastädten** heran, das sind Ballungsräume mit mehr als zehn Millionen Einwohnern. Diese nehmen eine politische, wirtschaftliche und kulturelle Zentrumsfunktion ein. Sie üben eine enorme Anziehungskraft auf die junge und leistungsfähige Landbevölkerung aus. Durch den Zuzug der Menschen in diese Großstädte verstärkt sich ihre Metropolfunktion.

Favelas sind illegale Siedlungen in Südamerika, besonders in Brasilien. Sie liegen meist am Rand von Großstädten. Oft siedeln sich hier die armen Zuwanderer an, denn Wohnraum ist teuer und knapp. Wenn Favelabewohner einen Arbeitsplatz haben, liegt ihr Einkommen unter der Armutsgrenze.

Favelas bestehen meist aus selbst gebauten Häusern oder Hütten, die aus Stroh, Brettern, Pappen, Plastikplanen oder Wellblech gebaut wurden. Es mangelt an Kanalisation, Stromversorgung, medizinischer Versorgung, Bildungseinrichtungen und Telefonanschlüssen. Nicht alle Haushalte haben fließend sauberes Wasser und nur etwas über die Hälfte der Hütten verfügen über eine Toilette.

Viele Menschen in den Favelas versuchen durch Eigeninitiative und gegenseitige Hilfe ihr Leben zu verbessern. Sie möchten, dass ihre Kinder zur Schule gehen, damit sie später bessere Chancen auf einen gut bezahlten Arbeitsplatz haben. Oft müssen aber auch die Kinder arbeiten, damit das Geld ausreicht.

M3 Leben in Favelas

- 11 % der Bevölkerung
- 20 % des BIP
- 55 % der Industrieproduktion
- 30 % der Industriebeschäftigten
- 36 % der Dienstleistungen
- 60 % des Energieverbrauchs
- 21 % der Fahrzeuge
- 30 der 50 größten Unternehmen
- 900 von 1200 Niederlassungen deutscher Unternehmen

M2 Bedeutung São Paulos für Brasilien

M4 Paraisopolis (Paradiesstadt; links im Bild) ist mit geschätzten 60 000 Einwohnern die größte Favela São Paulos. Sie grenzt an bewachte und luxuriöse Wohnanlagen.

www.diercke.de D3-212 www.heimatundwelt.de HW-162

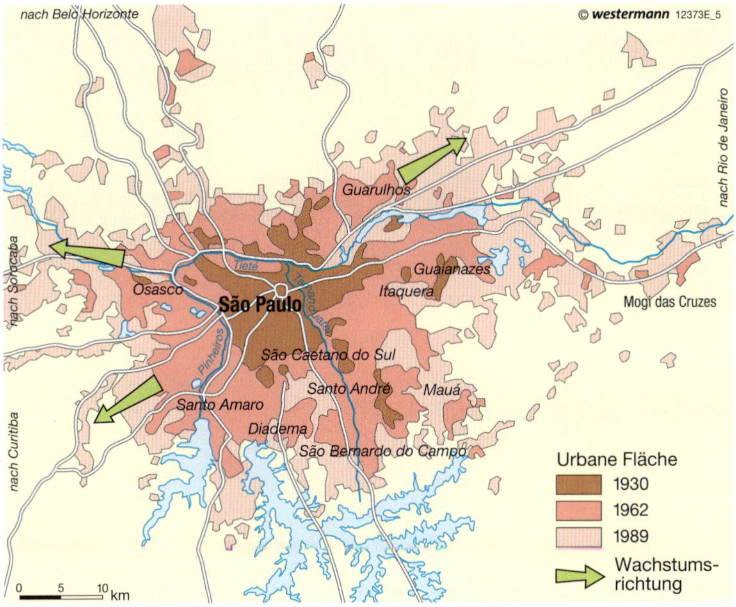

M5 Wachstum von São Paulo

M8 Hauptverkehrsstraße in São Paulo. Luftverschmutzung und unerträglicher Lärm durch 5 Millionen Autos sind ein zentrales Umweltproblem in São Paulo.

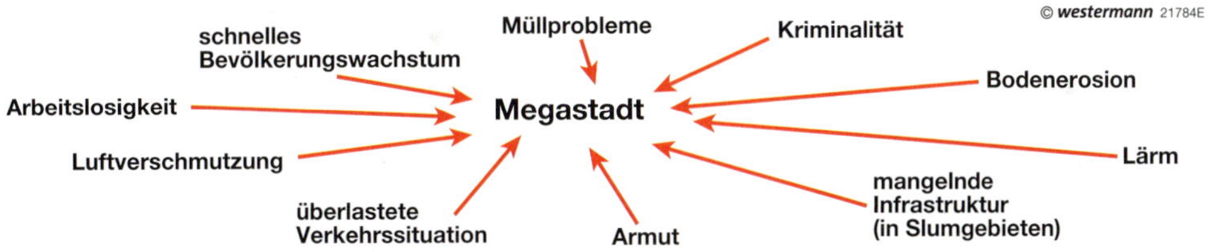

M6 Probleme einer Megastadt in Entwicklungs- und Schwellenländern

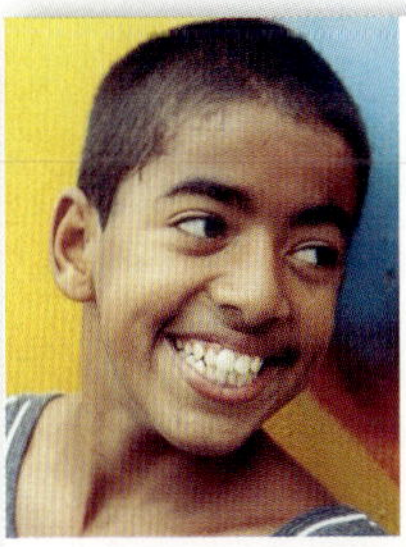

Eine erfolgreiche Stadtentwicklung – die Favelas in Curitiba

„Bis zu meinem 8. Lebensjahr wohnte ich mit meiner Familie am Rand der Millionenstadt Curitiba in einer armseligen Hütte ohne Strom und fließendes Wasser. Weil die meisten Menschen keine Arbeit hatten, wurde viel gestohlen. Da erfuhren wir, dass die Stadtregierung ein neues Wohnviertel für Arme baut. Wir konnten dort einziehen. Mein Vater bekam Arbeit bei der Müllabfuhr und wir Kinder dürfen nun zur Schule gehen. Jeden Tag fahren wir mit dem Stadtbus dorthin. Aufgrund des gut ausgebauten Verkehrssystems wird Curitiba die „Stadt der kurzen Wege“ genannt. In der Bibliothek, die „Leuchtturm des Wissens“ heißt, dürfen wir Bücher kostenlos ausleihen und im Internet surfen. Wenn ich meinen Abschluss schaffe, bekomme ich vielleicht ein Fahrrad. Ich verdiene etwas Geld, indem ich in meiner Freizeit Glasflaschen sammle. Unser Lehrer hat erzählt, dass unsere Stadt für ihre nachhaltige Entwicklung eine Auszeichnung bekommen hat. Viele Bewohner müssen nicht mehr in Favelas leben. Das ist eine Verbesserung und darauf bin ich stolz.

M7 Bericht des 14-jährigen Carlo aus Curitiba

1 *Beschreibe das Wachstum São Paulos und des dazugehörigen Ballungsraums (Text, M5).*

2 *Erkläre die Bedeutung São Paulos für Brasilien (Text, M2).*

3 *Liste in einer Tabelle positive und negative Seiten einer Megastadt auf **oder** verfasse einen Reisebericht mit dem Titel „São Paulo, Stadt der Gegensätze“ (Text, M2 – M8).*

4 *Recherchiere. Berichte über Selbsthilfe- oder Hilfsprojekte für die Menschen in den Favelas.*

M2 Am Eingang eines mehrstöckigen Hauses

M4 Türkischer Kiosk

Spurensuche in der Nachbarschaft

deine Pizza italienisch, deine Demokratie griechisch, dein Kaffee brasilianisch, dein Urlaub türkisch, deine Schrift lateinisch ... und dein NACHBAR nur ein Ausländer

M1 Von einem unbekannten Künstler

Jedes dritte Kind unter fünf Jahren und insgesamt 19,5 Prozent der Einwohner Deutschlands sind Menschen, die selbst oder deren Eltern zugewandert sind. In Großstädten ist der Anteil meist höher. In Hannover liegt er zum Beispiel bei 30 Prozent.

Da dieses Nebeneinander für uns zum Alltag gehört, machen wir uns kaum Gedanken darüber, dass Migranten aus anderen Kulturen mit anderen Sitten und Gebräuchen stammen. Wir wissen wenig über sie und ihre Heimatländer. Wenn wir uns darüber informieren, ihnen aufgeschlossen gegenübertreten und sie achten, zeigen wir, dass wir „miteinander gehen und nicht gegeneinander tehen“ wollen.

Ihr könnt euch auf Spurensuche fremder Kulturen in eurem Alltag begeben. Ein Projektthema kann lauten: „Wir untersuchen fremde Kulturen im Schulumfeld.“

Fotografieren

- Fotografiert Plätze, Wohnhäuser, Geschäfte, Restaurants, Straßen und Menschen.
- Fragt vorher um Erlaubnis, wenn ihr Menschen fotografiert.
- Notiert euch, was ihr wo, und wann fotografiert habt. Dann fällt es euch später leichter, die Fotos zu beschriften.

Kartieren

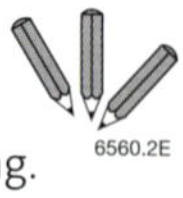

- Besorgt euch einen Stadtplan oder Karten bei der Gemeindeverwaltung.
- Fertigt eine ausreichende Anzahl Kopien an und eventuell auch eine Vergrößerung für die Präsentation.
- Legt gemeinsam eine Legende fest.
- Ihr könnt einzelne Häuser, Häuserblocks, Straßen oder Stadtviertel kartieren und später vergleichen.
- Kartiert die Nutzung von Häusern oder die Anzahl und Herkunftsländer der Migrantenfamilien in einem Haus. Die Namen auf den Klingelschildern helfen euch dabei!

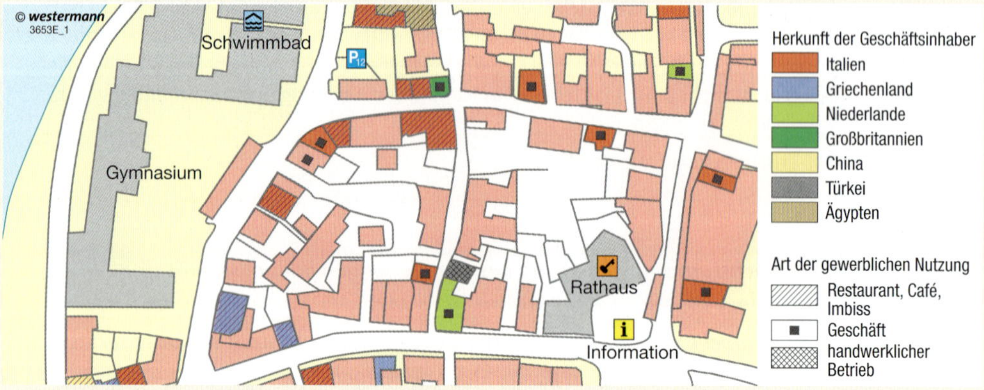

M3 Erdgeschossnutzung durch ausländische Geschäftsinhaber (Kartierung)

GEO aktiv

So gehst du vor:

Schritt 1 •

Vorbereitung

→ Legt fest, wo ihr Spuren anderer Kulturen recherchieren wollt.

→ Besorgt Karten oder einen Stadtplan und Fotoapparate.

→ Entwerft einen Fragebogen oder bereitet eine Kartierung vor.

→ Einigt euch auf einen Zeitplan und die Art der Präsentation.

→ Teilt Gruppen ein und ordnet diesen Wohngebiete, einzelne Straßen, Einkaufszentren oder Geschäfte zu.

Schritt 2 • •

Durchführung

→ Legt fest, wer in eurer Gruppe was, wann, wo und mit welchen Mitteln tut.

→ Führt die Recherche durch.

Schritt 3 • • •

Präsentation

→ Tragt die Arbeitsergebnisse jeweils in eurer Gruppe zusammen und besprecht sie.

→ Stellt eure Erkenntnisse zu einer Präsentation zusammen.

→ Informiert die Klasse mithilfe der Präsentation über eure Recherche.

Schritt 4 • • • •

Auswertung

→ Diskutiert eure Ergebnisse.

→ Bewertet euer Vorgehen.

Befragung

- Erstellt einen Fragebogen und kopiert diesen in ausreichender Zahl.
- Befragt Geschäftsleute, Berufstätige (z. B.Kellner), ausländische Passanten und Bewohner, Nachbarn und Verwandte oder die Polizei.
- Wertet die Ergebnisse aus: Schreibt zu jeder Befragung einen Bericht, fertigt Tabellen oder Diagramme an.

Tipps:

Fragen für die Besprechung der Ergebnisse

- Was hat euch überrascht, was habt ihr bereits gewusst?
- Wie kennzeichnen andere Kulturen unser Straßenbild?
- Welchen Einfluss haben sie auf unseren Alltag?
- Was wissen wir über das Herkunftsland der Befragten?
- Wie sähe unser Leben in einer fremden Kultur aus?

Fragen für Auswertung

- Waren die Fragestellungen geeignet?
- Ist die Gruppenarbeit gelungen?
- War der Zeitplan gut gewählt?
- Was haben wir dazu gelernt?
- Wie empfinden wir den Einfluss anderer Kulturen auf unseren Alltag?
- Wir verhalten wir uns bei Begegnungen mit Migranten?

Land aus dem die Familie stammt	Anzahl	Alter	in Deutschland geboren	Jahre in Deutschland	Berufe
Äthiopien	2	12, 15	2	12, 15	Schüler
Afghanistan	1	30	0	12	Informatiker
Griechenland	4	5, 8, 28, 35	4	5, 8, 28, 35	2 Restaurantbesitzer
Italien	2	56, 63	0	50, 55	Hausfrau, Kfz-Schlosser
Kasachstan	1	25	0	22	Arzthelferin
Kroatien	1	42	0	19	Fachverkäufer
Polen	2	14, 38	1	14, 18	Schüler, Friseurin
Serbien	1	12	1	12	Schülerin
Türkei	4	8, 12, 18, 27	4	8, 12, 18, 27	3 Schüler, Obsthändler

M5 Beispiel für die Auswertung einer Befragung von ausländischen Mitbürgerinnen und Mitbürgern

GEO aktiv

1 *Führt eine Spurensuche mit dem Thema „Wir untersuchen fremde Kulturen" in der Nähe eurer Schule durch.*

2 *Recherchiere. Informiere dich über die Kultur eines der Länder, aus denen die Menschen im Schulumfeld kommen.*

Entwicklungsstand von Staaten

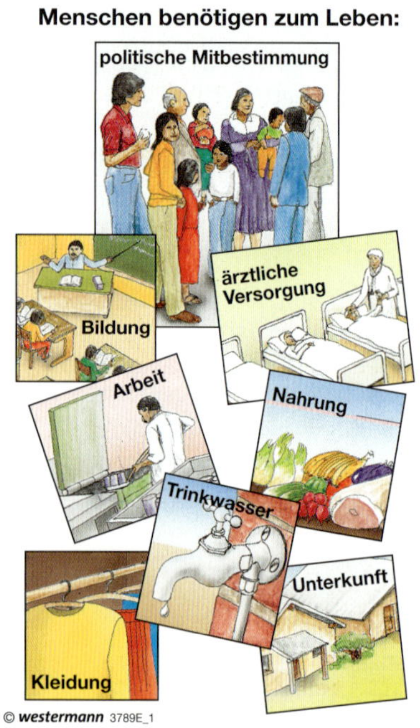

M1 Grundbedürfnisse eines Menschen

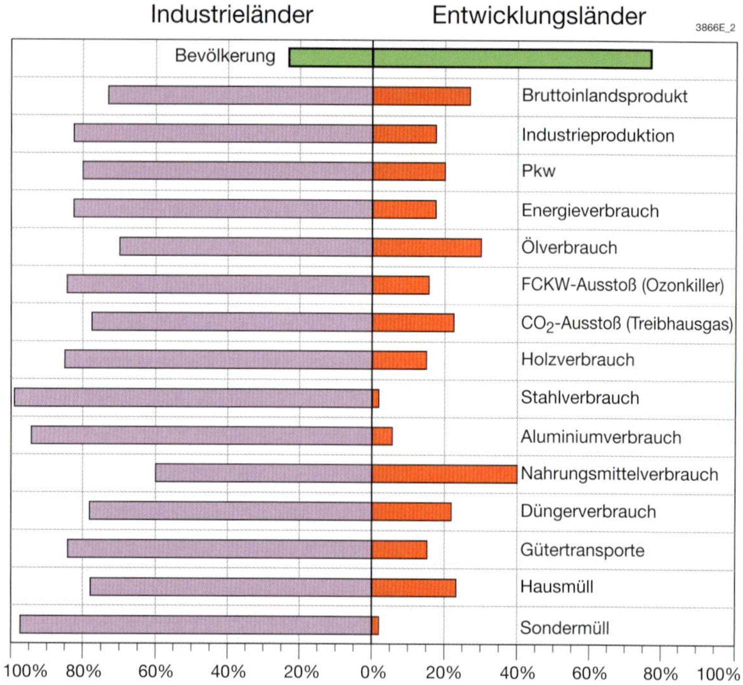

M2 Industrie- und Entwicklungsländer im Vergleich (2010)

... in Industrieländern

In den einzelnen Staaten der Erde herrschen unterschiedliche Lebensbedingungen. Aus diesem Grund unterscheidet man zwischen hoch entwickelten Industrieländern und gering entwickelten Entwicklungsländern.
In den hoch entwickelten Ländern werden die Grundbedürfnisse der Bevölkerung überwiegend befriedigt. Dort stehen genügend Nahrungsmittel, Bildungsmöglichkeiten, Trinkwasser oder menschenwürdige Wohnverhältnisse zur Verfügung (vgl. M1). Darüber hinaus verdienen viele Menschen genügend Geld, um sich einen hohen Lebensstandard leisten zu können.
Grundvoraussetzung für die guten Lebensbedingungen in den Industrieländern sind die wirtschaftlichen Rahmenbedingungen. Denn die Arbeitsteilung und der Einsatz von Maschinen in Industrie und Landwirtschaft haben zu einer hohen **Produktivität** der Wirtschaft geführt. Die Industriestaaten weisen deshalb ein hohes Bruttoinlandsprodukt auf (vgl. M5).

ⓘ Produktivität

Produktivität (auch: Ergiebigkeit) nennt man in der Wirtschaft das Verhältnis des Einsatzes (z. B. von Kapital und Arbeitskraft) zum Ergebnis (z. B. zur erzeugten Warenmenge).
Eine hohe Produktivität ergibt sich bei geringem Einsatz und hohem Ergebnis. Unternehmen, die besonders produktiv wirtschaften, können höhere Gewinne erzielen.

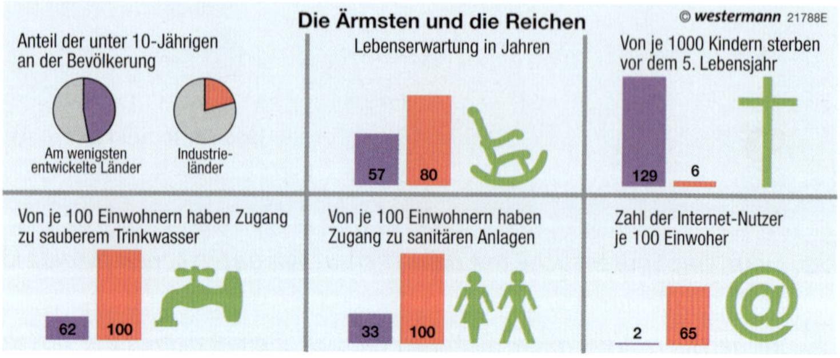

M3 Kennzahlen zu Industrie- und Entwicklungsländern

... in Entwicklungsländern

Die Grundbedürfnisse der Menschen in Entwicklungsländern werden häufig nicht befriedigt. Viele Menschen leben in einfachen Behausungen ohne festen Wasser- und Stromanschluss. Auch das Bildungsangebot ist in den Entwicklungsländern mangelhaft. Ohne Schulbildung haben viele Menschen nur geringe Chancen auf eine Ausbildung und eine feste Arbeitsstelle. Sie müssen Arbeiten zu sehr niedrigen Löhnen annehmen. Aufgrund der geringen Einkommen der Familien müssen häufig auch Kinder schon arbeiten. Extreme Armut ist weit verbreitet. Die Arbeitsbedingungen sind meist schlecht. So wird geduldet, dass Arbeiter bei ihren Tätigkeiten ungeschützt mit Giftstoffen in Berührung kommen. Das Risiko für gesundheitliche Folgen ist dadurch sehr groß. Die medizinische Versorgung ist unzureichend. Die Lebenserwartung liegt in vielen Entwicklungsländern unter 60 Jahren (vgl. M3).

Mit Entwicklungshilfeprogrammen wird versucht, die Lebensbedingungen in den Entwicklungsländern zu verbessern. Hierzu zählt die technische Hilfe, z. B. die Beratung bei der Verbesserung von Anbautechniken in der Landwirtschaft. Aber auch finanzielle Hilfe zum Aufbau von Bildungseinrichtungen kann auf lange Sicht zu einer Verbesserung der Situation in Entwicklungsländern führen.

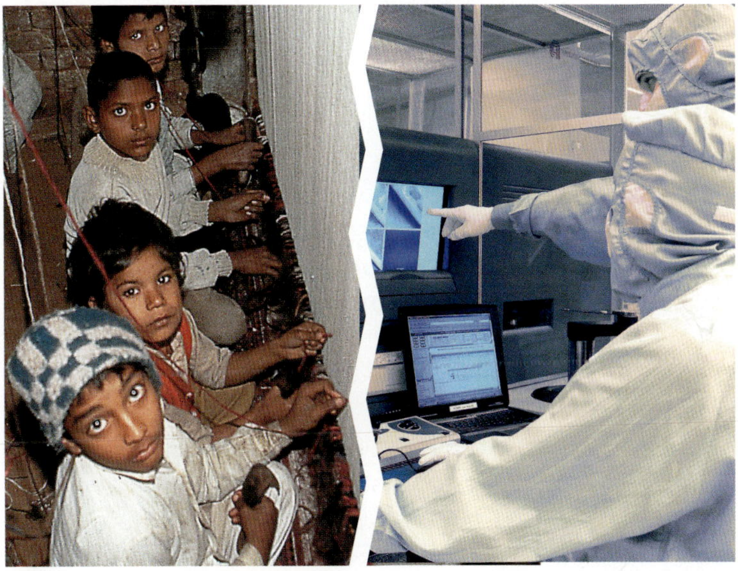

M4 Arbeitsbedingungen in Entwicklungs- und Industrieländern

Land	US-Dollar
Sierra Leone	1360
Nepal	1500
Tansania	1590
Kenia	1760
Laos	2730
Indien	3840
China	9210
Peru	10240
Türkei	17500
Deutschland	41370
Australien	43170
USA	50610
Schweiz	54870
Norwegen	64030

M5 Bruttoinlandsprodukt je Einwohner in ausgewählten Ländern (2012)

1 *Vergleiche die dargestellten Arbeitsbedingungen in M4.*

2 *Beschreibe die Lebensbedingungen in Industrie- und Entwicklungsländern (Text, M2)* ***oder*** *vergleiche die Kennzahlen von Industrie- und Entwicklungsländern in M3.*

3 *Erläutere die Anteile der Industrie- und Entwicklungsländer in den verschiedenen Bereichen (M2).*

4 *Stelle jeweils drei Länder mit einem niedrigen und drei Länder mit einem hohen Bruttoinlandsprodukt in einem Säulendiagramm dar (M5).*

5 *Recherchiere. Vergleiche die Lebensbedingungen für arme Menschen in Deutschland mit denen in einem Entwicklungsland.*

Länder der Erde: Human Development Index

Der Human Development Index (HDI) ist ein Wert, der den Entwicklungsstand eines Landes darstellt. Der Index geht von Null aus und kann bei höchster Entwicklungsstufe 1,0 betragen. Bei den Berechnungen werden die Bereiche Gesundheit, Bildung und Lebensqualität berücksichtigt (vgl. M1).
Die höchsten HDI-Werte erreichen Länder mit hoher Lebenserwartung, einem freien Zugang zu allen Bildungseinrichtungen bzw. einem hohen Alphabetisierungsgrad der Bevölkerung sowie einem monatlichen Einkommen von über 5000 US-Dollar. Damit berücksichtigt der HDI nicht nur wirtschaftliche, sondern auch soziale Gesichtspunkte. Deshalb ist er für die Beurteilung des „Grades der menschlichen Entwicklung" besser geeignet als die einfache Betrachtung des **Bruttonationaleinkommens**.

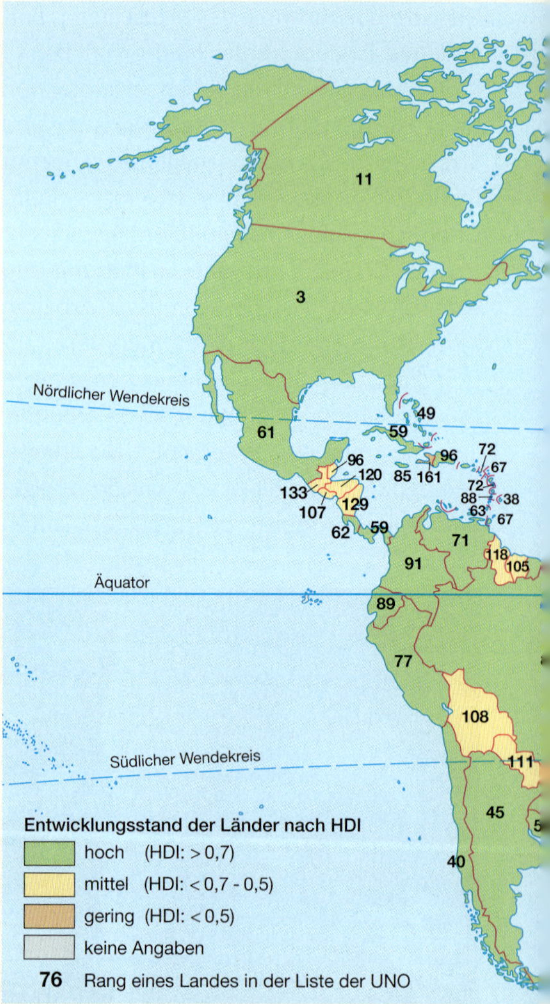

M2 Länder der Erde nach ihrem Entwicklungsstand

	1980	2000	2013
Welt	0,558	0,634	0,694
Europa/Zentralasien	0,644	0,695	0,771
Ostasien/Pazifik	0,428	0,581	0,683
Südasien	0,356	0,468	0,558
Lateinamerika	0,582	0,680	0,741
Subsahara-Afrika	0,365	0,401	0,475
Arabische Staaten	0,444	0,578	0,652

M3 Weltweite und regionale Veränderungen des HDI-Index

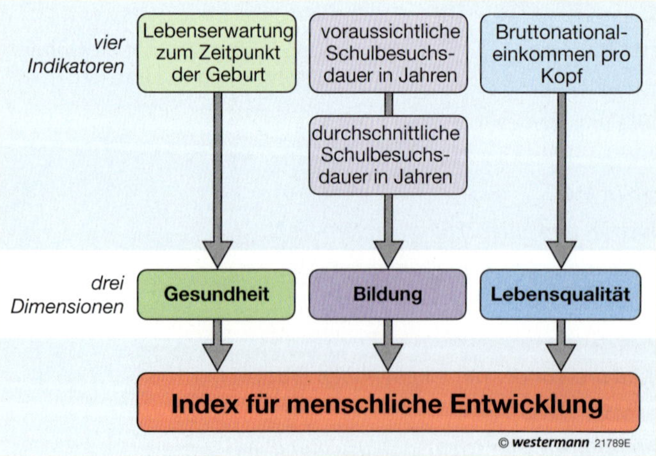

M1 Ermittlung des Human Development Index

GEO Orientierung

www.diercke.de D3-032
www.heimatundwelt.de HW-184

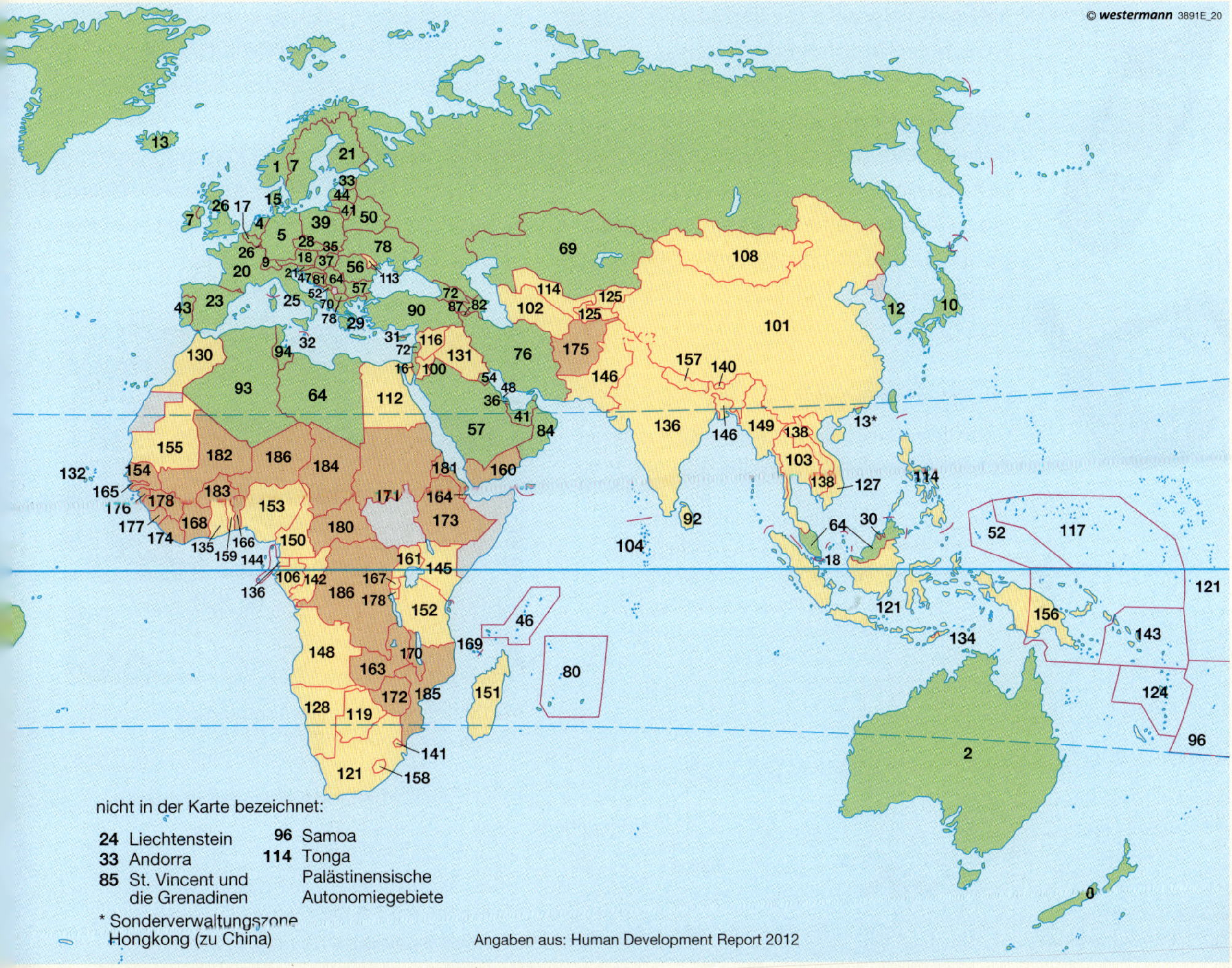

1 *Nenne mithilfe des Atlas jeweils fünf Staaten in M2, die einen geringen, mittleren und hohen Entwicklungsstand aufweisen* ***oder*** *liste mithilfe des Atlas die Länder in M2 mit dem höchsten Entwicklungsstand (Nr. 1–20) und die Länder mit dem geringsten Entwicklungsstand (163–182) auf.*

2 *Nenne Regionen der Erde, in denen viele Länder mit einem hohen und einem geringen Entwicklungsstand liegen (M2).*

3 *Werte M3 aus. Vergleiche den Entwicklungsstand verschiedener Regionen der Erde im Jahr 2013.*

4 *Erkläre, welche Bereiche menschlichen Lebens der HDI berücksichtigt (Text, M1).*

5 *Erläutere, warum die Erstellung des HDI-Index wichtig ist.*

6 *Recherchiere. Stelle Maßnahmen zur Unterstützung gering entwickelter Staaten in einem Vortrag vor (www.unric.org/de).*

UNDP

Empowered lives. Resilient nations.

M4 Logo des UNDP (= United Nations Development Programme)

Geographische Informationssysteme nutzen

Navigationsgeräte für den Straßenverkehr weisen den Autofahrern nicht nur den Weg, sondern informieren auch über die Lage von Tankstellen, Restaurants oder Sehenswürdigkeiten. Diese vielen Karteninformationen werden in Datenbanken gespeichert und mithilfe einer Software eines sogenannten Geographischen Informationssystems (GIS) zu einer Karte verarbeitet (vgl. M2).

Ein GIS ist im Vergleich zu einem Atlas benutzerfreundlicher. Karteninhalte lassen sich schnell ändern und aktualisieren. Geographische Informationssysteme verwendet man in vielen Bereichen. Bei der Planung von neuen Baugebieten werden beispielsweise Daten zu Straßenverläufen, zur Bebauung sowie zur Vegetation miteinander verknüpft.

ⓘ Diercke-Web-GIS

Unter der Internetadresse diercke.webgis-server.de kann man das Diercke-Web-GIS zu verschiedenen Themen aufrufen. Mithilfe einer Datenbank kann man eigene Karten erstellen. Zudem können Informationen zu einzelnen Kartenthemen in Tabellen dargestellt werden (vgl. S. 93).
Unter der Internetadresse www.diercke.de/hilfe lassen sich hilfreiche Lehrfilme zum Umgang mit dem Diercke-Web-GIS aufrufen.

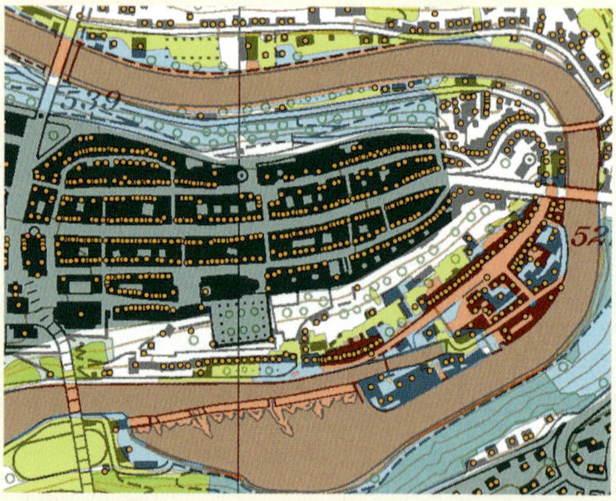

M2 Erstellung eines Flächennutzungsplans für die Raumplanung

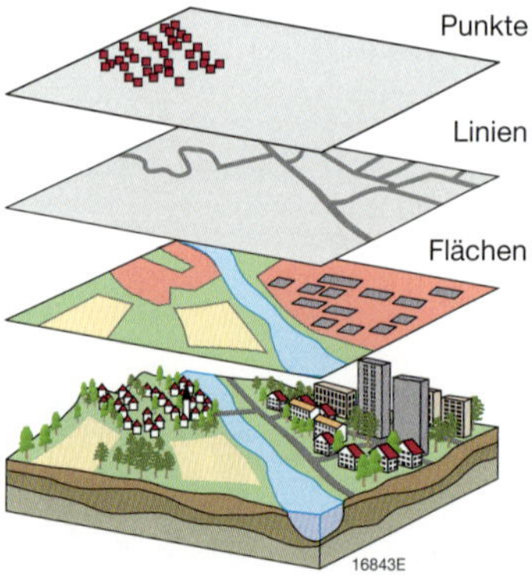

Daten zur späteren Kartenerstellung werden am Computer eingegeben.

↓

Mithilfe einer GIS-Software werden wie für einen Overheadprojektor einzelne Folien mit Themen erstellt (z. B. eine Folie mit einem Straßennetz einer Region, eine Folie mit den Fastfood-Ketten der Region, usw.). Diese Folien werden als Layer bezeichnet (siehe Abbildung links).

↓

Die einzelnen Folien können nun mithilfe der GIS-Software wie bei einem Overheadprojektor beliebig übereinander gelegt werden. Dadurch ergibt sich eine gesamte Karte (siehe Abbildung links).

↓

In Diagrammen oder Tabellen können zusätzliche Informationen zu dem Kartenthema verknüpft und angezeigt werden.

M1 Erstellung eines Geographischen Informationssystems

1 *Beschreibe, wie ein Geographisches Informationssystem funktioniert und nenne Anwendungsmöglichkeiten (Text, M1, M2).*

2 *a) Rufe mithilfe des Diercke-Web-GIS die Karte zum „Entwicklungsstand der Erde" auf (M3, Info).*
b) Recherchiere folgende Karteninformationen: Schulbesuchsjahre und die Lebenserwartung der Menschen in Deutschland und in Kenia.

Vergrößern des Kartenausschnitts

Rückkehr von der Detailansicht zu einer übersichtlicheren Karte

Abfrage von Informationen aus der dahinterliegenden Datenbank

Ermittlung der geographischen Koordinaten am angeklickten Punkt

Berechnung von Entfernungen / Flächen

Drucken der aktuellen Karte (DIN A4, bunt)

M3 Diercke-WebGIS-Karte: Erde - Entwicklungsstand der Staaten

Abruf einer Karte im WebGIS

So gehst du vor:

Schritt 1 •

→ Klicke in der Auswahlleiste der Räume ein Kartenthema an (z. B. im Kapitel „Erde“ die Karte „Entwicklungsstand der Staaten“).

Schritt 2 • •

→ Wähle in der linken Spalte unter dem Symbol die Inhalte aus, die in der Karte dargestellt werden sollen.

Schritt 3 • • •

→ Klicke unten links auf das Symbol „Karte neu zeichnen“, um die Karte mit den gewählten Inhalten anzuzeigen.

So gehst du vor:

Schritt 1 •

→ Klicke in der Werkzeugleiste das Symbol an.

Schritt 2 • •

→ Wähle nun bei den Kartenthemen links unter die Themen aus, zu denen Informationen dargestellt werden sollen. Klicke diese an (z. B. Entwicklungsstand).

Schritt 3 • • •

→ Wähle nun das Land, zu dem die Informationen angezeigt werden sollen. Nutze hierzu das in der Karte angezeigte Fadenkreuz und klicke das entsprechende Land an.

Schritt 4 • • • •

→ Klicke abschließend oben rechts auf das Symbol „Suchergebnisse“. Es öffnet sich z. B. eine Tabelle mit Karteninformationen (z. B. zur Alphabetenrate oder zum Bruttonationaleinkommen).

1 Tragfähigkeit der Erde

Erläutere die Probleme, die die Tragfähigkeit der Erde beinflussen:

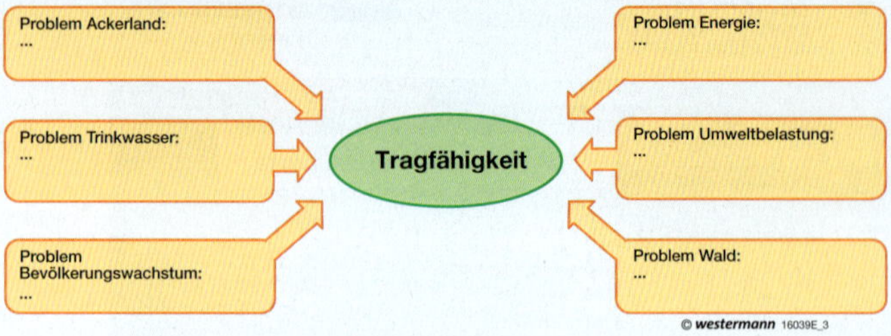

2 Wahrheit oder Lüge?

Stelle fest, welche Aussagen richtig oder falsch sind. Korrigiere die falschen Sätze und schreibe sie in deine Mappe oder in dein Heft.

a) Auf der Erde leben zurzeit rund 9 Milliarden Menschen.
b) Die Bevölkerung vieler Industrieländer schrumpft.
c) Die Menschen sind gleichmäßig über die Erde verteilt.
d) Die Tragfähigkeit der Erde lässt ein weiteres Bevölkerungswachstum problemlos zu.
e) Wenn die Geburtenrate niedriger ist als die Sterberate, fällt die Wachstumsrate in den negativen Bereich.
f) In China ist die Ein-Kind-Familie gesetzlich vorgeschrieben. Es gibt keine Ausnahmen.
g) In Uganda wird intensive Aufklärung betrieben. Die Aids-Rate sinkt.
h) Migration bedeutet Bevölkerungsrückgang.
i) Megastädte gibt es auf allen Kontinenten.
k) Die Grundbedürfnisse sind für alle Menschen der Welt gesichert.

3 Bevölkerungsentwicklung

a) Stelle mithilfe der Statistik unten die unterschiedliche Entwicklung der Weltbevölkerung dar.
b) Begründe die Unterschiede.

Land	Geburtenrate	Bevölkerungswachstum	Kinderzahl pro Frau
USA	14 ‰	0,8 %	2,0
Deutschland	8 ‰	−0,2 %	1,3
Indien	23 ‰	1,8 %	3,0

4 Umfrage

	Anzahl der befragten Personen	Anzahl der Geschwister insgesamt	durchschnittliche Anzahl der Geschwister
Großeltern			
Eltern			

Führe eine Umfrage in deiner Familie durch:
a) Frage deine Eltern und Großeltern nach der Anzahl ihrer Geschwister (auch verstorbene Geschwister).
b) Sammelt die Ergebnisse in einer Tabelle und wertet sie aus.
c) Vergleicht eure Ergebnisse mit der Statistik aus Aufgabe 3.

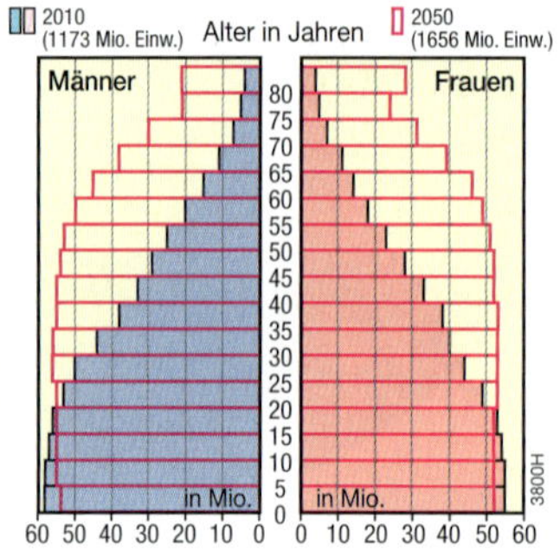

M1 Bevölkerungsdiagramm Indien

5 Bevölkerungsdiagramm

a) Recherchiere. Informiere dich über die Familienplanung in Indien.
b) Werte die Bevölkerungsdiagramme (M1) für Indien aus.

6 Das „Schwarze Schaf"

Nenne den Begriff, der nicht zu den anderen Wörtern passt. Begründe deine Entscheidung.

a) Geburtenrate / Sterbefälle / Lebenserwartung / Slums / Bevölkerungswachstum
b) Migration / Aids / Heimatland / Fachkraft / Flüchtling
c) Favela / Ein-Kind-Familie / China / Familienplanung / Geldprämien
d) Landflucht / Megastadt / Push-Faktor / Ballungsraum / Nomaden
e) Pyramide / Verstädterung / Prognose / Bevölkerungsdiagramm / Urne
f) Arbeitslosigkeit / Armut / Pull-Faktor / hohe Kinderzahl / Großfamilie

7 Bevölkerungswachstum

Vervollständige das Interview aus Sicht der Personengruppe links (M2).

M2

8 Deutsche Auswanderer (2012)

a) Ermittle die Gesamtzahl der Auswanderer aus Deutschland 2012.
b) Berechne den prozentualen Anteil der Auswanderer nach Nordamerika.
c) Zeichne ein Säulendiagramm zu den Werten der Auswanderung.
d) Recherchiere. Wähle ein Land aus und berichte über die Gründe, warum Deutsche auswandern.

Schweiz	20 862
USA	12 803
Österreich	11 022
Großbritannien	7 802
Frankreich	6 245
Polen	6 180
Spanien	5 997
Türkei	5 459
Niederlande	3 200
Australien	3 154
China	2 928
Kanada	2 692
andere Länder	11 889

Kontinent	1950	2010
Afrika	14,4 %	40,0 %
Asien	16,3 %	42,2 %
Europa	51,3 %	72,8 %
Lateinamerika	41,4 %	79,6 %
Nordamerika	53,9 %	82,1 %

9 Verstädterung

Erkläre die Veränderung der Bevölkerungsanteile in den Städten der verschiedenen Kontinente (vgl. Tabelle oben).

10 Karikaturen

Wähle eine der drei Karikaturen (M3 – M5) aus. Beschreibe und erläutere sie.

M3

M4

M5

Grundbegriffe

Ballungsraum
Bevölkerungsdichte
Bevölkerungsexplosion
Bruttonational-einkommen
Familienplanung
Favela
Geburtenrate
Großfamilie
Landflucht
Megastadt
Migration
Nomaden
Produktivität
Slums
Tragfähigkeit
Verstädterung

Hunger auf der Welt

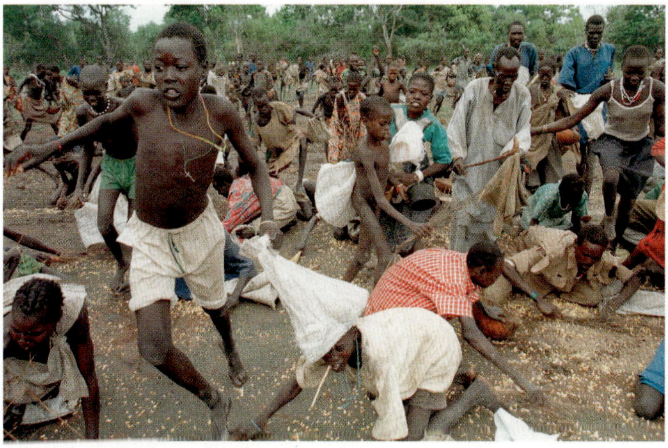

M2 Hungernde in Darfur (Sudan) bei der Verteilung von Hilfsgütern

M3 Weggeworfene Lebensmittel in einem deutschen Supermarkt

- Die verfügbare Fläche zum Anbau von Nahrungsmitteln wird weltweit immer geringer.
- Jeder Deutsche wirft im Jahr etwa 82 Kilogramm Lebensmittel weg.
- Alle fünf Sekunden verhungert in der Welt ein Kind unter zehn Jahren.

M1 Hirseanbau im Niger (Sahel)

M1 Eine Schale Reis – die Tagesration der Menschen im Nordwesten von Indien

Ernährungssituation auf der Erde

- Einer von acht Menschen auf der Erde muss täglich hungrig ins Bett gehen.
- Hunger ist das größte Gesundheitsrisiko weltweit. Mehr Menschen sterben jährlich an Hunger, als an AIDS, Malaria und Tuberkulose zusammen.
- Die große Mehrheit der Hungernden (98 Prozent) lebt in Entwicklungsländern, rund 586 Millionen Menschen in Asien.
- Unterernährung trägt jährlich zum Tod von 2,6 Millionen Kindern unter fünf Jahren bei – ein Drittel aller Sterbefälle von Kindern weltweit.
- Eines von sechs Kindern in Entwicklungsländern – ungefähr 100 Millionen – ist unterernährt.
- Es kostet nur 20 Cent am Tag, ein Kind mit allen wichtigen Vitaminen und Nährstoffen zu versorgen, die es braucht um gesund aufzuwachsen.

(Nach: UN World Food Programme, wfp.org/de)

M2 Fakten zum Hunger

Welt der Hungernden

Auf der Erde haben Tag für Tag etwa 840 Millionen Menschen nicht genug zu essen. Nach UN-Definition gilt ein Mensch als Hungernder, der weniger zu essen hat, als er täglich braucht, um leichte Arbeit zu verrichten und sein Körpergewicht zu erhalten. Die dafür erforderliche tägliche Nahrungsmenge liegt bei etwa 8 000 Kilojoule (kJ).

Ein dauernder Nahrungsmangel führt zu **Unterernährung.** Die Betroffenen sind anfällig für Krankheiten, dauernd müde und wirken teilnahmslos.

1 *Beschreibe und vergleiche die Bilder M1 und M3.*

2 *Definiere den Begriff Hunger.*

3 *Nimm zu den Fakten in M2 Stellung **oder** erkläre die Auswirkungen von Nahrungsmangel.*

4 *Erläutere die Karikatur M4.*

www.diercke.de D3-032 www.heimatundwelt.de HW-184

M3 Ein Mittagessen in Deutschland

M4 Karikatur

Welt der Satten

In den Industrieländern werden Millionen von Menschen krank, weil sie zu viel essen oder sich falsch ernähren. Weltweit sind heute 20 Prozent der Menschen übergewichtig. Sogenannte Zivilisationskrankheiten wie Herzinfarkt oder die Zuckerkrankheit gelten als Folgen der Überernährung oder der falschen Ernährung. Ernährungsbedingte Krankheiten verursachen heute etwa ein Drittel der Kosten im Gesundheitswesen in Deutschland.

ⓘ Nahrungsbedarf

Der Nahrungsbedarf eines Menschen ist abhängig von seiner körperlichen Tätigkeit. Sie bestimmt seinen Energieverbrauch. Im Durchschnitt braucht ein Mensch ungefähr 10 000 kJ am Tag. Beim Schlafen sind es in 1 Stunde etwa 84 kJ, beim Stehen 185 kJ, beim Gehen (5 km/h) 790 kJ, beim Holzhacken 1 200 kJ und beim Dauerlaufen 2 520 kJ. (1 kJ = 4,1868 Kilokalorien (kcal), veraltet)
Auch die Zusammensetzung der Nahrung ist wichtig. Sie sollte etwa zu 60 % aus Kohlenhydraten (z. B. Getreide, Kartoffeln) bestehen sowie zu mindestens 15 % aus Eiweiß (z. B. Fleisch, Fisch, Milch, Soja) und Vitaminen (z. B. Obst).

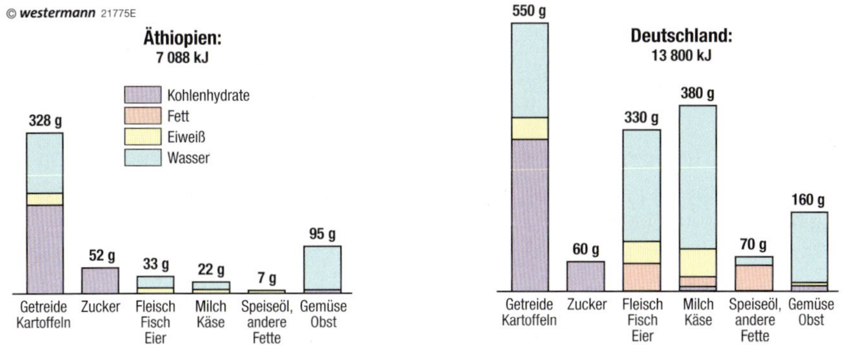

M5 Bestandteile der Nahrung in Äthiopien und Deutschland im Durchschnitt

5 *Werte M5 aus. Lege dafür eine Tabelle an und vergleiche die Nahrung in Äthiopien mit der in Deutschland. Stelle fest, inwieweit sich die Zusammensetzung der Nahrung unterscheidet.*

6 *Recherchiere. Erstelle eine Präsentation zum Thema „Welt der Hungernden – Welt der Satten".*

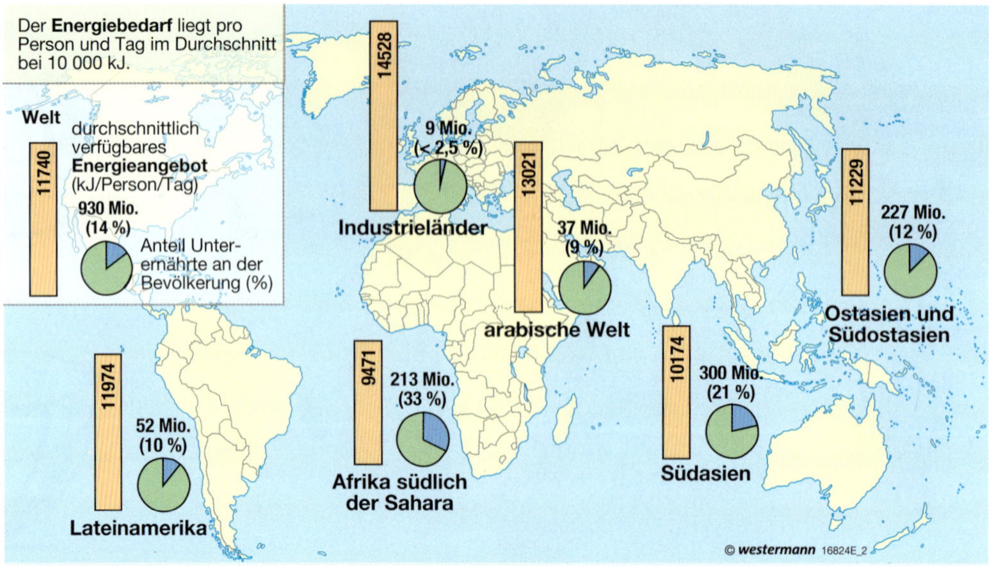

M1 Ernährung in der Welt

Ernährungssituation weltweit

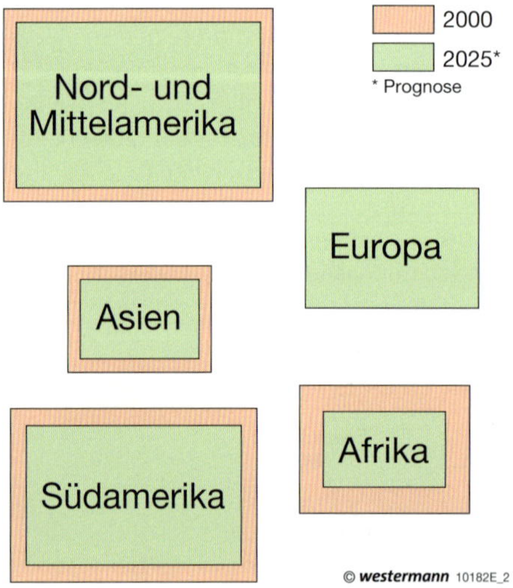

M2 Entwicklung der Ackerfläche pro Kopf der Bevölkerung nach Kontinenten

Genug Nahrung – aber ungleich verteilt

Im Durchschnitt wird heute für jeden Menschen auf der Erde Nahrungsenergie von etwa 12 000 kJ pro Tag erzeugt. Mit dieser weltweiten Produktion könnten alle Menschen auf unserer Erde und zusätzlich etwa weitere fünf Milliarden ernährt werden, insgesamt also zwölf Milliarden Menschen.

Trotzdem hungern weltweit viele Menschen. Das Hauptproblem der Ernährungslage auf der Erde ist die ungleiche Verteilung der Nahrungsmittel. Die Menschen in den Industrieländern haben Nahrungsmittel im Überfluss zur Verfügung. Viele Menschen in den Entwicklungsländern werden nicht satt, weil zum Beispiel die Nahrungsmittelproduktion pro Kopf der Bevölkerung in Afrika ständig sinkt.

1 *Nenne die Großräume mit ähnlicher Ernährungssituation (M1).*

2 *Beschreibe die Unterschiede des verfügbaren Angebots an Nahrungsenergie pro Kopf in verschiedenen Regionen der Erde (M1).*

3 *Erläutere, wie Nahrungsmittel weltweit verteilt werden müssen, um die Weltbevölkerung in Zukunft zu ernähren (Text, M1).*

4 *Werte M2 aus. Vergleiche mit der Entwicklung der Weltbevölkerung (siehe S. 71).*

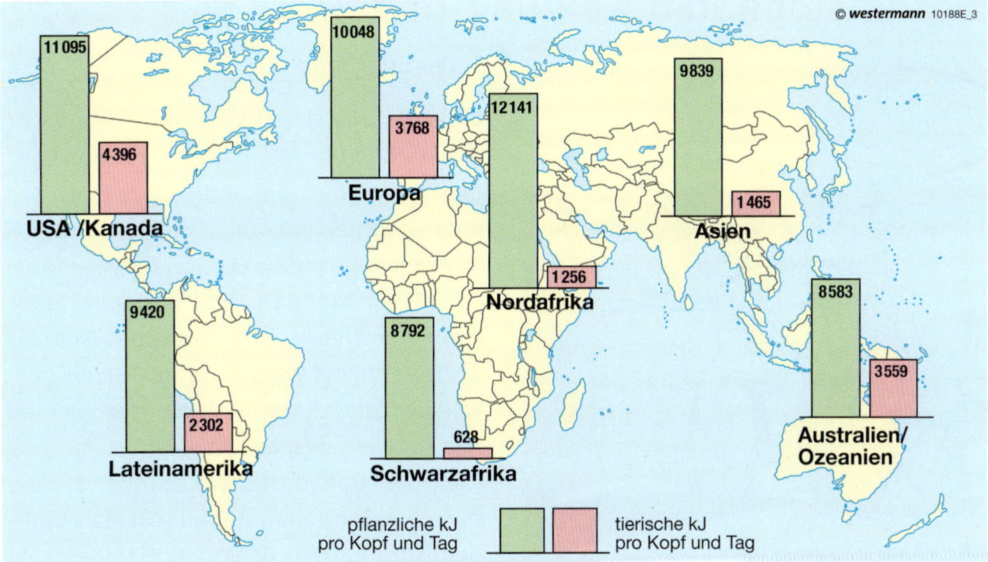

M3 Pflanzliche und tierische Nahrung pro Kopf nach Regionen

Hunger durch Fleischkonsum

Die menschliche Nahrung setzt sich in den Regionen der Erde unterschiedlich zusammen. In den Entwicklungsländern überwiegt die pflanzliche Nahrung (Getreide und Gemüse), in Industrieländern die tierische Nahrung (Fleisch-und Milchprodukte).

Der „Fleischhunger" der Menschen nimmt zu. Deshalb muss immer mehr Futter für Mastvieh angebaut werden. Dabei geht Ackerfläche für Nahrungsmittel verloren, die direkt verzehrt werden könnten. So bieten 200 kg Mais einem Menschen für 250 Tage Nahrung. Sie können aber auch zu Viehfutter „veredelt" werden. Dann entstehen daraus 13 kg Rindfleisch oder 50 kg Schweinefleisch. Das ist teurer und weniger Menschen werden davon satt.

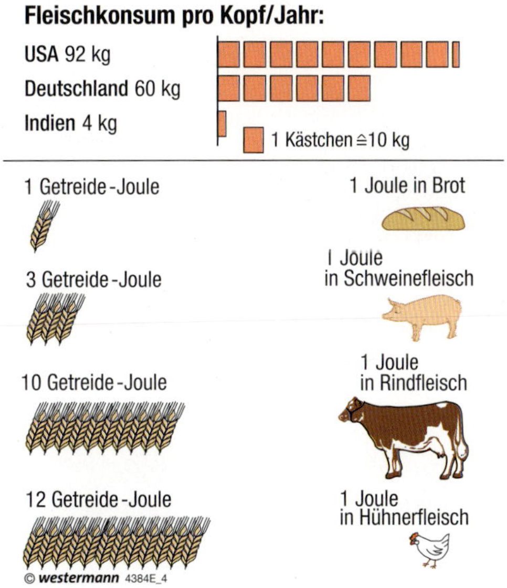

M4 Fleischkonsum und Getreideverbrauch zur Fleischerzeugung

5 *Vergleiche den Verbrauch von pflanzlicher und tierischer Nahrung in verschiedenen Regionen der Erde (M3). Nenne Unterschiede.*

6 *Erkläre, warum steigender Fleischkonsum den Hunger in der Welt verschärft.*

7 *Interpretiere M4* ***oder*** *stelle eine Kausalkette auf: „Fleischkonsum führt zu Hunger in der Welt, weil ..., deswegen ...".*

8 *Erstelle ein Plakat, das dazu auffordert, weniger Fleisch zu essen, weil dadurch der Hunger in der Welt verstärkt wird.*

Biokraftstoffe statt Nahrungsmittel?

M1 Karikatur

Teller oder Tank

Biokraftstoffe gelten als umweltfreundliche und nachhaltige Alternative zu fossilen Energieträgern wie Erdöl und Erdgas. Doch seit einigen Jahren wird deutlich, dass ein groß angelegter Anbau von Energiepflanzen in Konkurrenz zur Nahrungsmittelversorgung treten kann. Ackerfläche ist ein knappes Gut, das nicht vermehrt werden kann. Derzeit geht weltweit jährlich mehr Ackerland verloren, als neu kultiviert werden kann (vgl. S. 178).

Die Produktion von Agrartreibstoffen konkurriert direkt mit dem Anbau von Nahrungs- und Futtermitteln. Bauern in aller Welt können sich entscheiden, ob sie Nahrungsmittel-, Futtermittel- oder Energiepflanzen anbauen, ob sie ihre Produkte an die Ernährungsindustrie, an die Futtermittelindustrie oder als Rohstoffe für Biogas- oder Biokraftstoffproduzenten verkaufen. Die Entscheidung fällt darüber, welche Einnahmen jeweils erzielt werden können.

M2 Biokraftstoff aus Raps

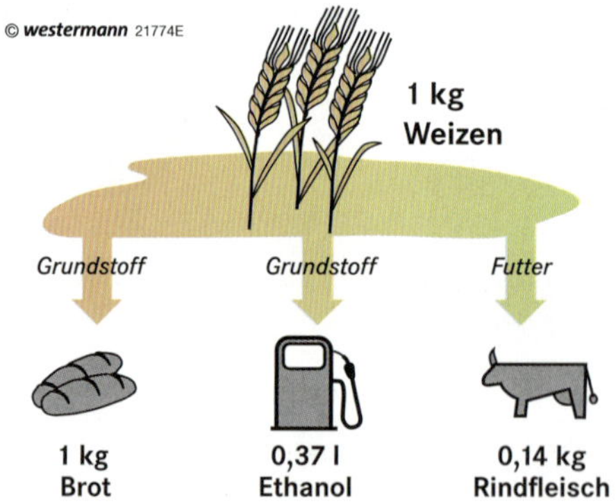

M3 Was sich aus einem Kilogramm Weizen machen lässt

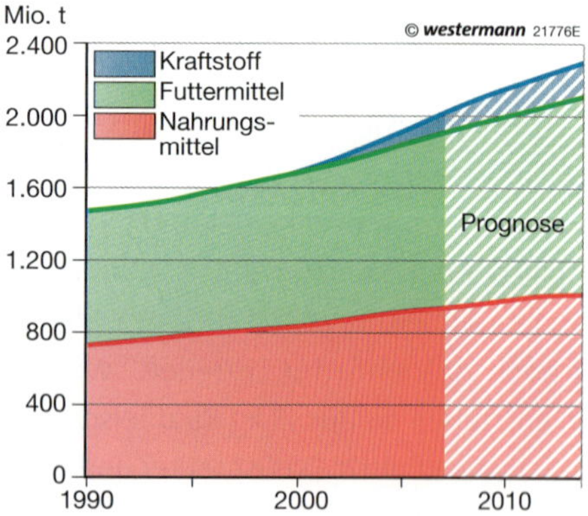

M4 Weltweiter Getreideverbrauch nach Verwendungszwecken

1 *Nenne Gründe, warum Biokraftstoffe als umweltfreundliche und nachhaltige Alternative zu Erdöl gelten.*

2 *Interpretiere die Karikatur M1 **oder** werte M3 und M4 aus.*

3 *Erkläre, wie es zur Konkurrenz verschiedener Interessenten um die knappe Ackerfläche kommt.*

M5 Karikatur

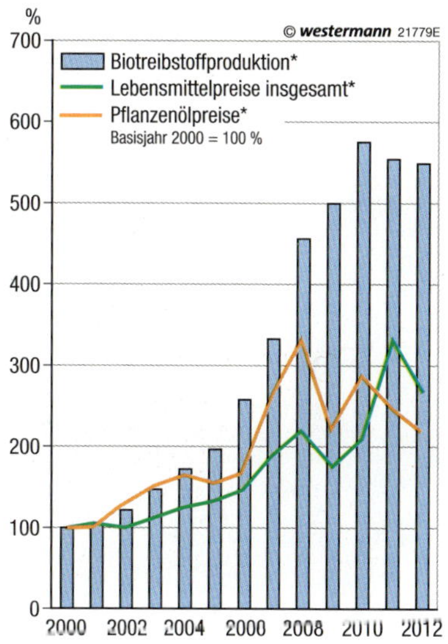

M7 Hunger durch Biokraftstoffe?

Hunger durch Biokraftstoffe

Das Angebot an Nahrungsmitteln wird vor allem in Entwicklungs- und Schwellenländern knapper, da ein Teil für die Produktion von Biokraftstoffen verwendet wird. Ein geringeres Angebot bei gleichzeitig steigender Nachfrage führt zu höheren Preisen. Viele Menschen in den ärmeren Ländern können sich so Grundnahrungsmittel kaum noch leisten. So trägt die Biokraftstoffproduktion zum Hunger in der Welt bei.

Die südkoreanische Firma Daewoo Logistics hat sich unlängst die Rechte auf 1,3 Millionen Hektar Farmland in Madagaskar gesichert: Das entspricht ungefähr der gesamten Agrarfläche in der Schweiz. Die Gründe für die globale Einkaufstour von Regierungen und Unternehmen („**Land Grabbing**" oder Landnahme) sind einerseits die explodierenden Nahrungsmittelpreise , andererseits kurbelt die steigende Nachfrage nach Agrotreibstoffen die Landkäufe an: Firmen wie Addax Bioenergy wittern das große Geschäft mit dem Anbau von Mais, Raps, Soja, Zucker oder Palmöl, aus denen Treibstoff für (Auto-)Motoren gewonnen werden soll. Die Europäische Union beabsichtigt, bis 2020 allen fossilen Kraftstoffen zehn Prozent Biosprit beizumischen.

M6 Landnahme für Biosprit

In den USA erleben Biokraftstoffe einen unbekannten Boom. Der Absatz von Ethanol-Sprit schießt in die Höhe und beschert Produzenten satte Gewinne. Die negativen Folgen spüren vor allem die Armen im südlichen Nachbarland Mexiko: Hier wird Mais knapp – und deshalb immer teurer. Mais ist seit Menschengedenken das wichtigste Grundnahrungsmittel der Mexikaner, die in großen Mengen Tortilla-Fladen backen. Die uralte Feldfrucht ist aber auch Grundlage für Ethanol.

(Nach: www.spiegel.de 23.1.2007, gekürzt)

M8 Volle Tanks, leere Teller

4 *Erkläre, inwiefern die Zunahme der Biokraftstoffproduktion Einfluss auf die Getreidepreise hat (Text, M6).*

5 *Interpretiere die Karikatur M5.*

6 *Erstelle eine Kausalkette zum Thema: „Warum führt mein Tanken dazu, dass Menschen in armen Ländern hungern?" (M5 – M8)*

7 *Entscheide dich, ob du an einer Postkartenaktion „Wer will schon Hunger tanken?" beteiligen würdest. Begründe.*

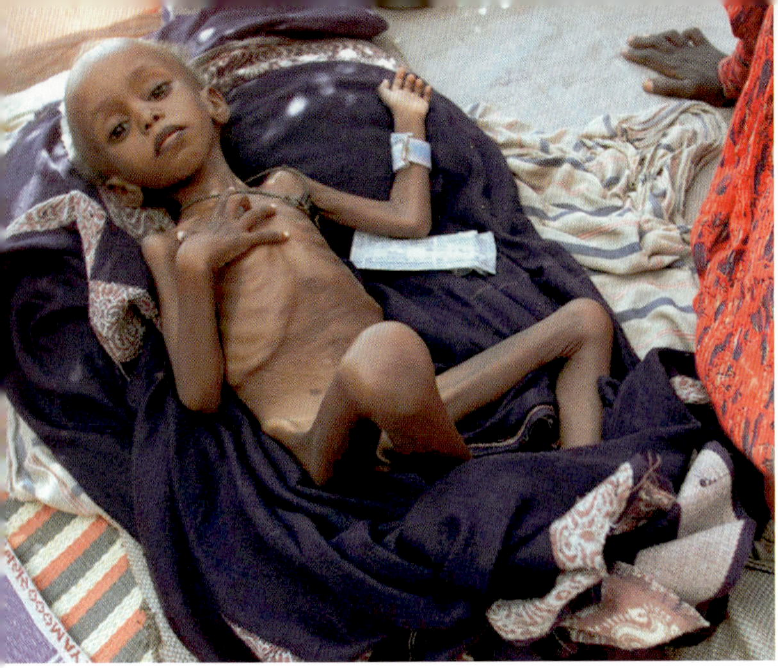

M1 Hungerndes Kind im Niger

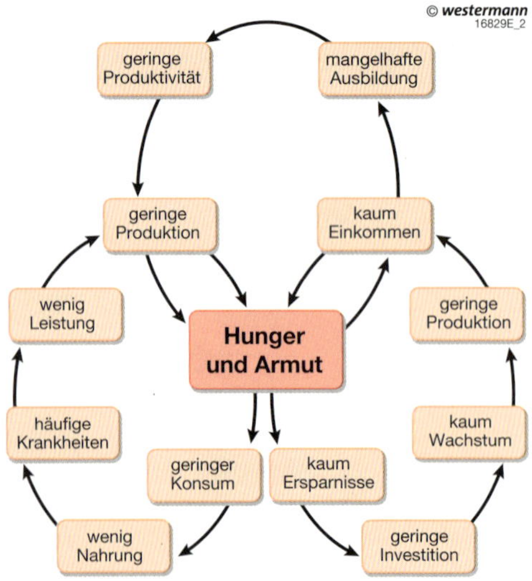

M3 Kreisläufe von Hunger und Armut

Kreisläufe von Hunger und Armut

Viele Menschen auf der Erde leben in Armut. Etwa 1,3 Milliarden müssen täglich mit weniger als einem US-Dollar auskommen. Viele haben nicht genug zu essen, kein sauberes Trinkwasser, können nicht zum Arzt gehen, wenn sie krank werden, sind zu schwach zum Arbeiten. Die Kinder können nicht zur Schule gehen.

Ein dauernder Nahrungsmangel lässt den Körper abmagern. Der Körper gleicht die Unterernährung dadurch aus, dass Wachstum vermindert und Aktivitäten eingeschränkt werden. Den Hungernden fehlt oft Energie, sich selbst aus Armut und Unterernährung zu befreien.

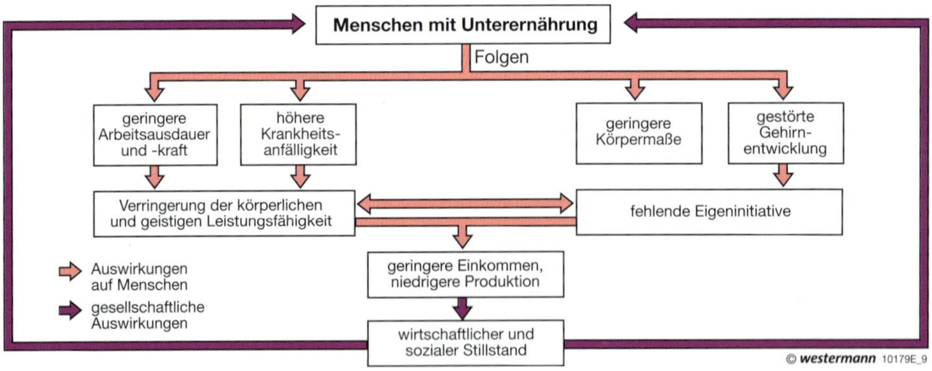

M2 Auswirkungen von Hunger und Unterernährung

1 *Beschreibe das Bild M1. Schildere deine Gedanken.*

2 *Erkläre die Auswirkungen von Hunger und Unterernährung (M2).*

3 *Erläutere die Kreisläufe von Hunger und Armut (M3). Suche für jeden Kreislauf einen zusammenfassenden Oberbegriff.*

4 *Recherchiere den Begriff „Teufelskreis". Nimm Stellung, warum die Kreisläufe in M2 und M3 auch als „Teufelskreise" bezeichnet werden.*

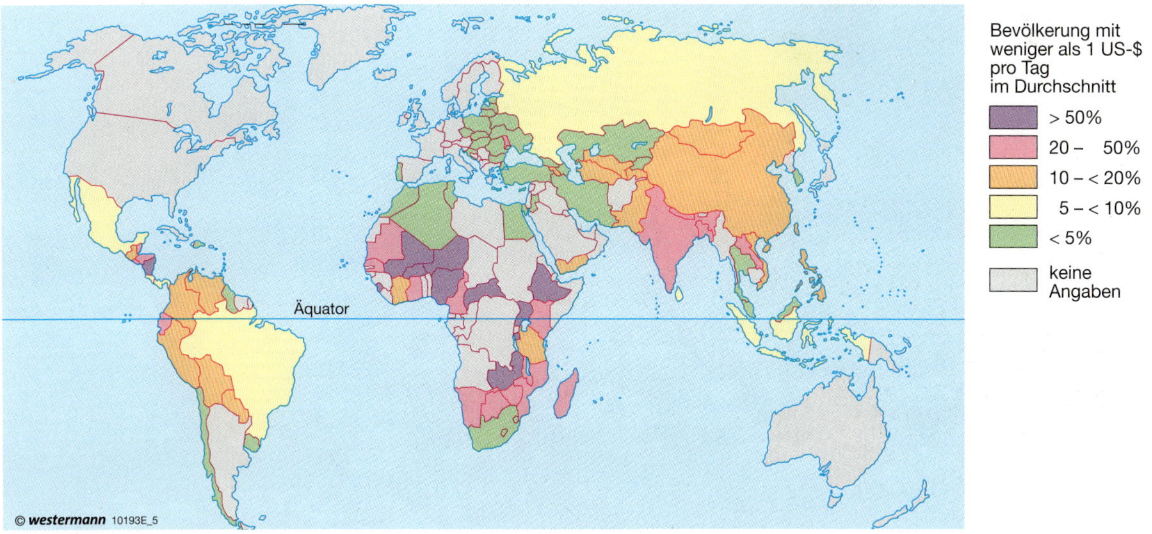

M4 Armut auf der Erde

Viele Länder, in denen Hunger und Unterernährung weit verbreitet sind, befinden sich in Afrika südlich der Sahara. Dort leben die Ärmsten der armen Menschen meist in den Dörfern auf dem Land. Sie sind nicht vor natürlichen Risiken geschützt. Wenn beispielsweise durch Dürre oder Hochwasser die Ernte vernichtet wird oder das Vieh verendet, geht es für die Menschen dort ums Überleben. Aufgrund fehlender und schlecht ausgebauter Straßen sind viele Dörfer besonders in Notsituationen nur schwer erreichbar. Hilfsmaßnahmen können dann nicht oder nur verspätet den Menschen helfen.

Eine Studie ergab, dass Jungen, die in ihren ersten Lebensjahren eine energiereiche, eiweißhaltige Ergänzungsnahrung bekamen, als Erwachsene durchschnittlich 46 % höhere Löhne erhielten - verglichen mit Jungen, die die Nahrungsergänzung nicht erhielten. Das legt nahe, dass Kleinkinder Ernährungsbedürfnisse haben, die in bestimmten Lebensphasen abgedeckt werden müssen. Die Ergebnisse deuten an, dass eine Verbesserung der Ernährung von Kleinkindern hilft, den Teufelskreis von Armut und Hunger zu durchbrechen, denn sie führt zu einer erhöhten Produktivität im Erwachsenenalter.

M5 Bedeutung der Ernährung im Kindesalter

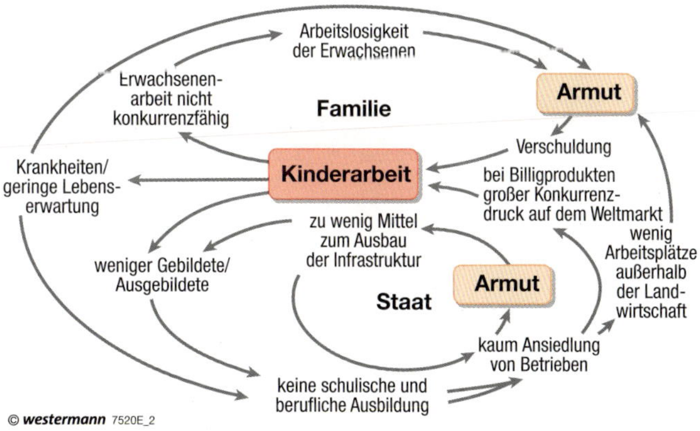

M6 Auswirkungen von Kinderarbeit und Armut

5 *a) Nenne Regionen der Erde, in denen Armut vorherrscht (M4).*
b) Beschreibe Probleme armer Menschen in den Dörfern Afrikas südlich der Sahara (Text).

6 *Erkläre die Zusammenhänge zwischen Kinderarbeit und Armut (M6)* ***oder*** *schreibe einen Bericht, der sich mit den Ursachen und Folgen der Kinderernährung beschäftigt (M5).*

7 *Stelle Maßnahmen zusammen, die helfen können, die Kreisläufe zwischen Hunger und Armut zu durchbrechen (M3, M5, M6).*

M1 Lage des Sahel

M2 Nomaden am Südrand der Sahara

Desertifikation – Menschen vergrößern Wüsten

Nomaden im Sahel

Die trockenen Gebiete am Südrand der Sahara werden als **Sahel** bezeichnet. Da im Sahel nur wenige Niederschläge fallen, lebten hier lange Zeit nur Nomaden, die mit ihren Herden ständig auf Wanderschaft waren, um für ihre Tiere Wasserstellen und Futter zu finden.
Infolge des starken Bevölkerungswachstums im Sahel hat auch die Anzahl und die Größe der Viehherden zugenommen. Um an mehr Wasser für die großen Herden zu gelangen, wurden Tiefbrunnen gebaut. Durch das verfügbare Wasser wurden die Herden immer größer und dadurch das Weideland übermäßig stark genutzt. Durch diese **Überweidung** der viel zu großen Viehbestände sterben viele Bäume und Büsche ab und der Boden trocknet aus.
Da der Boden nicht mehr ausreichend von einer Pflanzendecke geschützt wird, kann der Wind den ungeschützten Boden forttragen. Dadurch vergrößert sich die Wüste. Diese durch den Menschen verursachte Wüstenbildung nennt man **Desertifikation**.
Hinzu kommt, dass die ständig wachsende Bevölkerung immer mehr Brennholz benötigt, denn Holz ist der wichtigste Brennstoff, der zum Kochen verwendet wird. Dieser hohe Bedarf hat in vielen Regionen zum vollständigen Verlust von Bäumen geführt.

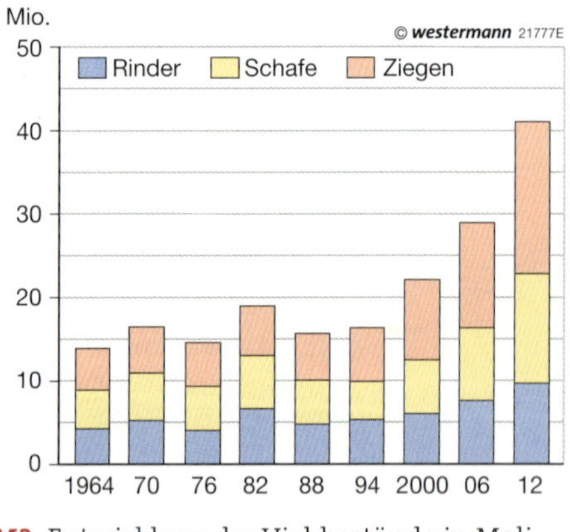

M3 Entwicklung der Viehbestände in Mali

1 *a) Beschreibe die Lage des Sahel (M1).*
b) Nenne die Länder (1–12), die Anteil am Sahel haben (M1).

2 *a) Beschreibe die Entwicklung der Viehbestände in Mali (M3).*
b) Erläutere Auffälligkeiten und nenne Gründe für die Entwicklung.

www.diercke.de
D3-016, 174
www.heimatundwelt.de
HW-128

M4 Überweidetetes Trockengebiet in Mali

M5 Holztransport im Sahel

Hackbauern im Sahel

Im Süden des Sahel ist aufgrund der etwas höheren Niederschläge der Anbau von Feldfrüchten mit einem geringen Wasserbedarf möglich. Traditionell bauen dort die Familien Hirse, Maniok und Kartoffeln an. Durch die steigende Bevölkerungszahl wurden vielerorts die Brachezeiten nicht mehr eingehalten und die Anbauflächen wurden vergrößert. Hinzu kommt, dass auch viele Nomaden sesshaft geworden sind. Da sich die Böden nicht mehr erholen können, kommt es auch hier zur Desertifikation. Die Folgen sind oftmals Ernteausfälle und Hungerkrisen, insbesondere in den Jahren mit geringen Niederschlägen.

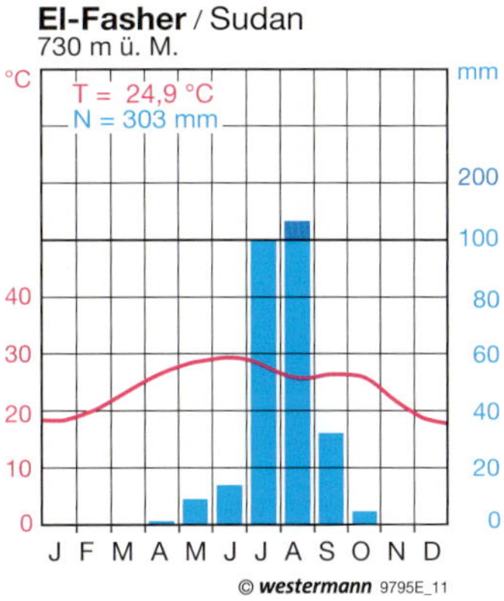

M6 Klimadiagramm von El Fasher / Sudan

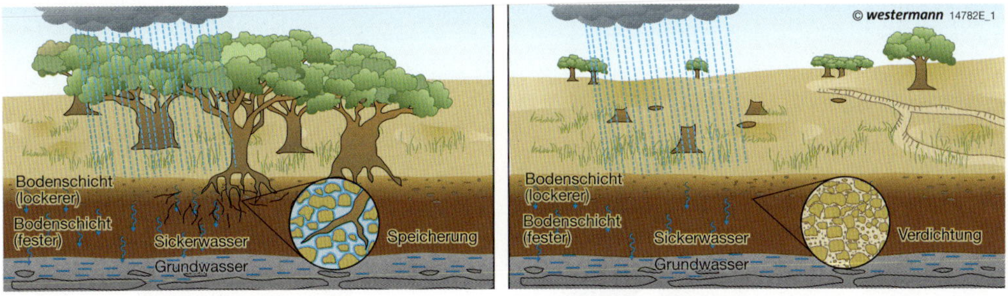

M7 Wasserhaushalt bei natürlicher und bei gestörter Vegetation

3 *Begründe, warum Nomaden ständig auf Wanderschaft sind.*

4 *Beschreibe das Klima im Sahel (M6).*

5 *Erläutere die Wechselwirkungen zwischen Vegetation, Boden und Niederschlag* ***oder*** *erläutere den Wasserhaushalt bei natürlicher und bei gestörter Vegetation (M7).*

6 *Die meisten Bewohner des Sahels wissen durchaus, dass die Verwendung von Brennholz zur Desertifikation beiträgt. Dennoch ändert sich ihr Verhalten kaum. Bewerte diese Haltung und zeige Alternativen auf.*

Ein Wirkungsgefüge erstellen

Die Gründe und Auswirkungen der Desertifikation sind vielfältig. Für eine bessere Übersichtlichkeit können sie in einem Wirkungsgefüge dargestellt werden. Mit seiner Hilfe kannst du die einzelnen Inhalte ordnen und in eine sinnvolle Abfolge bringen. Ein Wirkungsgefüge besteht aus mehreren Kausalketten (Begründungsketten).

Gundwasserspiegel sinkt

Wasser fehlt

Hungersnot tritt ein

Büsche und Gräser vertrocknen

Boden ist schutzlos dem Wind ausgeliefert

Boden wird abgetragen

Wüste dehnt sich aus

Tiefbrunnen werden gebaut

Motorpumpen förden viel Wasser

Wenn der Grundwasserspiegel sinkt

Mit Sorge blicken die Bauern von Nongomto in Burkina Faso in die Zukunft: Seit Jahren sinkt der Grundwasserspiegel. „In meiner Jugend förderten wir Wasser aus 20 Metern Tiefe" sagt einer der Dorfältesten. „Inzwischen ist unser Brunnen fast 60 Meter tief. Wann wird kein Wasser mehr da sein? Fehlt das Brunnenwasser, dann können wir unsere Gärten nicht bewässern, und ohne Anbau droht eine Hungersnot. Die Mango- und Papayabäume, die wir vor 20 Jahren pflanzten, beginnen bereits an Wassermangel zu leiden und tragen weniger Früchte. Wenn der Grundwasserspiegel weiter sinkt, erreichen die Wurzeln der Pflanzen das Grundwasser nicht mehr. Büsche und Gräser vertrocknen und der Boden ist schutzlos dem heißen Wüstenwind ausgeliefert. Der Boden wird abgetragen, die Wüste dehnt sich aus. Viele glauben, dass der Bau von Tiefbrunnen in benachbarten Dörfern und Städten für die Absenkung des Grundwasserspiegels verantwortlich ist. Die starken Motorpumpen fördern nämlich viel Wasser, mehr als durch die seltenen Regenfälle nachfließen kann."

M2 Wassermangel in Burkina Faso

M1 Brunnen mit Motorpumpe in Burkina Faso

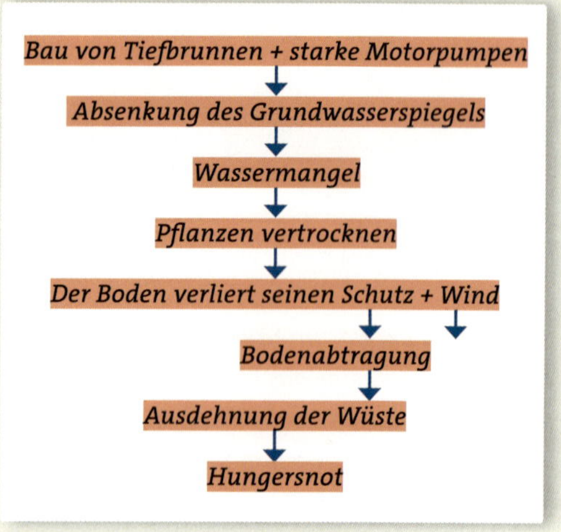

M3 Aus den Bausteinen in M2 erstellte Kausalkette als Teil eines Wirkungsgefüges

So gehst du vor:

Schritt 1 •

→ Werte das dir vorliegende Material aus.
→ Kennzeichne wichtige Begriffe und Aussagen.

Schritt 2 • •

→ Notiere die Begriffe oder Aussagen stichwortartig auf einzelnen Zetteln.

Schritt 3 • • •

→ Überlege, mit welchen Stichworten du das Wirkungsgefüge beginnen und mit welchen du es beenden willst.
→ Ordne die Zettel so, dass eine logische Abfolge entsteht (Was kommt als nächstes?).

Schritt 4 • • • •

→ Schreibe die Stichwörter nacheinander auf und verbinde die Aussagen mit Pfeilen. Die Pfeile haben die Bedeutung „bewirkt" oder „hat zur Folge".

Schritt 5 • • • • •

→ Überlege, ob mehrere Gründe für eine Wirkung verantwortlich sind.
→ Schreibe die Aussagen dann nebeneinander und markiere durch Pfeile, was sie bewirken.

Schritt 6 • • • • • •

→ Überlege, ob die Zettel auch in einer anderen Ordnung gelegt werden können und sich daraus andere Folgerungen ergeben könnten.

In den trockenen Savannengebieten hat man mit internationalen Hilfsgeldern viele Tiefbrunnen gebohrt. Sie werden vor allem dazu genutzt, die wachsende Bevölkerung und die größer werdenden Herden mit Wasser zu versorgen. Die Brunnen dienen darüber hinaus als eine Art „Lebensversicherung" in Dürrejahren. Gleichzeitig liefern sie sauberes Trinkwasser. Damit kann der Tod vieler Kinder gestoppt werden. Noch sterben jedes Jahr Tausende Kinder an den Folgen verschmutzten Wassers.
Die neuen Tiefbrunnen liefern Wasser bequem und in scheinbar unbegrenzten Mengen. Das verleitet viele Nomaden dazu, ihre Herden zu vergrößern und sie länger in der Nähe der Brunnen zu lassen. Dort fressen die Tiere die Pflanzen bis auf die Wurzeln ab. Überweidung und Zerstörung der Pflanzendecke sind die Folge. Dem trockenen Savannenboden droht noch eine weitere Gefahr: Die Hufe der vielen Tiere reißen die obere Bodenschicht auf. Jetzt kann der Wind angreifen und den Boden forttragen. Die Desertifikation setzt ein. Durch den zunehmenden Wasserverbrauch sinkt der Grundwasserspiegel. Neue Brunnen müssen tiefer gebohrt werden. Es beginnt ein verhängnisvoller Kreislauf.

M4 Tiefbrunnen und ihre Folgen

- *Ausgetrocknete Flüsse führen wieder Wasser.*
- *Nomaden weichen nach Norden aus.*
- *Der Grundwasserspiegel steigt.*
- *Die Staudämme füllen sich.*
- *Brunnen füllen sich auf.*
- *Nomaden werden von Ackerbauern verdrängt.*
- *Die Niederschläge in der Sahelzone nehmen zu.*
- *Auch in ehemaligen Dürregebieten kann jetzt Ackerbau betrieben werden.*
- *Ackerbauern wandern ins Nomadenland.*
- *Es kommt zu Auseinandersetzungen zwischen Ackerbauern und Nomaden.*

M5 Zunehmende Niederschläge im Sahel – Zettel für eine Begründungskette

1 a) *Fertige zum Text M4 eine Kausalkette an.*
b) *Verbinde die Kausalkette mit der von M3 zu einem Wirkungsgefüge, welches zwei Hauptäste enthält. Beginne mit „Bau von Tiefbrunnen".*

2 *Auf den Zetteln in M5 stehen Ausschnitte über die Folgen zunehmender Niederschläge im Sahel. Bringe sie in eine richtige Reihenfolge.*

M1 Ernte von Erdnüssen

M4 Ernte von Kakaofrüchten

Menschen verstärken den Hunger

Hunger durch Cash Crops

M2 Kaffeezweig

Mit Beginn der Kolonialzeit ließen viele Kolonialmächte in ihren afrikanischen Kolonien landwirtschaftliche Produkte wie Baumwolle, Erdnüsse, Kaffee oder Kakao anbauen.
Auch nach dem Ende der Kolonialzeit setzen fast alle unabhängigen Staaten Afrikas weiter auf den Anbau von Pflanzen für den Export. Um Devisen für Importgüter wie Maschinen zu erwirtschaften, wurde der Anbau von **Cash Crops** wie Baumwolle und Erdnüssen gefördert. So wird in vielen Entwicklungsländern fruchtbares Land vermehrt für den Anbau von Exportkulturen anstelle für den Anbau von Nahrungsmitteln genutzt. Die für den Anbau von Grundnahrungsmitteln dringend benötigte Flächen gehen verloren.
Da der Anbau meist in Monokulturen erfolgt, wird die ursprüngliche natürliche Vegetation zerstört und der Prozess der Desertifikation wird weiter verstärkt und vorangetrieben.

M3 Ernte von Baumwolle

www.diercke.de D3-176
www.heimatundwelt.de HW-126

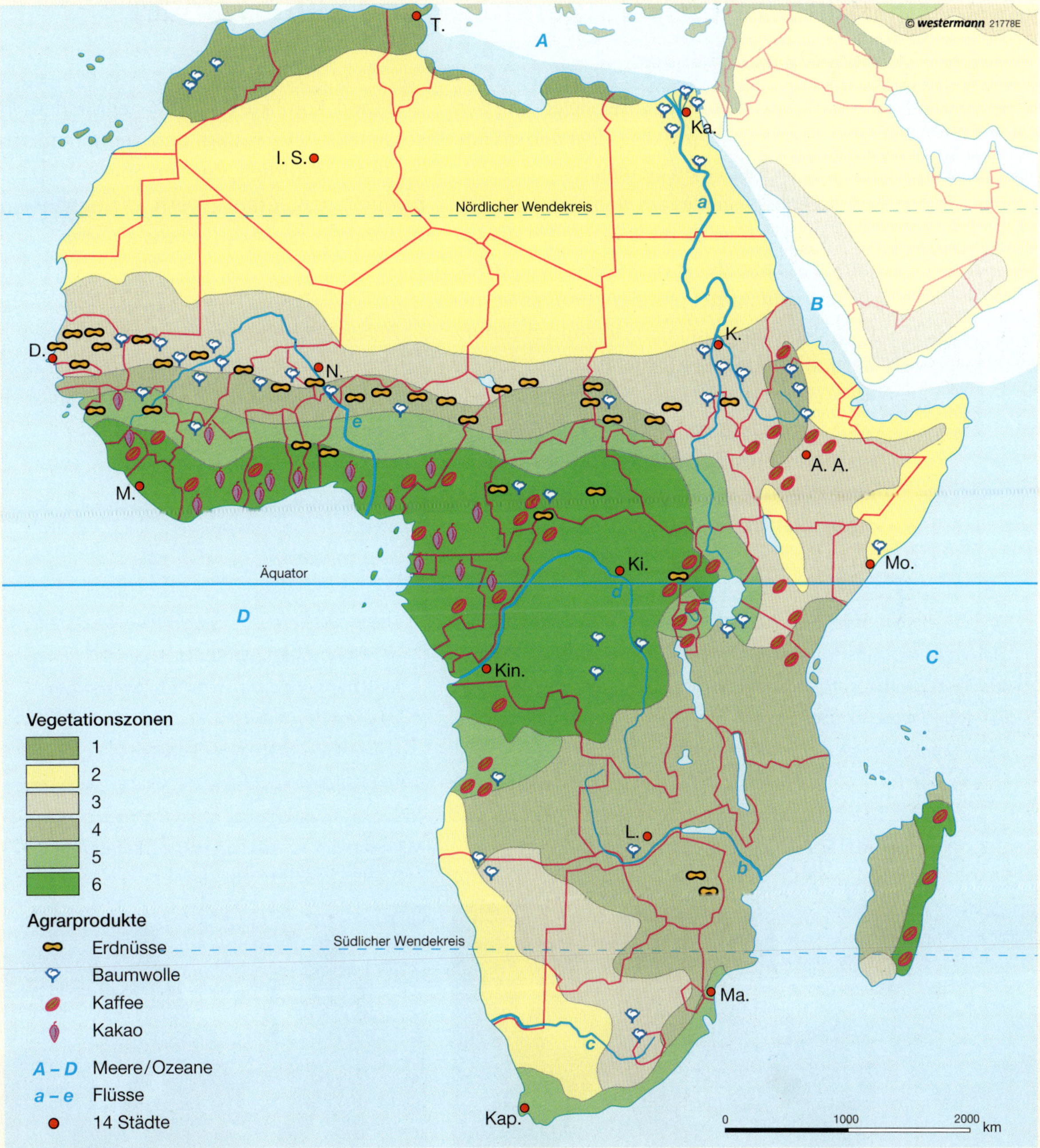

M5 Übungskarte Afrika

1 *Erläutere die Folgen des Anbaus von Cash Crops für die einheimische Bevölkerung.*

2 *Bearbeite die Übungskarte M5.*

3 *Notiere mithilfe des Atlas in einer Tabelle die in der Karte angegebenen Länder und die jeweiligen Cash Crops, die dort angebaut werden.*

4 *Nenne weitere Cash Crops, die in Afrika angebaut werden.*

5 *Verfasse einen Artikel über Cash Crops für deine Schülerzeitung* ***oder*** *fertige ein Wirkungsgefüge mit der Überschrift „Folgen des Anbaus von Cash Crops" an.*

6 *„Armutsbekämpfung durch Cash Crops". Recherchiere und beurteile diese Maßnahme.*

Hunger durch Bürgerkriege und Klimawandel

Bürgerkrieg in Somalia

Somalia ist ein Beispiel unter vielen, wie Bürgerkriege Menschen in die Flucht und in Hunger und Elend treiben können.

Dürreperioden gibt es am Horn von Afrika immer wieder. Aber wenn Soldaten im Bürgerkrieg das Land der somalischen Bauern verwüsten, Hilfsmittel plündern und die Verteilung der internationalen Hilfsmittel verhindern, hat das katastrophale Folgen für die Menschen. Deshalb fliehen Hunderttausende vor Krieg und Hunger in Nachbarländer.

Im somalischen Bürgerkrieg spielen verschiedene Konflikte und Interessen eine Rolle. Hierzu gehören die Konflikte um knappes Wasser und Land, Konflikte zwischen der Minderheit sesshafter Ackerbauern und der nomadisch lebenden Mehrheit, der persönliche Machthunger von Clanführern, Kriegsherren (Warlords) sowie fanatische Islamisten.

Ihr Heim ist fern, es liegt jenseits der Grenze in Somalia. Jetzt hockt Mariama im Übergangslager in Äthiopien in einer winzigen Hütte aus Gestrüpp und Stoff, auf ihrem Schoß ein kleiner Körper, der nur noch Gerippe mit Haut ist, ihr Sohn Hassan. Sie teilen sich ihr kleines kugelförmiges Heim mit einer anderen Mutter und deren Kinderschar. (Nach: Der Tagespiegel vom 6.8.2011, S. 5, gekürzt)

M1 Ein Bericht aus einem Flüchtlingscamp

Hunderttausende Menschen fliehen vor dem Hunger aus Somalia in unwirtliche Regionen Äthiopiens – weil es in ihrer Heimat noch schlimmer aussieht. Ein starker, staubiger Wind weht und bedeckt alles, was lebt, mit einer klebrigen Schicht. Wer versucht, nach sauberer Luft zu schnappen, verschluckt mit dem gleichen Atemzug gleich ein oder zwei Fliegen. Sie sind überall, angezogen vom Müll und Dreck, setzen sie sich in die Augen, die Ohren, die Mundwinkel. Die Kinder in den Flüchtlingslagern sind bereits zu schwach, um sie noch zu vertreiben. Ihre Gesichter sind übersät von schwarzen, krabbelnden Punkten.

(Nach: www.handelsblatt.com vom 27.7.2011, gekürzt)

M3 Somalia – zwischen Hungerkatastrophe und Bürgerkrieg

M2 Kinder in Somalia stehen für Essen an.

M4 Somalische Kämpfer kontrollieren eine Straße.

1 *Zeichne eine Situation der Menschen auf der Flucht vor dem Bürgerkrieg in Somalia **oder** schreibe eine Reportage über das Leben in einem Flüchtlingslager (jeweils M1, M2, M3).*

2 *Nenne Konflikte und Konfliktparteien des Bürgerkriegs in Somalia.*

3 *Erkläre, wie der Bürgerkrieg in Somalia zum Hunger beiträgt.*

4 *Recherchiere. Berichte über einen Bürgerkrieg und die Folgen für die Bevölkerung.*

M5 Durch Überschwemmungen vernichtete Ackerflächen in Myanmar

M6 Dürre in Kenia

Klimawandel verschärft Hunger

Die Auswirkungen des Klimawandels (vgl. S. 138) können die Ernährungssicherheit in vielen Teilen der Welt beeinträchtigen. Vor allem Dürren und Überschwemmungen sorgen für Hunger und Mangelernährung.
Experten sagen für Afrika und Teile Asiens einen Rückgang der Ernteerträge wichtiger Grundnahrungsmittel wie Mais, Reis und Weizen voraus. Das ist besonders für die überwiegende Mehrheit von Kleinbauern katastrophal, da es für sie immer schwerer wird, ihren Eigenbedarf an Nahrungsmitteln zu decken.
Experten zufolge könnten die Folgen des Klimawandels die Weltmarktpreise für Weizen auf das Vierfache ansteigen lassen. Da die meisten armen Länder mehr Grundnahrungsmittel importieren als verkaufen, profitieren sie nicht von höheren Weltmarktpreisen. Steigen die Preise, stehen gerade in Armut lebende Menschen schnell vor unüberwindlichen Problemen, weil sie oft 50 bis 80 Prozent ihres Einkommens für Nahrungsmittel ausgeben.

Im Sudan hat sich die Wüste in den letzten 40 Jahren um 100 km weiter in Richtung Süden ausgebreitet. Das liegt daran, dass zum einen die Regenfälle immer weiter zurückgehen, zum anderen haben die Überweidung von Grasflächen, das Abholzen von Wäldern und die dadurch einsetzende Abtragung des Bodens das Land unfruchtbar gemacht.
Klimamodelle sagen für den Sudan einen weiteren Temperaturanstieg voraus; zugleich wird die Regenmenge weiter abnehmen. Für die Getreideernten bedeutet das einen künftigen Rückgang um etwa 70 %.
In einer Gesellschaft, in der 70 % der Bevölkerung auf dem Land und vom Land leben, gibt es ein Problem, wenn Weideflächen und fruchtbare Böden verschwinden. Nomadische Viehzüchter brauchen Weiden, auf denen ihre Tiere grasen können. Kleinbauern brauchen Land, um Getreide und Früchte für ihr Überleben und das ihrer Familien anbauen zu können. Wenn die Wüste sich durch den Klimawandel ausbreitet, beanspruchen die Viehzüchter das Land der Bauern oder umgekehrt. (Nach: www.frieden-und-sicherheit.de, 29.11.2009, gekürzt)

M7 Folgen des Klimawandels im Sudan

5 *Beschreibe, wie der Klimawandel dazu beiträgt, Ackerflächen zu zerstören (M5, M6).*

6 ? *„Klimawandel verschärft Hunger!" Erkläre.*

7 *Erläutere die Veränderung der Lebensverhältnisse und der Landschaft im Sudan durch den Klimawandel (M7).*

8 *Recherchiere zum Thema Klimawandel und Landwirtschaft. Präsentiere das Ergebnis.*

M1 Verkauf von Geflügelteilen aus der EU auf einem Markt in Jaunde (Kamerun)

M4 Handel mit lebenden Hühnern auf einem Markt in Touba (Senegal)

Hunger durch Handelspolitik der Industrieländer

Tiefkühlkost ist in den Tropen eine Risikotechnologie. Nach dem Löschen des in Europa eingefrorenen Hühnerfleisches im Hafen von Douala ließ sich in Kamerun die Kühlkette nicht mehr kontrollieren. Große Teile der Ware wurde auf offenen Pritschenwagen – bei über 30 Grad – mehrere Stunden zu den Märkten im Land transportiert. Oft wurde dort das Geflügel an offenen Ständen ohne Kühlung verkauft. Lokale Hühner werden traditionell lebend vermarktet, das ist am hygienischsten.

(Nach: www.eed.de, 02/2012, gekürzt)

M2 Gefahr durch Tiefkühlkost

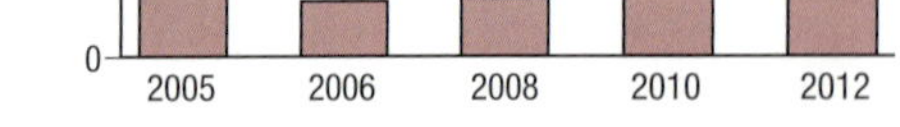

M3 Geflügelfleischexporte der EU nach Afrika

Ein Huhn geht auf Reisen

In Europa und den USA ist Hühnerfleisch sehr beliebt. Doch nur noch selten werden in den Supermärkten ganze Hähnchen verkauft. Die Verbraucher kaufen Hähnchenschenkel und Hähnchenbrust. Die Reste der Hähnchen aus europäischer und USA-Produktion werden in andere Länder exportiert. Die Hühnerfüße gehen als Delikatesse nach China und die restlichen Geflügelteile werden in Blöcken gefroren nach Afrika exportiert. Dort werden sie auf Märkten verkauft.

Dies hat Auswirkungen auf die Geflügelzüchter in Afrika. Die importierten Geflügelteile werden viel preiswerter angeboten als Schlachthühner aus afrikanischer Zucht. Dadurch können Kleinbauern ihr Geflügel nicht mehr verkaufen und verlieren ihre Existenzgrundlage. Beispielsweise in Ghana haben Geflügelzüchter gegen Importe keine Chance. Das in Ghana produzierte Hühnerfleisch ist mit knapp drei Euro pro Kilogramm etwa doppelt so teuer wie importiertes Fleisch.

1 *Beschreibe die Entwicklung der Geflügelfleischexporte (M3).*

2 *Stelle die Auswirkungen der Geflügelfleischimporte aus Europa für die Märkte und Verbraucher in Kamerun dar (M3).*

3 *Berichte, welche Auswirkungen der Verkauf von Milchpulver in Burkina Faso hat.*

M5 Verkauf von Milchpulver in Ostafrika

M6 Viehhalterin vom Volk der Peul beim Melken einer Kuh (Burkina Faso)

Überproduktion durch Agrarsubventionen

In Europa ist die Milchproduktion größer als der Verbrauch an Milchprodukten. Die Überproduktion von etwa zehn Prozent wird ins Ausland exportiert. Um die europäischen Milchbauern zu unterstützen, subventioniert die EU die Exporte mit mehreren Hundert Millionen Euro pro Jahr. So können Milchprodukte und Milchpulver aus der EU zu so günstigen Preisen angeboten werden, dass die einheimische Milch zum Beispiel in Burkina Faso im Vergleich wesentlich teurer ist. Damit lohnt sich die Produktion eigener Milch nicht.
Die subventionierte EU-Milch ist in vielen Entwicklungsländern die Ursache dafür, dass Bauern kein Einkommen mehr haben und sich keine anderen Nahrungsmittel leisten können. Zusätzlich werden Entwicklungsländer daran gehindert, Milch in die Europäische Union zu exportieren. Durch die Einfuhrzölle wird die Milch aus Drittländern künstlich teurer gemacht. So werden die Erzeuger von Milch in der EU vor Importen aus dem Ausland geschützt.

Ob jemand zu essen hat, ob die Kinder zur Schule geschickt werden können und ob man überleben kann, hängt in Burkina Faso häufig von der Milch ab. Für fünf Euro im Monat sammelt Miriam Traoré Kuhdung für eine Gärtnerei.
Die Vorsitzende des Milcherzeugerverbandes weiß genau, wie viel Liter Milch die Kühe geben können, wenn Geld für Futter da ist. Sie bittet darum, den Menschen in Burkina Faso unter gerechten Bedingungen zu erlauben, von ihrer eigenen Produktion zu leben. Dann wird die Armut eines Tages verschwinden.
Die Menschen vom Volk der Peul arbeiten hart um zu überleben. Sie wollen keine Almosen. Alles was sie wollen, ist ein Schutz vor übermächtiger Konkurrenz. Kuhmilch ist nahezu die einzige Einnahmequelle der Peul.

M7 Agrarsubventionen der Europäischen Union verhindern fairen Welthandel

4 *Erkläre, wie durch Subventionen und Zölle der Handel von landwirtschaftlichen Produkten gesteuert werden kann.*

5 *Erstelle eine Kausalkette mit der Überschrift „Hunger durch Handelspolitik der Industrieländer“* ***oder*** *schreibe einen Bericht für eine Zeitung.*

Strategien gegen den Hunger

Mehr Nahrung durch die Grüne Revolution

M1 Reisanbau: Um Höchsterträge zu erzielen, werden die Pflanzen genau im Abstand von 15 cm gesetzt.

M2 Häufig werden in den überschwemmten Reisfeldern zusätzlich Enten oder Fische gehalten.

Land	Ertrag pro Hektar (in t)	
	1960	2010
China	2,1	6,6
Indien	1,5	3,3
Indonesien	1,7	5,0

M3 Hektarerträge beim Reisanbau

In den 1960er-Jahren begann man in Süd- und Südostasien (China, Indien, Indonesien) besonders beim Reisanbau auf moderne Produktionsmethoden umzustellen. Dazu gehört der Einsatz von besserem und gentechnisch verändertem Saatgut, von mineralischen Düngemitteln, von Pflanzenschutzmitteln und von gezielter Bewässerung. Die Reissorten verfügen heute über große Körner mit einer guten Lagerfähigkeit. Kurze Wachstumszeiten ermöglichen eine zweite Aussaat und Ernte. Mit diesen Neuzüchtungen konnte man die Ernten mehr als verdoppeln. Diese Umstellung der Landwirtschaft wird als **Grüne Revolution** bezeichnet.

Allerdings sind die neu gezüchteten und genmanipulierten Hochleistungssorten anfällig gegen Krankheiten. Es müssen mehr Pflanzenschutzmittel und Dünger zugeführt werden. Das führt zur Überdüngung der Böden und zur Gefährdung des Grundwassers. Der Einsatz von genveränderten Pflanzen ist umstritten, da zurzeit nicht bekannt ist, welche gesundheitlichen Gefahren damit verbunden sind.

M4 Möglichkeiten zur Steigerung der Nahrungsmittelproduktion

1 *Verfasse einen Kurzvortrag mit Beispielen zu den Möglichkeiten, die Nahrungsmittelproduktion zu steigern (Text, M1, M2, M4)* ***oder*** *erläutere, was man unter der Grünen Revolution versteht (Text, M1, M2, M4). Gehe auf die Vor- und Nachteile ein.*

2 *Errechne jeweils die prozentuale Steigerung der Hektarerträge der Länder in M3.*

www.diercke.de
D3-158

Blaue Revolution – Hoffnungen und Befürchtungen

Kein Bereich in der Nahrungsmittelproduktion wächst so schnell wie die Aquakulturen. Dabei werden Fische und andere Meerestiere in Massentierhaltung gezüchtet. Dafür grenzt man einige Bereiche im Meer mit Netzen ab. Diese Art der Fischzucht wird auch **Blaue Revolution** genannt.
Durch die Zucht in den Fischfarmen sinken die Preise für Frischfisch. Vor allem die armen Menschen in den dicht besiedelten Küstenregionen der Erde können so mit ausreichend Eiweiß aus den Aquakulturen versorgt werden. So helfen die Fischfarmen im Kampf gegen den Hunger.
Aquakulturen werfen aber auch Probleme auf. Sie führen zu wachsender Umweltverschmutzung. Zudem werden für die Fütterung in der Fischzucht oft Fischmehl und kleinere Fische eingesetzt, was die entsprechenden Wildfischbestände belastet. Dazu kommt ein Problem, das man aus der Massentierhaltung kennt: der Einsatz großer Mengen Antibiotika und anderer Chemikalien.

Andererseits erwarten Experten, dass die Ausweitung der Fischzucht längerfristig zu sinkenden Fischpreisen führt und so den Hochseefischfang weniger attraktiv macht. Davon könnten dann Fischbestände profitieren, die derzeit gefährdet sind.

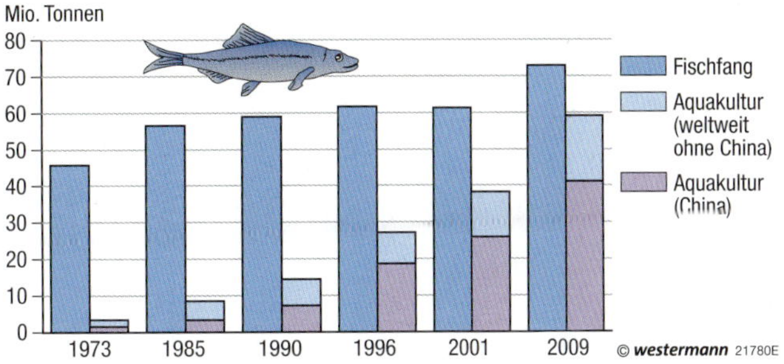

M6 Aquakulturen – eine Möglichkeiten zur Steigerung der Nahrungsmittelproduktion

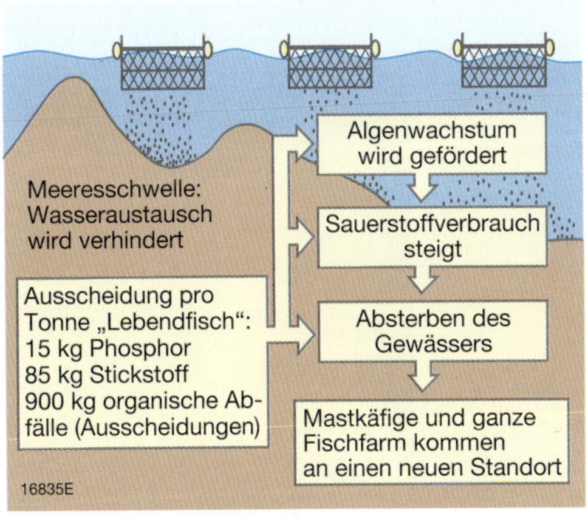

M5 Probleme durch Aquakulturen

M7 Aquakulturen im Meer

3 *Erläutere die „Blaue Revolution“ (Text, M5).*

4 *Erläutere die Grafik M6.*

5 *Zeige Probleme auf, die mit Aquakulturen verbunden sind (Text, M7).*

6 *Recherchiere. Fertige eine Präsentation an, die verschiedene Maßnahmen gegen den Hunger zeigt.*

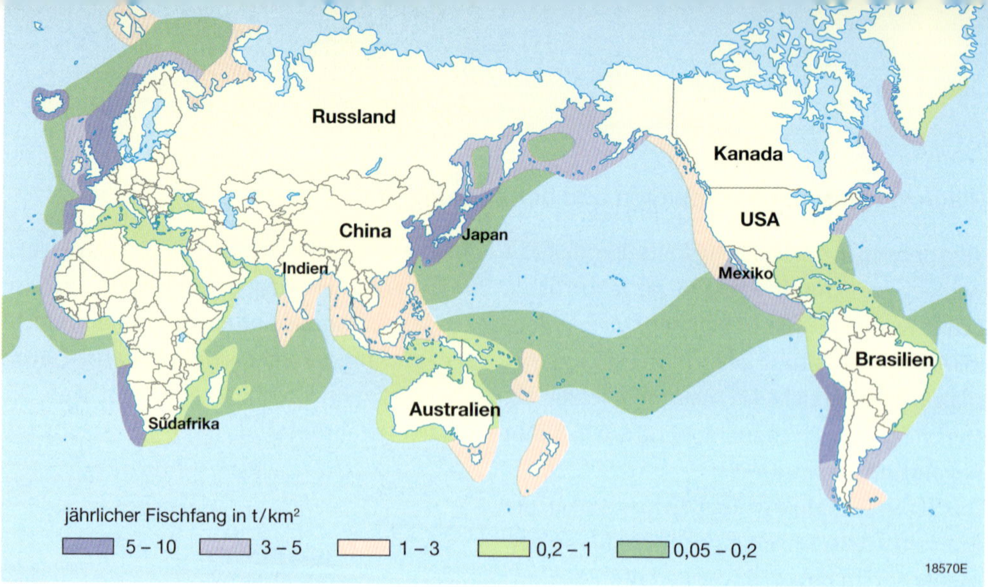

M1 Fischfang in den Weltmeeren

Die Weltmeere als Nahrungsquelle

Fischfang

Mehr als eine Milliarde Menschen sind direkt auf das Meer als Nahrungsquelle angewiesen. Die Oberfläche der Erde wird zwar zu über 70 % vom Meer bedeckt, doch auf nur 5 % der Weltmeeresfläche, nämlich in den küstennahen und nährstoffreichen Schelfgebieten, werden fast 90 % der Fische gefangen.
Nach Angaben der Welternährungsorganisation (FAO) sind 75 % der weltweiten Fischbestände bereits überfischt.

Die jährlichen Fangmengen gehen zurück. Ganze Meeresregionen sind schon leergefischt. Gefordert werden deshalb Schutzgebiete, damit sich die Bestände erholen können. Aber um den steigenden Bedarf an Fischprodukten zu befriedigen, werden weiterhin jedes Jahr dank Hightech und moderner Fanggeräte weltweit mehr als 90 Millionen Tonnen Nahrungsmittel mit Netzen aus dem Meer gezogen.

Gib einem Mann einen Fisch und du ernährst ihn für einen Tag. Lehre einen Mann zu fischen und du ernährst ihn für sein Leben.

Chinesische Weisheit

M2 Hochseefischerei

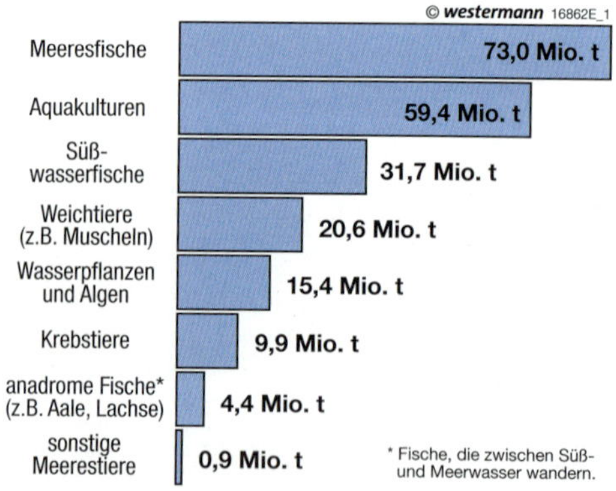

M3 Weltweiter Fang und Zucht von Meerestieren

1 *Erläutere die chinesische Weisheit.*

2 *Erkläre die Möglichkeiten, das Meer als Nahrungsquelle zu nutzen (M1 – M3).*

3 *Recherchiere. Berichte über die Bedeutung des Fischfangs für die Welternährung* ***oder*** *berichte über internationale Fischereiabkommen.*

www.diercke.de D3-040
www.heimatundwelt.de HW-181

Probleme in der Hochseefischerei

Die Methoden der Fischerei sind ein ganz entscheidender Faktor, wenn es um die Überfischung der Meere geht. Die Art und Weise, wie gefischt wird, entscheidet über die Menge der sinnlos als Beifang getöteten Fische sowie über den Grad der Zerstörung des Meeresgrundes.

Zerstörerisch sind besonders Schleppnetze, die am Grund eingesetzt werden. Dort überrollen und zerstören sie am Boden lebende Meerestiere. Schwere Ketten pflügen über den Meeresboden und scheuchen Schollen und andere Plattfische auf. Dadurch werden nicht nur die Kinderstuben vieler Fischarten zerstört, auch unzählige Jungfische und andere Meerestiere fallen diesem Raubbau zum Opfer.

Um eine Überfischung einzelner Fischarten zu verhindern, werden in internationalen Abkommen Schutzgebiete eingerichtet und Fangquoten für die einzelnen Länder festgelegt. Aber auch die illegale Fischerei ist eine Bedrohung für die Fischbestände.

M5 Problem Fischbeifang – Aktion von Greenpeace in Berlin

Überfischung ist ein großes Problem, da sich die Bestände nicht einfach dadurch erholen, dass ein paar Jahre der Fischfang ausgesetzt wird. Die frei werdenden Lebensraumnischen im Ökosystem werden von anderen Fischarten besetzt. ...
Die Überfischung hat auch direkte Konsequenzen für viele Menschen. So drohen nicht nur höhere Fischpreise, sondern auch ein Engpass in der Nahrungsmittelversorgung – vor allem in den armen Küstenregionen Afrikas und Südamerikas. Dort hat die Überfischung vielerorts zu einer Verarmung der Küstenbevölkerung geführt. So wird auch der Anstieg der Piraterie in Afrika mit einer beruflichen Umorientierung arbeitslos gewordener Fischer in Verbindung gebracht. (Nach: www.bund.net, Zugriff 11.3.2014)

M6 Problem Überfischung

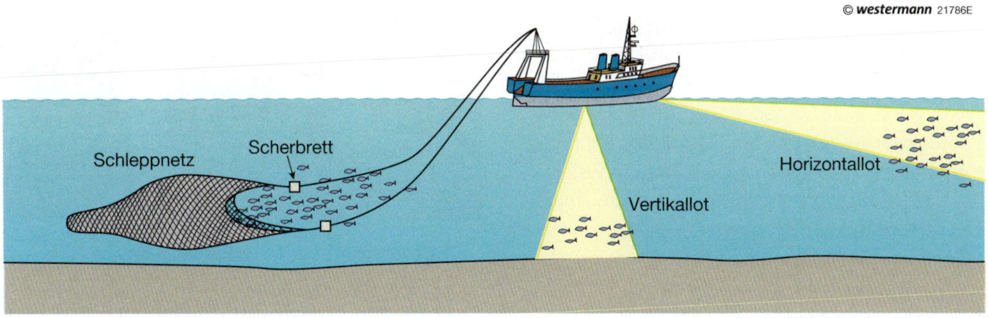

M4 Fischfang mit Schleppnetzen

4 *Erläutere die Aktion von Greenpeace in Berlin (M5).*

5 *Erkläre die Fischfangtechnik mit Schleppnetzen (M4).*

6 *Berichte über die Probleme der Überfischung (M6)* ***oder*** *über die Probleme mit Grundschleppnetzen (Text).*

7 *Zeichne ein Plakat, das auf die Probleme der Hochseefischerei aufmerksam macht* ***oder*** *schreibe einen Zeitungsartikel zum Thema „Fluch der Hochseefischerei".*

Für ein Hilfsprojekt werben

Eure Schule will mit dem Erlös aus dem letzten Schulfest ein Entwicklungshilfeprojekt unterstützen. Dieses Mal soll einer Initiative in der Sahelzone geholfen werden. Eurer Schule liegen fünf Anträge vor. Leider kann nur ein Projekt unterstützt werden.

Im folgenden Planspiel seid ihr die Vertreter der jeweiligen Hilfsorganisationen. Eure Aufgabe ist es ist es, euer Hilfsprojekt vorzustellen und die Gesamtkonferenz davon zu überzeugen, dass das Geld für euer Hilfsprojekt gespendet wird.

Ein Planspiel durchführen

Ein Planspiel ist ein Lernverfahren, bei dem eine bestimmte Situation, bei der Entscheidungen getroffen werden müssen, simuliert wird.

Hinweise zum Planspiel:

- bestimmt vorher einen Moderator.
- Jede Gruppe stellt zunächst ihr Projekt vor.
- Entscheidet euch anschließend, welches Projekt finanziell unterstützt werden soll.

So gehst du vor:

Schritt 1 •

→ Bildet fünf Gruppen, die jeweils eine Hilfsorganisation repräsentieren.

→ Jede Gruppe soll auf einer Konferenz ihre Organisation vorstellen und um finanzielle Unterstützung für ein Projekt werben.

Schritt 2 • •

→ Informiert euch zuerst über Inhalte des Projekts und findet Gründe, warum euer Projekt Unterstützung benötigt.

→ Erläutert den Konferenzteilnehmern auch jeweils die Hintergründe des Situation.

Tipp: Verwende neben den Informationen aus dem Kapitel Hunger auch die anderen Kapitel im Buch und die angegebenen Internetseiten.

Schritt 3 • • •

→ Bereitet für die öffentliche Vorstellung auch eine Präsentation (PowerPoint/ OHP/ Plakat /...) über das Projekt vor.

SOS-Kinderdörfer auf den Philippinen

Viele Menschen leben dort unter erbärmlichen Bedingungen. Jedes Jahr wird die Region von mehr als 20 Wirbelstürmen getroffen. Das Land wird häufig von Erdbeben heimgesucht und es gibt ca. 20 aktive Vulkane. Viele Menschen wurden auch Opfer von bewaffneten Konflikten. Angesichts der Naturkatastrophen und der Konflikte wurden die Aktivitäten der SOS-Kinderdörfer ausgedehnt. Kinder und Familien werden mit Nahrungsmitteln und Medikamenten versorgt und erhalten ein neues Heim. Zur Finanzierung werden dringend Spendengelder benötigt.
www.sos-kinderdoerfer.de/unsere-arbeit/wo-wir-helfen/asien/philippinen

Partnerschaft für Trinkwasserbrunnen

Euer Verein „Partnerschaft für Trinkwasserbrunnen e.V." ist seit einigen Jahren überwiegend in Mali tätig. Der Bau von Brunnen soll dort die wirtschaftliche Lage der Bevölkerung verbessern und die Menschen zur Eigeninitiative und Verantwortung anleiten. Mit dem Geld aus dem Schulfest könnte ein neuer Brunnen in Kagoua gebaut werden.
Erläutert in der Konferenz die Trinkwassersituation im Sahel und versucht das Geld für euer Projekt zu gewinnen.
www.partnerschaft-sahelzone.de

Terra-Verde Förderverein
Eurer Förderverein unterstützt die Bauern in Burkina Faso beim Kampf gegen die Desertifikation. Durch den Bau von kleinen Steinwällen können die wenigen Niederschläge besser genutzt werden. Die Abflussgeschwindigkeit des Regenwassers wird gebremst und der ausgebrachte Kompost wird nicht abgespült. Erläutert den Konferenzteilnehmern zunächst den Prozess der Desertifikation und seine Ursachen. Versucht die Spende für euer Projekt zu erhalten, denn mit dem Geld wäre der Kauf eines kleinen Lastwagens für den Transport der Steine möglich.

www.terra-verde.de

www.desertifikation.de

Aktion Schulen für Afrika
Eure Institution setzt sich für den Bau von Schulen in Afrika ein. In der Paalga-Schule in Ouagadougou beispielsweise kommt vor, dass in einer Klasse mehr als 160 Jungen und Mädchen unterrichtet werden. Die Schule kann nur durch Spenden weiter bestehen. 2008/2009 wurden 1003 Schüler aufgenommen; dadurch können 41 % der Mädchen und 49 % der Jungen dieser Region zur Schule gehen. Ohne Einschulung haben die Kinder keinen Zugang zu einem Beruf. Für 519 Schüler in der Primarstufe arbeiten 6 Lehrer und zwei Praktikantinnen. Für den Erhalt des Gebäudes, für Hefte und Bücher, für Elektrizität und Wasser, für Löhne und Telefon benötigt die Schule 30 000 €. Jede Spende ist willkommen. Erläutert der Konferenz, warum gerade Bildung zu Bekämpfung von Hunger so wichtig ist und versucht die Spende für euer Projekt zu bekommen.

www.unicef.de/projekte

www.schulen-fuerafrika.de

Kleinbauernschule in Brasilien
Der Sertão, ein Gebiet so groß wie Deutschland und Frankreich zusammen, ist das Armenhaus Brasiliens. Tatsächlich fallen acht Monate im Jahr keine Niederschläge. Wenn der Regen neun oder zehn Monate ausbleibt, dann verendeten die Tiere und die Menschen hungern. Die Kleinbauernschule IRPAA ist die erste Organisation, die für das trockene Klima des Sertão geeignete Methoden der Wassergewinnung, des Feldbaus und der Tierhaltung systematisch erarbeitet und erprobt hat. Ein wichtiger Punkt ist die Wassergewinnung und -aufbewahrung durch den Bau von Zisternen, Regenrückhaltebecken und unterirdischen Staudämmen, die Umstellung der Tierhaltung von Rindern auf Schafe und Ziegen. Für die Arbeit vor Ort werden dringend Spendengelder benötigt. Stellt das Projekt vor und versucht eine Spende für euer Projekt zu gewinnen.

www.misereor.de/projekte/

1 Bilder zur Welternährung

Erkläre jeweils, welche Bedeutung die Bilder oder Bildausschnitte für die Welternährung haben.

2 Hunger in der Welt

Ursachen:

Überbevölkerung/Kriege, Bürgerkriege/Klimawandel/Dürre, Überflutungen/Wüstenbildung/Wassermangel/geringes Einkommen, Armut/Pflanzen für den Weltmarkt (Cash Crops)/mangelndes „Know-how“/Energiepflanzen statt Nahrungsmittelpflanzen/ungerechte Weltmarktpreise für Agrarprodukte/Futtermittel statt Nahrungsmittel/hoher Fleischkonsum/wenig technische Hilfsmittel/ungerechte Verteilung von Ackerflächen/Überweidung

a) Erkläre für jede Ursache, wie es dadurch zu Hunger und Unterernährung kommen kann.
b) Fasse einzelne Ursachen unter folgenden Überschriften zusammen: klimatische Ursachen; wirtschaftliche Ursachen; gesellschaftliche Ursachen; Ursachen in der Ausbildung.
c) Erstelle eine Wirkungsgefüge, das zeigt, wie es durch Klimawandel zu Hunger in der Welt kommen kann. Verwende geeignete Begriffe aus der Liste oben und ergänze notfalls.
d) Verfasse einen Bericht mit der Überschrift „Wettbewerb zwischen Teller, Trog und Tank“.

3 Entwicklung der Ressourcen Ackerfläche und Wasser

a) „Ackerland und Wasser sind wichtige Ressourcen.“ Erläutere.
b) Erkläre die beiden Grafiken.
c) Bewerte die Entwicklung jeweils für die Ernährung der Weltbevölkerung.

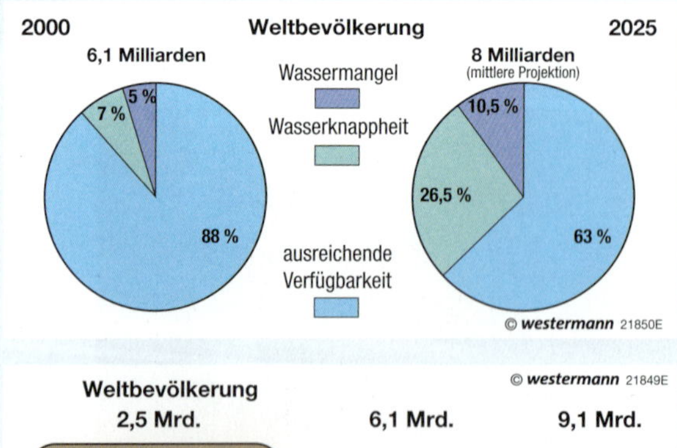

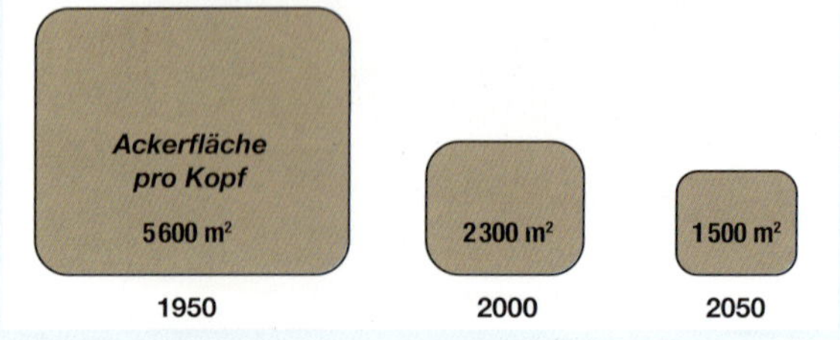

4 Wo Hungerkrisen drohen

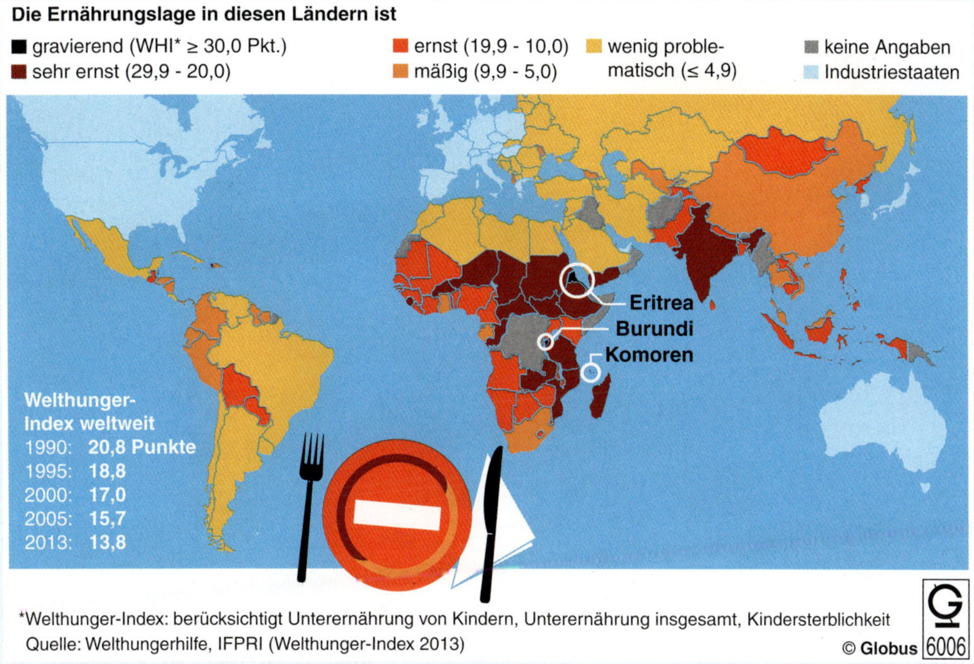

a) Nenne mithilfe der Karte und des Atlas die Länder, in denen der Welthungerindex gravierend oder sehr ernst ist und Hungerkrisen drohen können.

b) Nenne die Datengrundlagen, aus denen der Welthungerindex (WHI) für die einzelnen Länder errechnet wird.

c) Zeichne ein geeignetes Diagramm, in der die Entwicklung des Welthungerindex deutlich wird.

d) Zeichne ein Kreisdiagramm, das zeigt, wie der Hunger auf der Welt verteilt ist: Asien und Pazifikraum 578 Mio., Länder Afrikas südlich der Sahara 239 Mio., Lateinamerika und Karibik 53 Mio., Naher Osten und Nordafrika 37 Mio., Industrieländer 19 Mio.

5 Karikatur

Interpretiere die Karikatur.

Grundbegriffe

Aquakultur
Biokraftstoffe
Blaue Revolution
Cash Crops
Desertifikation
Grüne Revolution
Land Grabbing
Nahrungsbedarf
Sahel
Überweidung
Unterernährung

Globaler Klimawandel

M2 Es wird heiß: Seit 1880 sind die Temperaturen weltweit um durchschnittlich 0,85° C gestiegen. Können wir einen weiteren Temperaturanstieg verkraften?

M3 Mahnwache anlässlich des Klimagipfels in Johannesburg

Wie ändert sich das Klima?
Warum ändert es sich?
Was haben wir Menschen damit zu tun?
Welche Folgen hat ein Klimawandel?
Was können wir tun gegen den Klimawandel?
Wie bereiten wir uns auf den Klimawandel vor?

M1 Die Zukunft der Erde?

„Grad-Wanderung um die Erde" im Jahr 2050

Ein Szenario zum Klimawandel

8° O

Langeneß, Deutschland

(54°38'N/8°36'O)

Der durchschnittliche Wasserpegel der Nordsee steigt beständig. Starke Sturmfluten bedrohen immer öfter die Bewohner der Halligen. Sie müssen die Deiche erhöhen. Das verursacht hohe Kosten.

Oristano, Sardinien/Italien

(39°54'N/8°35'O)

Die Bewohner von Oristano haben verstärkt mit Waldbränden und Wasserknappheit zu kämpfen. Durch die Trockenheit fällt die Bewässerung der Zitrusplantagen immer schwerer. Die Zusammensetzung der Tierwelt verändert sich stark.

Zinder, Niger

(13°48'N/8°59'O)

In der ohnehin schon trockenen Region nimmt die Dürre weiter zu. Wasser holen und tragen gehören zum Alltag. Kämpfe ums Wasser führen zum Bürgerkrieg zwischen den Stämmen. Die Bewohner Zinders ziehen in ein Flüchtlingslager.

Altdorf, Schweiz

(46°52'N/8°38'O)

Bergbauernfamilien müssen ihr Dorf verlassen. Verheerende Geröllawinen donnern die Hänge hinunter. Der nahe gelegene Gletscher und der Dauerfrostboden der hohen Bergregionen sind abgetaut, sodass das Geröll nicht mehr gehalten werden kann.

Kano, Nigeria

(11°59'N/8°31'O)

Für die Bewohner bildete über viele Jahre die Jagd und der Holzeinschlag im tropischen Regenwald die Lebensgrundlage. Nun ist der artenreiche Wald verschwunden. Starkregen schwemmt den Boden weg.

1 *Beschreibe Probleme der Menschen in den sieben genannten Orten.*

2 *Bestimme mithilfe des Atlas jeweils die Klimazone, in der die Orte liegen.*

3 *Begründe, warum bei der „Wanderung um die Erde" der Längengrad sowohl 8° als auch 172° bemisst.*

Gambell, Alaska/USA
(63°46'N/171°42'W)
Die Kultur der Ureinwohner ist bedroht. Die Yupik sind Inuit und leben vor allem von der Waljagd. Infolge der Meereserwärmung hat sich die Öffnung im arktischen Meereis vergrößert. Nun tauchen Wale zum Atmen immer weiter entfernt vom Festland auf. Mit ihren Kajaks wird es immer schwieriger, in der rauen See zu jagen.

Satitoa, Samoa
(14°1'S/172°37'W)
Die Bewohner des Inselreichs müssen sich von den bedrohten Küsten zurückziehen. Durch weltweit höhere Luft- und Wassertemperaturen steigt der Meeresspiegel. Die Wirbelstürme häufen sich. Die höheren Wassertemperaturen führen zur Versauerung des Meerwassers. Dadurch bleichen die Korallenriffe aus und sterben ab. Der Kalk wird abgebaut. Die Riffe bieten keinen Schutz mehr vor der Gewalt der Wellen.

4 *Erkläre, durch welche Ereignisse es jeweils zu den Problemen in den Orten kommt* ***oder*** *erstelle eine Tabelle, in der den Orten jeweils die klimatischen Bedingungen zugeordnet werden.*

5 *Formuliere drei Fragen zum „Klimawandel", die du auf den nächsten Seiten beantwortet haben möchtest.*

M1 Inuit-Siedlung im Norden Kanadas am 12.06.2013, 15.00 Uhr: Temperatur - 2 °C

M3 Massai-Siedlung im Süden Kenias am 12.06.2013, 15.00 Uhr: Temperatur 31° C

Grundlagen des Klimawandels

Die Sonne – Heizstrahler der Erde

Das Leben auf der Erde hängt von der Sonnenenergie ab. Die Sonnenstrahlen sorgen für Licht und Wärme und erzeugen dadurch Wind und Regen. So beeinflussen sie unter anderem das Wachstum der Pflanzen.

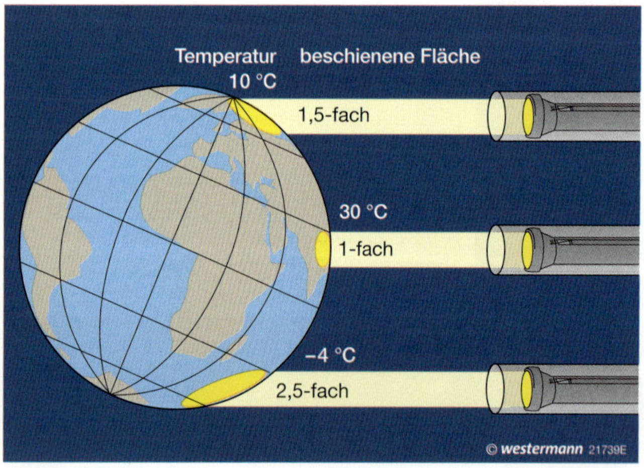

M2 Unterschiedliche Strahlungsverhältnisse und Temperaturen auf der Erde (hier: 22. Juni)

Die Erde hat die Form einer Kugel. Die Sonnenstrahlen treffen in unterschiedlichen Winkeln auf die Erdoberfläche. Deshalb werden die Regionen der Erde je nach geographischer Breite unterschiedlich intensiv bestrahlt. Das führt zu einer unterschiedlichen Erwärmung der Erdoberfläche. So entstehen warme und kalte Klimazonen. An den Polen fallen die Strahlen flach ein. Die Temperaturen sind deshalb dort niedrig. In Äquatornähe fallen die Strahlen dagegen steil ein. Dadurch ist es in dieser Region überdurchschnittlich warm.
Wärme und Feuchtigkeit werden zwischen Atmosphäre und Ozeanen ständig ausgetauscht. Die Ozeane speichern Wärme und gleichen die Temperaturunterschiede zur Atmosphäre teilweise aus. Luftbewegungen (Winde) und Wasserströmungen verteilen die Wärmeenergie rund um die Erde.

1 *Beschreibe die klimatischen Unterschiede zwischen dem Norden Kanadas und dem südlichen Kenia am gleichen Tag (M1, M3).*

2 *Erläutere M2 **oder** leuchte mit einer Taschenlampe senkrecht auf ein Blatt. Markiere mit einem Stift den Rand des beleuchteten Bereichs. Leuchte dann schräg aus gleicher Entfernung. Kennzeichne die beleuchtete Fläche. Begründe die Unterschiede.*

3 *Nenne die Folgen, die sich aus den unterschiedlichen Einstrahlungswinkeln der Sonnenstrahlen auf die Erdoberfläche ergeben.*

Die Atmosphäre – Filter der Sonnenstrahlen

Die Erde ist von einer Lufthülle, der **Atmosphäre**, umgeben. Diese besteht aus mehreren Schichten. Leben ist nur in der untersten Schicht (Troposphäre) möglich. Dort spielt sich auch das Wettergeschehen ab.

Auf dem Weg zur Erdoberfläche müssen die Sonnenstrahlen die Atmosphäre durchdringen. Dabei wird die Strahlung durch Luft, Wolken und Staubteilchen stark gedämpft. So erreicht nur etwa die Hälfte der Energie der Sonnenstrahlen (Licht und Wärme) die Erdoberfläche. Dort wird ein Teil der Sonnenstrahlen zurückgeworfen (reflektiert), ein anderer Teil aufgenommen (absorbiert) und in Wärme umgewandelt.

Am Nordpol und am Südpol legen die Sonnenstrahlen einen längeren Weg durch die Atmosphäre zurück als beispielsweise am Äquator (vgl. M4). Auch deshalb erreicht dort weniger Sonnenenergie die Erdoberfläche.

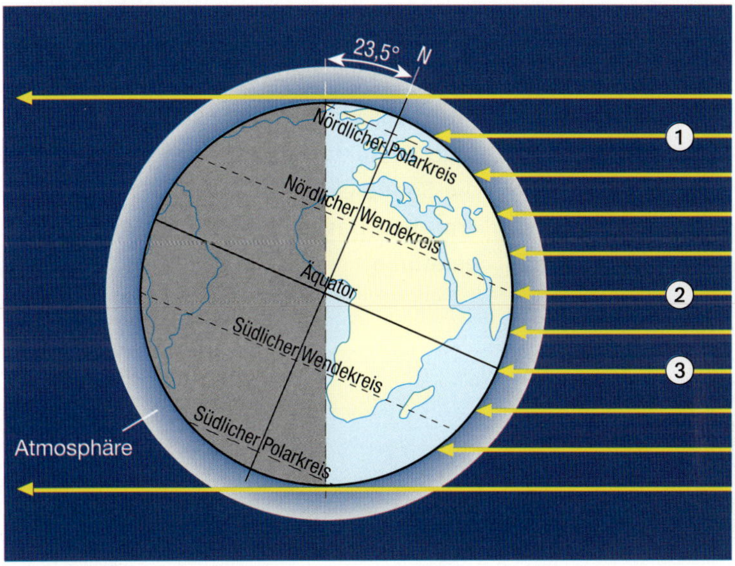

M4 Der Weg der Sonnenstrahlen durch die Atmosphäre

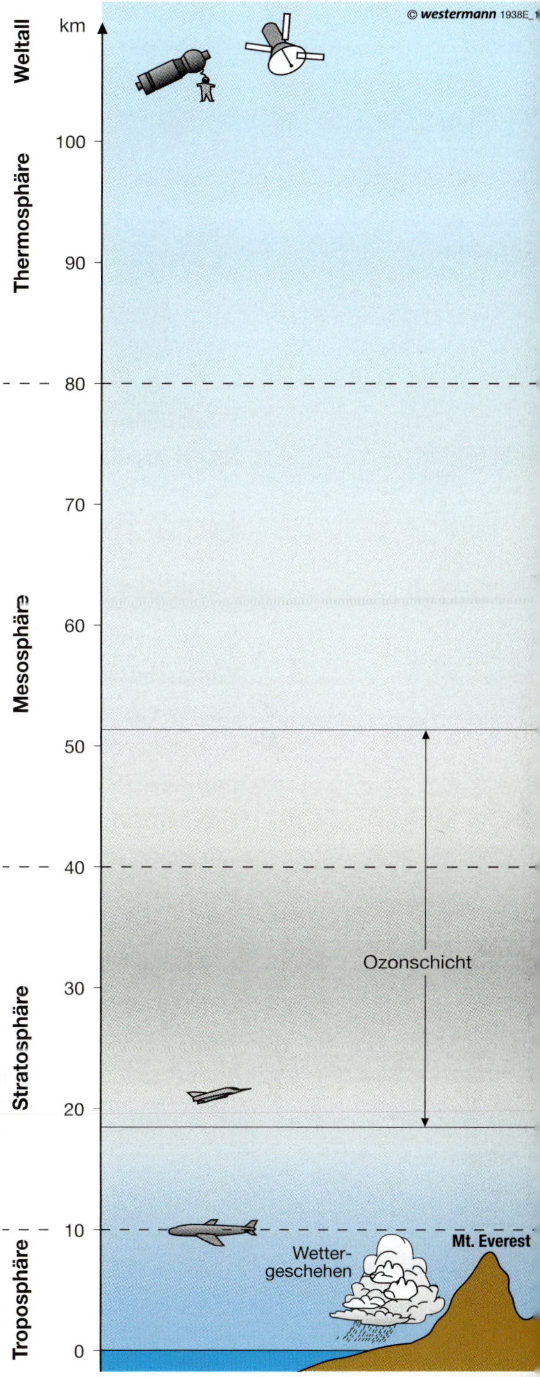

M5 Aufbau der Atmosphäre

4 *Erkläre, wie es zum Temperaturausgleich auf der Erde kommt.*

5 *Erläutere den vertikalen Aufbau der Atmosphäre (M5).*

6 *Sonnenstrahlen legen einen unterschiedlich langen Weg durch die Atmosphäre zurück.*
Miss in M4 die Länge der nummerierten Strahlen ① – ③ innerhalb der Atmosphäre.
Nenne den nummerierten Strahl, der die Erde am meisten erwärmt. Begründe.

7 *Erläutere, welchen Einfluss die Atmosphäre auf die Erwärmung der Erdoberfläche hat.*

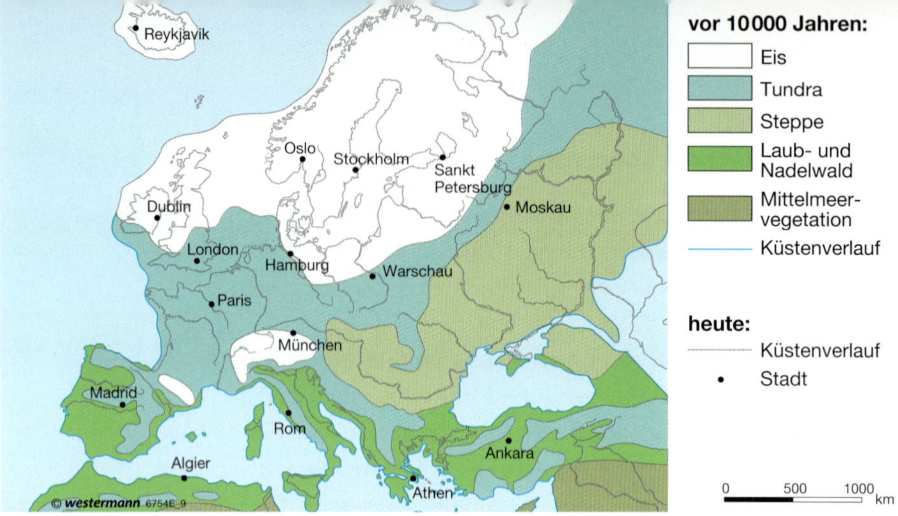

M1 Vereisung Europas während der letzten Eiszeit

Ursachen des Klimawandels

Natürliche Klimaschwankungen

In der Erdgeschichte gab es schon immer **Klimaschwankungen**. Warm- und Kaltzeiten, die jeweils mehrere 10 000 Jahre dauerten, wechselten sich ab. Auch während der Warm- und Kaltzeiten schwankten die Durchschnittstemperaturen. So folgte in Europa einer wärmeren Zeit im Mittelalter ein kälterer Zeitraum zwischen 1400 und 1880. Diese Kaltphase (Kleine Eiszeit) trug dazu bei, dass Missernten und Hungersnöte auftraten.
Die natürlichen Ursachen für den Klimawandel sind vielfältig. In großen Zeiträumen ändert sich der Abstand der Erde zur Sonne. Ist er kleiner, verstärkt sich die Sonneneinstrahlung auf der Erde und es wird wärmer.
Auch bei gesteigerter Sonnenaktivität erhöht sich die Energiemenge durch Sonnenstrahlen und damit die Temperatur auf der Erde. Eine hohe Aktivität der Sonne wird sichtbar durch Sonnenflecken, die durch gewaltige Ausbrüche (Eruptionen) entstehen.
Auch Wolken aus Asche, die von Vulkanausbrüchen stammen, und Wasserdampf hindern die Sonnenstrahlen, die Erdoberfläche zu erreichen. Das führt dort zu geringeren Temperaturen.

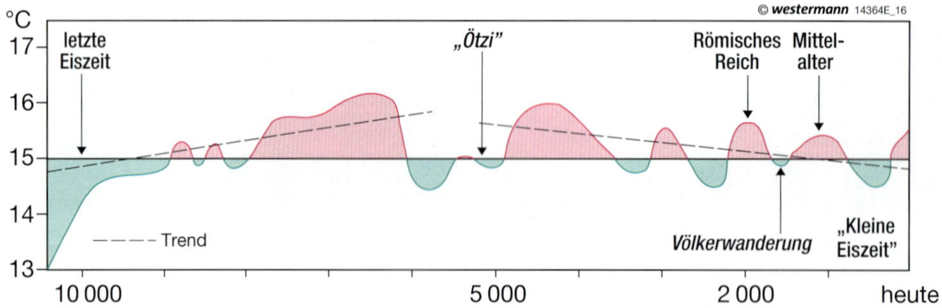

M2 Entwicklung der Temperaturen auf der Erde zwischen 10 000 Jahre v. Chr. und heute

1 *Nenne Länder Europas die vor 10 000 Jahren ganz oder teilweise unter Eis lagen (Atlas, M1).*

2 *Erkläre natürliche Ursachen von Klimaschwankungen.*

3 *Nenne Folgen der Temperaturschwankungen in Europa (M1, M2, Text).*

4 *Beschreibe die Wirkung eines Treibhauses (M5).*

Globaler Klimawandel

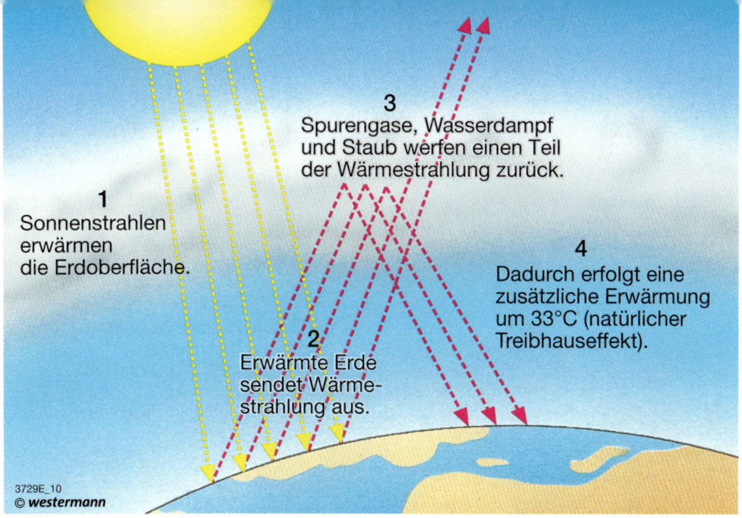

M3 Natürlicher Treibhauseffekt

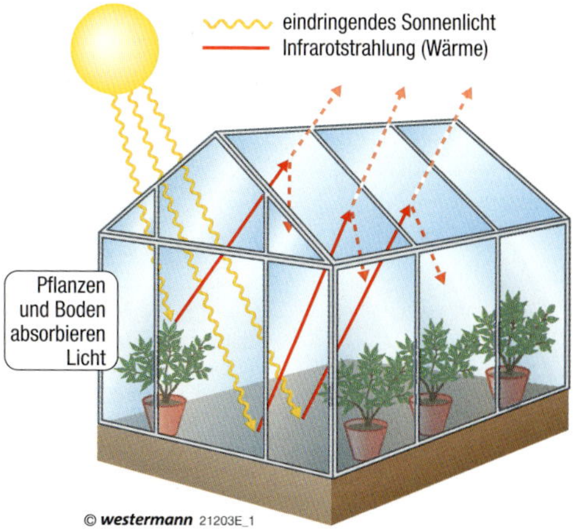

M5 Erwärmung in einem Treibhaus

Der natürliche Treibhauseffekt – lebenswichtig

Unsere Erde bezieht fast ihre gesamte Energie von der Sonne. Diese reicht allerdings nur dafür aus, die Erdoberfläche auf durchschnittlich -18 °C zu erwärmen.
Spurengase in der Atmosphäre wirken so ähnlich wie die Glasscheiben in einem Treibhaus. Diese Treibhausgase lassen die Sonnenstrahlung weitgehend ungehindert auf die Erde treffen.
Die von der Erdoberfläche reflektierte Strahlung kann die Atmosphäre aber nur zum Teil durchdringen und wieder in den Weltraum entweichen. Sie wird größtenteils zur Erdoberfläche zurückgestrahlt. Das liegt auch an den in der Atmosphäre vorhandenen Gasen **Kohlenstoffdioxid (CO_2), Fluor-Chlor-Kohlenwasserstoff (FCKW)**, Methan und Lachgas (N_2O). Auch Wasserdampf verhindert, dass die Energie der Sonnenstrahlen vollständig in den Weltraum entweichen kann.

Dadurch erhöht sich die Temperatur auf der Erde um 33 °C auf durchschnittlich 15 °C. Ohne diesen **natürlichen Treibhauseffekt** wäre die Erde eine Eiswüste. Erst dieser macht das Leben auf der Erde möglich.

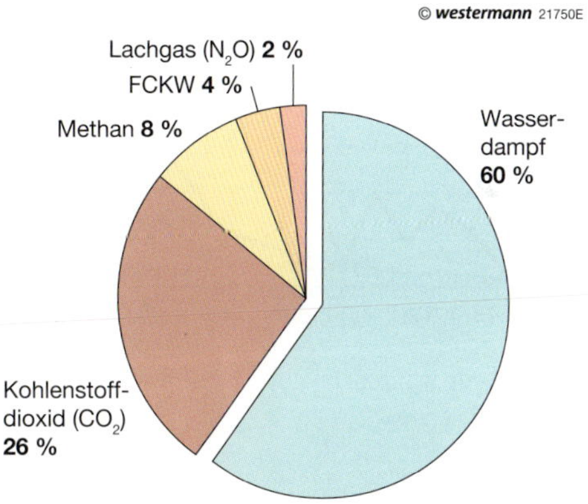

M4 Anteile am natürlichen Treibhauseffekt

5 *Erkläre, warum im Zusammenhang mit den Spurengasen in der Atmosphäre von einem Treibhauseffekt gesprochen wird (M3)* ***oder*** *erstelle ein Flussdiagramm, das die Abläufe beim natürlichen Treibhauseffekt zeigt.*

6 *Stelle die Anteile von Wasserdampf und Spurengasen (M4) in einem Säulendiagramm dar.*

7 *Erstelle ein Plakat mit der Überschrift: „Der natürliche Treibhauseffekt – lebenswichtig".*

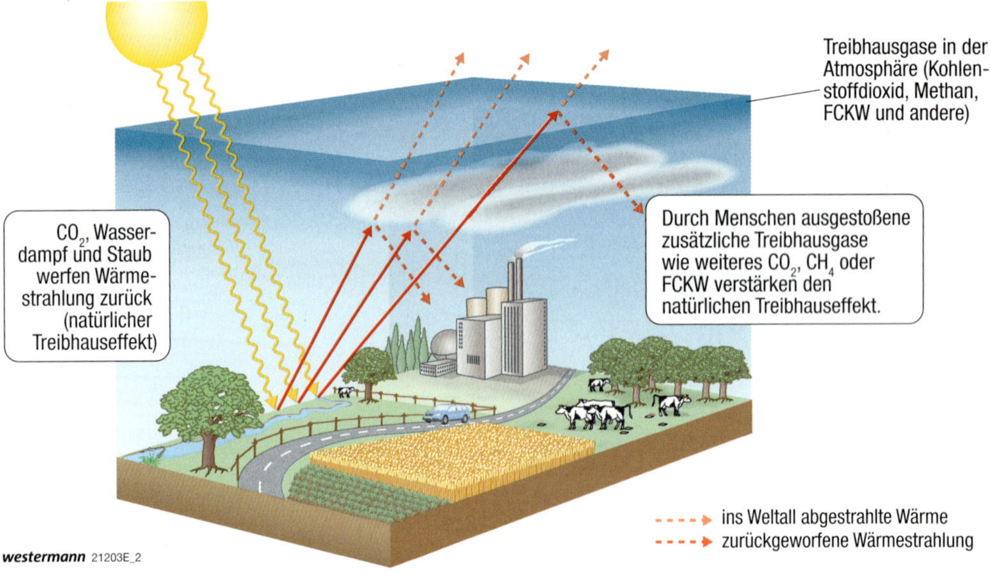

M1 Menschen verstärken den natürlichen Treibhauseffekt

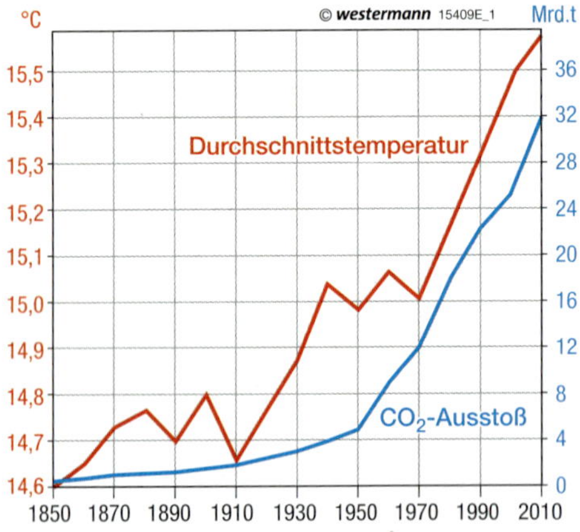

M2 Anteile am natürlichen Treibhauseffekt

Anthropogener Treibhauseffekt

Menschen beeinflussen durch ihre Lebensweise die Zusammensetzung der Atmosphäre. Durch Verbrennungsprozesse gelangt zusätzlich Kohlenstoffdioxid (CO_2) in die Atmosphäre. Auch andere **Treibhausgase** wie Methan (CH_4), Distickstoffoxid (N_2O) und Fluor-Chlor-Kohlenwasserstoff (FCKW) setzen Menschen durch ihre Aktivitäten in Landwirtschaft und Industrie frei. Das führt zu einem größeren Anteil der Treibhausgase in der Atmosphäre. So verstärkt sich der natürliche Treibhauseffekt. Er wird zum **anthropogenen Treibhauseffekt**. Die Lufthülle erwärmt sich global (weltweit).

Das brauchst du:
- 2 Glasbehälter
- 3 Thermometer
- 3 gleiche Unterlagen (z. B.Pappe)

So gehst du vor:
- Stelle – wie in der Abbildung gezeigt – zwei Glasbehälter auf je eine Unterlage.
- Stelle in die Gläser Thermometer. Stelle das dritte Thermometer auf eine Unterlage daneben.
- Beschatte die Thermometerfühler z. B. mit einem weißen Blatt Papier.
- Vergleiche nach einigen Minuten die Temperaturen auf den 3 Thermometern.
- Übertrage das Ergebnis auf die Atmosphäre (Glas übernimmt hier die Funktion von Treibhausgasen).

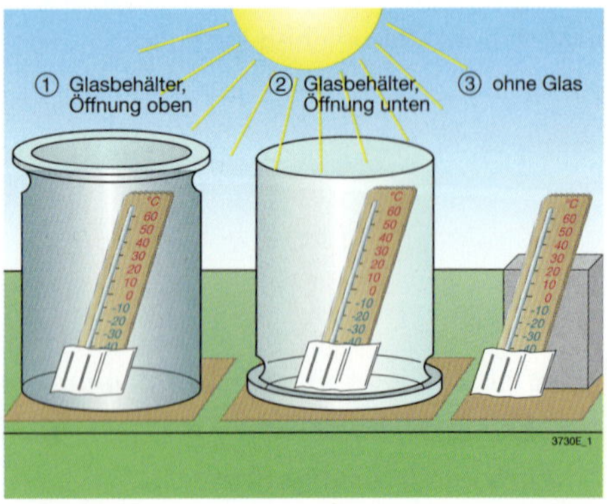

M3 Versuch zum Treibhauseffekt

Mehr Treibhausgase – weniger CO_2-Speicher

Kohlenstoffdioxid trägt stark zum anthropogenen Treibhauseffekt bei. Das Gas befindet sich in der Atmosphäre, in der Vegetation, im Boden und Ozean. Durch Gasaustausch entsteht ein natürlicher **Kohlenstoffkreislauf**.
Menschen greifen in den Kohlenstoffkreislauf durch Verbrennung der Kohle-, Gas-, Öl- und Holzvorräte ein. Kohlenstoff, der nicht mehr im Boden lagert oder in Pflanzen gebunden ist, gelangt in die Atmosphäre.
Die tropischen Wälder stellen einen großen **Kohlenstoffspeicher** dar. Werden die Regenwälder gerodet oder abgebrannt, reduziert sich dieser Speicher. Das CO_2 entweicht in die Luft und verstärkt den Treibhauseffekt.

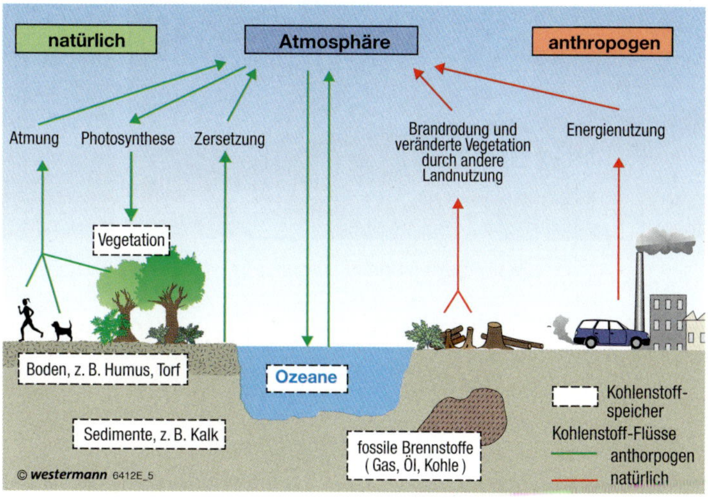

M5 Der Kohlenstoffkreislauf

Produzenten von Treibhausgasen		Aktivitäten	So tragen sie zum Treibhauseffekt bei
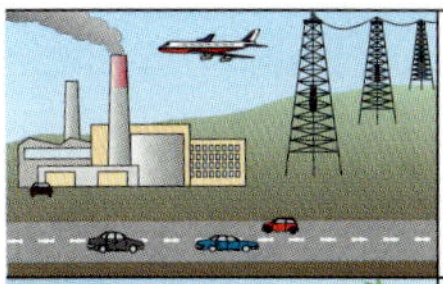	Energieerzeuger und Stromverbraucher	Verbrennung von Energierohstoffen, wie Kohle, Öl und Gas, zur Wärme- und Stromerzeugung	Durch Verbrennung entsteht Kohlenstoffdioxid (CO_2).
	Verkehrsteilnehmer	Fahrten mit Kraftfahrzeugen, Flugreisen	Aus Auspuffrohren und Flugzeugdüsen entweicht Kohlenstoffdioxid (CO_2).
	Landwirte	Düngung der Felder	Zu große Düngemengen werden von Pflanzen nicht mehr aufgenommen. Bakterien wandeln diese in Distickstoffoxid (N_2O) um.
	Viehzüchter	Zucht großer Rinderherden	Rindermägen produzieren Methan (CH_4).
	Reisbauern	Reisanbau	Im Wasser von Reisfeldern setzen Bakterien beim Abbau von Pflanzenabfällen Methan (CH_4) frei.
	chemische Industrie	Produktion von Kühlmitteln, Treibmitteln für Spraydosen, Schaumstoffen usw.	Fluorchlorkohlenwasserstoffe (FCKW) entweichen in die Atmosphäre.
	Holzindustrie	Fällen von Bäumen, Abholzungen	Bäume binden Kohlenstoff. Besonders viel Kohlenstoff ist im tropischen Regenwald gebunden.
	Menschen die Brandrodung betreiben	Rodungsfeuer im tropischen Regenwald zur Landgewinnung	Durch Verbrennung wird CO_2 freigesetzt. Der verbrannte Wald kann keinen Kohlenstoff mehr binden.

M4 Treibhausgasproduktion und anthropogener Treibhauseffekt

1. *Erkläre den Begriff anthropogener Treibhauseffekt (Text, M1).*
2. *Beschreibe Eingriffe des Menschen in die Atmosphäre und dessen Folgen **oder** zeichne eine Mindmap zum Thema anthropogener Treibhauseffekt (M4).*
3. *Führe den Versuch M3 durch. Ordne die Begriffe zu: kein Treibhauseffekt, anthropogener Treibhauseffekt, natürlicher Treibhauseffekt.*
4. *Erläutere den Kohlenstoffkreislauf (M5).*
5. *Recherchiere. Aussagen von Klimaforschern zum Klimawandel lauten: „Heiße Zukunft!“ oder „Keine Panik!“ Finde Argumente für die jeweiligen Aussagen.*

M1 Schmelzende Eisberge vor Grönland

M4 Kartoffelanbau in Süd-Grönland

Herausforderung Klimawandel

Ilulissat (Grönland) – „Boomstadt der Erderwärmung“

Das sich erwärmende Grönland wird immer mehr zu einem Reiseziel für zahlungskräftige Urlauber. Weil der Hafen inzwischen nicht mehr zu friert legen jetzt auch im Winter Kreuzfahrtschiffe an.

Andere träumen inzwischen sogar vom Ackerbau. Im Süden Grönlands ist die Wachstumsperiode mittlerweile so lang wie in den Alpen auf 1500 Metern. „Wir bauen jetzt Kartoffeln an und es gibt schon Farmer, die Schafe haben.“

Viele spekulieren auch, dass die Eisschmelze ungeahnte Bodenschätze freilegen könnte. Im Süden Grönlands wurden bereits Gold und Diamanten gefunden, im Norden Blei und Zink.

M2 Zeitungsbericht

Ackerbau auf Grönland?

Die zunehmende Erwärmung der Atmosphäre lässt das Eis der Gletscher auf der Erde schmelzen. Auch das Meereis der Arktis schmilzt. Zwischen 2004 und 2009 verschwand in der Arktis ein Teil der Eisdecke von der Größe Alaskas. Eisflächen reflektieren Sonnenstrahlen und verhindern eine Erwärmung. Schwinden die Eis- und Schneeflächen in der Arktis, wird die weltweite Erwärmung verstärkt.

Es gibt aber auch positive Folgen des Klimawandels. Dazu zählen bessere Bedingungen für den Schiffsverkehr im Polargebiet. Die Passage durch das Polarmeer könnte den Seeweg von Europa nach Asien um mehrere 1000 km abkürzen.

Durch den Verlust an Eisflächen verlieren Eisbären ihre Lebensgrundlage, denn vom Packeis aus jagen sie Robben.

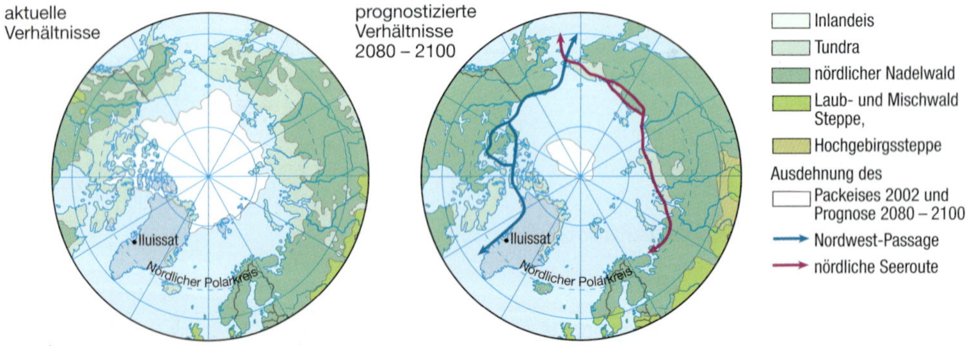

M3 Aktuelle und prognostizierte Veränderungen in der Nordpolarregion

1 *Beschreibe die grönländische Landschaft in M1 und M4.*

2 *Erkläre, warum ein Verlust an Eisflächen zu einer stärkeren Erwärmung führt.*

3 *Berichte über Veränderungen durch den Klimawandel in der Polarregion* ***oder*** *stelle Vor- und Nachteile des Klimawandels dort in einer Tabelle gegenüber (jeweils M1 – M4).*

M5 Land ohne Deiche: Überschwemmung in Bangladesch

M7 Urlaubsparadies – Inselgruppe der Malediven im Indischen Ozean

Bedrohte Inseln und Küsten

Der Meeresspiegel ist seit dem Jahr 1900 um 10 bis 20 Zentimeter gestiegen. Dafür verantwortlich ist das Abschmelzen der Gletscher in den Polargebieten und den Hochgebirgen. Würden die Gletscher auf Grönland komplett abschmelzen, hätte das einen Meeresspiegelanstieg von sieben Metern zur Folge. Wenn das gesamte Gletschereis der Antarktis zu Wasser würde, käme es zu einem Meeresspiegelanstieg von 60 Metern. Außerdem dehnt sich das erwärmte Wasser der Ozeane aus. Auch das führt zum Anstieg des Meeresspiegels.

Arme Länder und kleine Inselstaaten haben nicht genügend Geld, um ihre Küstenregionen vor den Folgen des Meeresspiegelanstiegs zu schützen. Die Bevölkerung in diesen Gebieten ist deshalb von Überflutung bedroht. Sie leben in ständiger Gefahr, ihr gesamtes Land zu verlieren.

Meeresspiegelanstieg bedroht Malediven

Die südwestlich von Sri Lanka im Indischen Ozean gelegenen Malediven sind vom Klimawandel besonders bedroht. Wissenschaftler warnen, dass der Archipel aus fast 1200 Inseln wegen des steigenden Wasserspiegels in Jahrzehnten untergehen könnte. Nach UN-Prognosen wird die Inselgruppe bis zum Jahr 2100 zum größten Teil überflutet. Die Inseln liegen im Schnitt nur 2,1 Meter über dem Meeresspiegel, damit sind die Malediven der weltweit am niedrigsten gelegene Staat.

M6 Aus einem Fernsehbericht

M8 Korallen – Baumeister im Ozean: Die Malediven sind eine Inselgruppe im Indischen Ozean, die sich über 800 Kilometer von Nord nach Süd erstreckt. Die Inseln liegen auf Korallenriffen. Die Riffe wachsen zwar mit Anstieg des Meeresspiegels, aber die Erwärmung des Wassers schädigt die Riff-Korallen. Sie bleichen aus und sterben ab.

4 *Begründe, warum die Malediven von einem Meeresspiegelanstieg besonders betroffen sind (M6, M7).*

5 *Erkläre, warum es bei globaler Erwärmung zu einem Meeresspiegelanstieg kommt* ***oder*** *stelle die Folgen eines globalen Meeresspiegelanstiegs zusammen (M5 – M8).*

6 *Simuliere einen Meeresspiegelanstieg mithilfe der Internetseite http://flood.firetree.net.*

7 *Recherchiere. Erstelle einen Steckbrief zu den Malediven oder zu Bangladesch.*

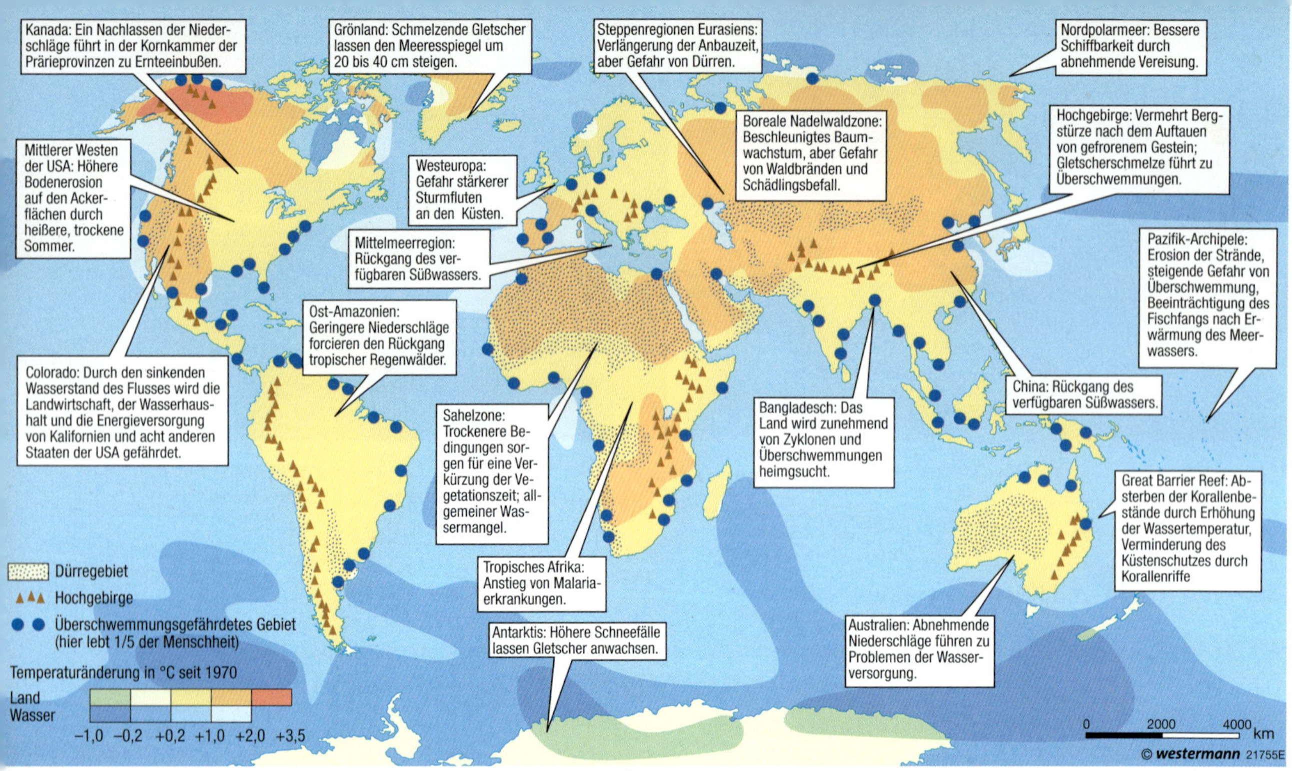

M1 Mögliche globale Folgen des Klimawandels (Modellrechnung für 2050)

Szenarien zu Folgen des Klimawandels

Ein **Szenario** ist ein Zukunftsentwurf, in dem ein mögliches Bild von zukünftigen Ereignissen beschrieben oder gezeichnet wird. Als Grundlage der Voraussage dienen Entwicklungen in der Vergangenheit und Gegenwart. Die Voraussagen beruhen auf vermuteten Wirkungsketten („Was-wäre-wenn-Vorhersagen") oder mathematischen Modellrechnungen. Ein Szenario dient dazu, rechtzeitig geeignete Maßnahmen zu ergreifen

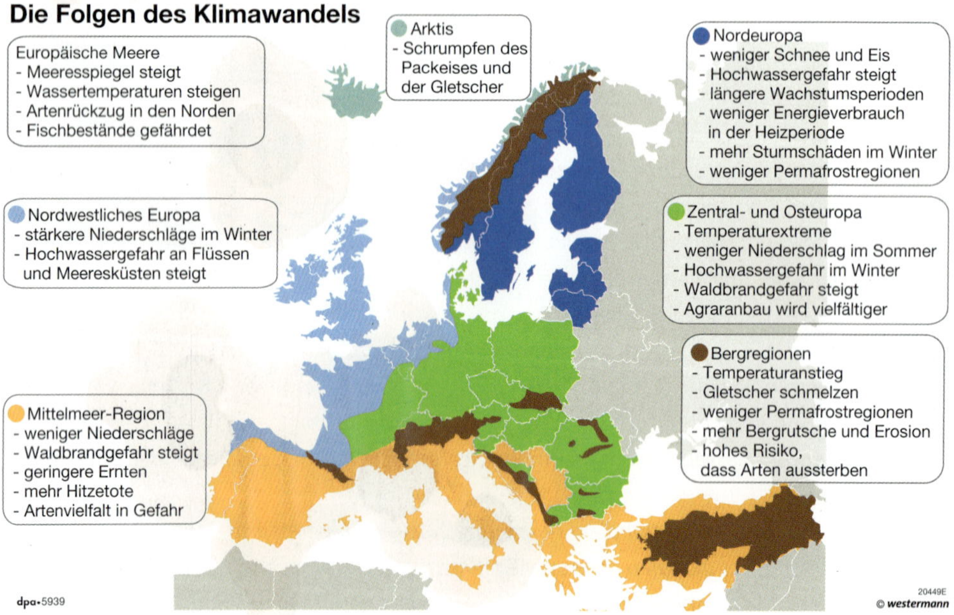

M2 Mögliche Folgen des Klimawandels für Europa (Modellrechnung für 2050)

www.diercke.de
D3-038

Viele starke Orkane
Die Luft über den Landflächen wird sich noch stärker erwärmen als über dem Meer. Die Winde zwischen diesen **unterschiedlich stark erwärmten Luftmassen** werden sich verstärken. Die Menschheit muss lernen mit häufigen **Orkanen** und **Wirbelstürmen** zu leben.

Veränderung der Meeresströmungen
Die Ozeanströmungen werden sich verändern. Wenn dadurch zum Beispiel der warme **Golfstrom** die Küsten Mittel- und Nordeuropas nicht mehr erreicht, muss man in Europa mit viel längeren und **strengeren Wintern** rechnen. Wir müssen uns auf Temperaturen wie in Kanada einstellen mit allen **Folgen für die landwirtschaftlichen Anbaumöglichkeiten**.

Meeresspiegelanstieg
Weiteres **Abschmelzen des Inlandeises** auf Grönland und in der Antarktis wird den **Meeresspiegel** bis 2050 um 30 bis 50 cm höher steigen lassen. Küstenstädte wie Hamburg, London, New York wären von **Überflutungen** bedroht. Teure **Deiche** können sich die ärmeren Staaten nicht leisten. Bangladesch würde große Teile seines Landes ans Meer verlieren. Ganze Südsee-Inseln verschwinden in den Fluten.

Extreme Wetterlagen
Öfter als heute werden **extreme Wetterlagen** auftreten. Sintflutartige Regenfälle mit katastrophalen **Überschwemmungen** werden sich mit lang anhaltender Dürre abwechseln. Dort wo heute die Getreidegürtel liegen, werden **Dürreperioden** die Ernte vernichten. Die **Wüsten** werden größer. Weltweit **sinkende Ernteerträge** verschärfen den **Hunger**. Dadurch kommt es zu Millionen von **Hungerflüchtlingen**. Es drohen **Kriege** um klimatisch bevorzugte Gebiete.

M3 Mögliche Folgen des Klimawandels näher betrachtet

1 *a) Erkläre, welche Bedeutung Szenarien haben.*
b) Entwirf ein Szenario, das dein Leben in zehn Jahren beschreibt.

2 *Erstelle eine Tabelle zum Klimawandel. Ordne darin zwei ausgewählten Kontinenten direkte und indirekte Folgen des Klimawandels zu (M1)* ***oder*** *stelle die Folgen des Klimawandels für die gewählten Kontinente in einer Mindmap zusammen (M1).*

3 *Du bist ein Zeitungsredakteur im Jahre 2050. Entwirf acht Schlagzeilen einer Zeitung, die die Lage in Europa beschreiben (M2). Schreibe zu einer Schlagzeile einen Bericht.*

4 *Entwirf mithilfe von M3 ein Szenario in Form einer Wirkungskette zum Thema „Leben mit den Folgen des Treibhauseffekts". Die blau gedruckten Begriffe müssen dabei sinnvoll aufeinander bezogen werden.*

5 *Stelle mögliche Folgen des Klimawandels in einer Wandzeitung oder in einer Bildschirmpräsentation durch Fotos, Foto-Collagen, Zeichnungen und Texte dar und erkläre sie.*

6 *Recherchiere. Sammle Zeitungs- und Internetartikel zu den Folgen des Klimawandels und präsentiere deine Ergebnisse.*

Klimamodelle und Klimaszenarien

Das Klimasystem ist sehr komplex. Deshalb werden zur Vorhersage Klimamodelle entwickelt. Dabei berücksichtigt man Faktoren wie Temperatur, Niederschlag und Wind. Trotz umfangreicher Datenlage werden Klimaprognosen aber immer Unsicherheiten aufweisen.

So lässt sich die Wärmeentwicklung der Ozeane bislang nur schwer vorhersagen. Auch die Auswirkungen von Schwebeteilchen (Aerosolen) ist schwer einzuschätzen, denn diese gelangen durch Stürme oder Vulkanausbrüche in die Atmosphäre und reflektieren die Sonnenstrahlen.

Eine weitere Unwägbarkeit ist das Verhalten der Menschen. Die technologische, demografische und kulturelle Entwicklung wird das Klima beeinflussen. Daher beinhalten viele Klimamodelle Szenarien, die verschiedene Möglichkeiten hervorsagen. Das Intergovernmental Panel on Climate Change (IPCC) veröffentlicht wissenschaftlich anerkannte Klimamodelle. Die jeweiligen Szenarien weisen jedoch aufgrund der Unsicherheiten Differenzen bezüglich einer möglichen Temperaturerhöhung von mehr als 5 °C auf.

Merkmal	Erwartete Änderungen	Auswirkungen
Temperatur	1,7° C wärmer als 1900, häufige und stärkere Hitzeperioden, Abschmelzen der Alpengletscher	früher Pflanzenaustrieb, hohe Gesundheitsbelastung, mehr Waldbrände
Meeresspiegel	ca. 10 cm höher gegenüber heute	Gefährdung der Nord- und Ostseeküste
Niederschlag	trockene Sommer, nasse Winter mit mehr Regen als Schnee, häufige Starkniederschläge und Gewitter	Überschwemmungsgefahr, Schäden durch Gewitter und Hagel, Probleme für die Landwirtschaft
Stürme	heftiger, veränderte Zugbahnen, mehr und gefährlichere Sturmfluten	erhebliches Schadensrisiko, hohe Versicherungsprämien

M1 Erwartete Folgen des Klimawandels für Deutschland bis 2040

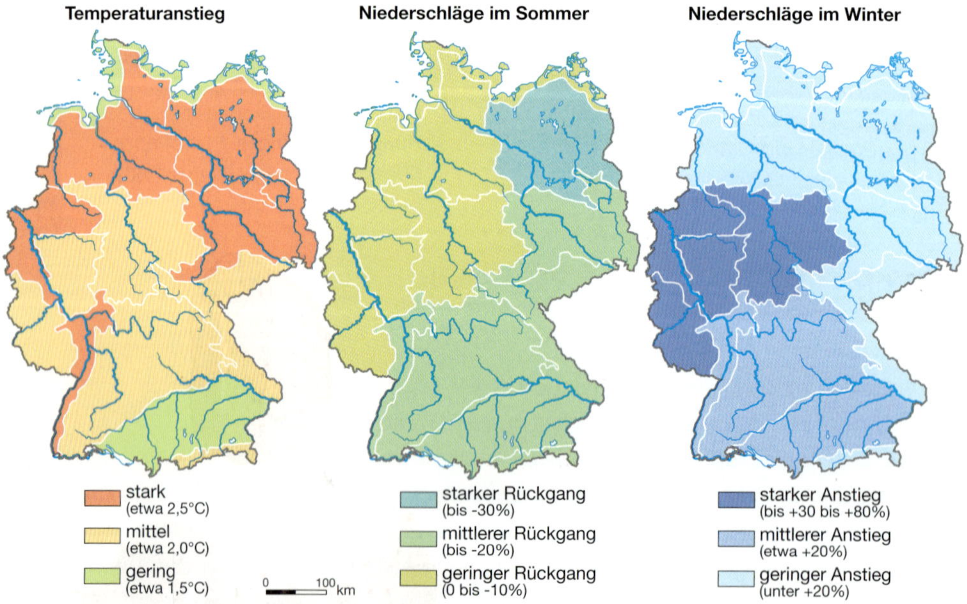

M2 Modellrechnungen zur Entwicklung der Temperatur und der Niederschläge in Deutschland bis 2100

1. *Beschreibe die erwarteten klimatischen Veränderungen einer ausgewählten Region in Deutschland bis 2100 (M1 und M2).*
2. *Erkläre, warum Klimamodelle und Klimaszenarien große Unsicherheiten aufweisen.*
3. *Entwirf ein Szenario für Deutschland im Jahre 2040 (M1, M2).*

Land	Landverlust		gefährdete Bevölkerung	
	in km²	in % der Gesamtfläche	in Mio.	in % der Gesamtbevölkerung
Bangladesch	29846	20,7	14,8	13,5
Deutschland	13900	3,9	0,3	0,3
Niederlande	2165	6,7	3,6	24,0
Vietnam	40000	12,1	17,1	23,1

M3 Folgen des Meeresspiegelanstiegs von einem Meter für verschiedene Länder

M4 Aufwendiger Küstenschutz an der Nordsee

Die Szenariotechnik anwenden

So gehst du vor:

Schritt 1 •

Problem benennen

→ Wähle ein Problem oder eine Entwicklung, dessen Lösung oder deren Ende für die Zukunft wichtig ist.
Beispiel: Wie werden Menschen von einem weltweiten Anstieg des Meeresspiegels bedroht?

Schritt 2 • •

Einflussfaktoren bestimmen

→ Bestimme wirtschaftliche, gesellschaftliche oder ökologische Einflussfaktoren für das ausgewählte Problem.
Beispiel: Klimawandel, Wirtschaftskraft, Investitionen im Küstenschutz usw.

→ Recherchiere gründlichzu allen Einflussfaktoren für das gewählte Problem, z. B. im Internet.

→ Verwende als Arbeitshilfe z. B. eine Mindmap.

Schritt 3 • • •

Szenarien entwickeln und präsentieren

→ Überlege mögliche Positiv- und Negativentwicklungen zu dem Problem.

→ Unterscheide kurz- und langfristige Entwicklungen.

→ Entscheide dich für eine mögliche Entwicklung und begründe sie.

→ Begründe die Gewichtung und die Abhängigkeiten der Einflussfaktoren.

→ Präsentiere dein Szenario.

Schritt 4 • • • •

Lösungen diskutieren und Handlungsstrategien entwickeln

→ Diskutiere das Für und Wider verschiedener Lösungen des Problems oder Verläufe der Entwicklung.

→ Berücksichtige dabei die verschiedenen Interessen der Handelnden.

→ Entwickle kurzfristige und langfristige Strategien zur Lösung des Problems.

GEO Methode

4 *Wende die Szenariotechnik zum Problem „Wie werden Menschen von einem weltweiten Meeresspiegelanstieg bedroht?" an. Werte dafür auch Materialien dieser Seite aus. Beachte die Schrittfolge.*

5 *Wähle eine andere Fragestellung zum Thema Klimawandel und entwickle ein Szenario. Nutze dafür auch Materialien im Lehrbuch.*

M1 Vulkaninsel mit Korallenriff in Ozeanien

M3 Eisberge im Nordpolarmeer

Weltmeere und Klimawandel

Ozeane als CO_2-Speicher

Die Erde ist zu fast drei Vierteln von Ozeanen bedeckt. Die Ozeane speichern riesige Mengen an Kohlenstoff. Damit sind sie ein wichtiger natürlicher Kohlenstoffspeicher. Die Ozeane könnten fast alles vom Menschen zusätzlich produzierte CO_2 aufnehmen. Doch beeinflusst die Temperatur des Meeres die Aufnahme von Kohlenstoffdioxid, bei steigenden Temperaturen kann Wasser weniger CO_2 aufnehmen.

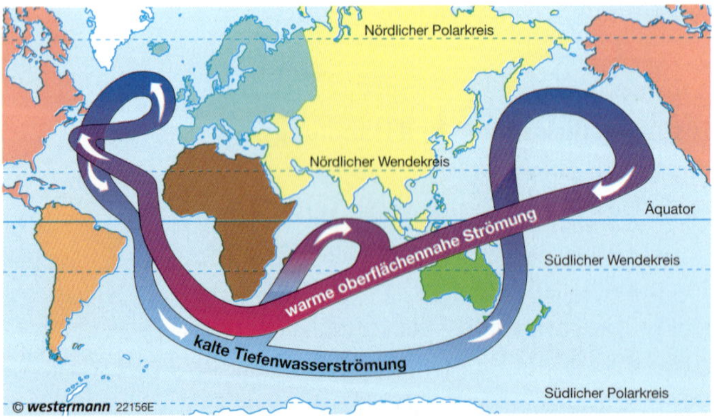

M2 Globale Meeresströmungen

An den Polen sinkt das kohlenstoffreiche Oberflächenwasser durch Abkühlung in die Tiefe. Über eine kalte Tiefenströmung wird es weiträumig in den Tiefen der Ozeane verteilt. Der Transport auf dem „globalen Förderband" in der Tiefe erfolgt nur sehr langsam sodass Kohlenstoff lange gebunden bleibt.

Zwei Drittel des im Wasser gelösten CO_2 schluckt das Phytoplankton. Diese einzelligen Algen werden von Bakterien weiterverarbeitet und sinken auf den Meeresboden. Dadurch wird CO_2 über lange Zeit in den Ozeanen gespeichert.

Wenn allerdings die Atmosphäre sich infolge des Treibhauseffektes weiter erwärmt, kühlt das Oberflächenwasser an den Polen nicht genügend ab um dort mitsamt dem aufgenommenen CO_2 in die Tiefe zu sinken. Das globale Förderband droht zu blockieren. Das CO_2 kann wieder schneller in einen Kreislauf mit der Atmosphäre eintreten.

1 *Beschreibe den Verlauf der globalen Meeresströmungen (M2).*

2 *Lege dar, welche Bedeutung die Ozeane im globalen Kohlenstoffkreislauf haben.*

3 *Begründe, warum die Ozeane CO_2-Speicher sind, und erkläre, warum diese Funktion der Ozeane durch den Klimawandel gefährdet ist.*

4 *Nimm Stellung: „Je langsamer der CO_2-Anteil in der Atmosphäre zunimmt, desto mehr kann der Ozean davon aufnehmen."*

www.diercke.de
D3-040

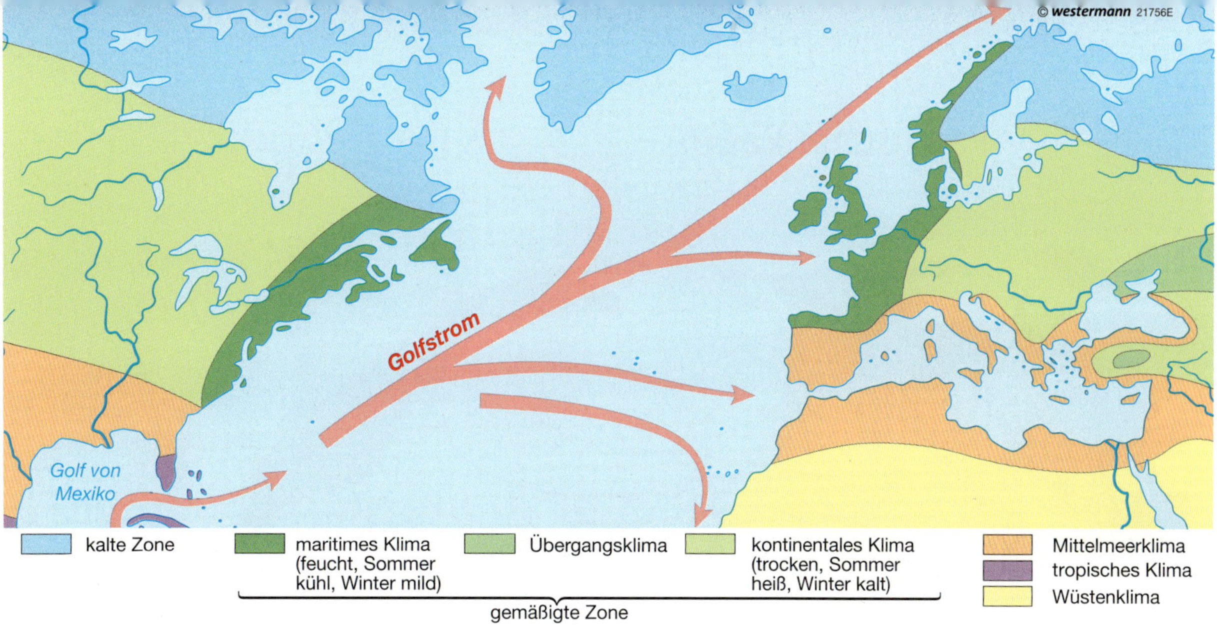

M4 Der Golfstrom und die Klimazonen

Der Golfstrom – schwächelt Europas „Fernwärmeheizung“?

Das Klima und die Vegetation Nord- und Mitteleuropas werden maßgeblich vom Golfstrom bestimmt. Diese Meeresströmung transportiert das ganze Jahr über riesige warme Wassermassen vom Golf von Mexiko nordostwärts bis in die Polarregion Spitzbergens. Dies führt dazu, dass die küstennahen europäischen Regionen infolge der vorherrschenden Westwinde das ganze Jahr über ein gemäßigtes Klima haben. Deshalb wird der **Golfstrom** auch als die „Fernwärmeheizung Europas“ bezeichnet. Ohne ihn wären die Temperaturen in Europa erheblich niedriger.

Das Wasser, das die Nordpolarregion erreicht, ist sehr salzreich und dementsprechend schwer. Durch seinen hohen Salzgehalt und die Abkühlung im Norden sinkt es in die Tiefen des Atlantiks. Warmes, tropisches Wasser kann nachströmen. Wird es infolge des Klimawandels wärmer, schmelzen die Gletscher Grönlands ab. Dieses Süßwasser verringert den Salzgehalt im Meer. Das Wasser kann nicht mehr absinken, also strömt auch kein warmes Wasser nach. Das Klima wird in Europa kühler. Das kann für die Landwirtschaft katastrophale Folgen haben.

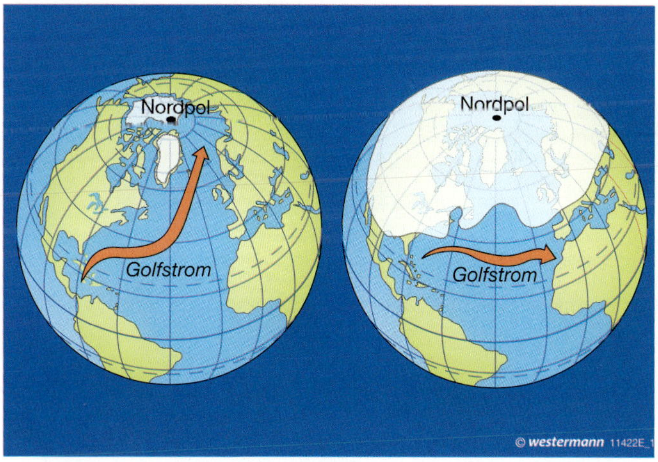

M5 Wenn der der Golfstrom versiegt

5 *Beschreibe den Verlauf des Golfstromes (M4).*

6 *Erkläre die Bedeutung des Golfstroms für das Klima in Europa (Text, M5).*

7 *Erkläre, warum die „Fernwärmeheizung“ Golfstrom schwächeln könnte.*

8 *Du bist ein Zeitungsredakteur im Jahre 2100. Der Golfstrom hat seinen Verlauf geändert (M5). Erstelle Schlagzeilen, die Auskunft über die Lebensverhältnisse in Europa geben* ***oder*** *schreibe einen Artikel zur Situation in Deutschland.*

Pazifischer Raum

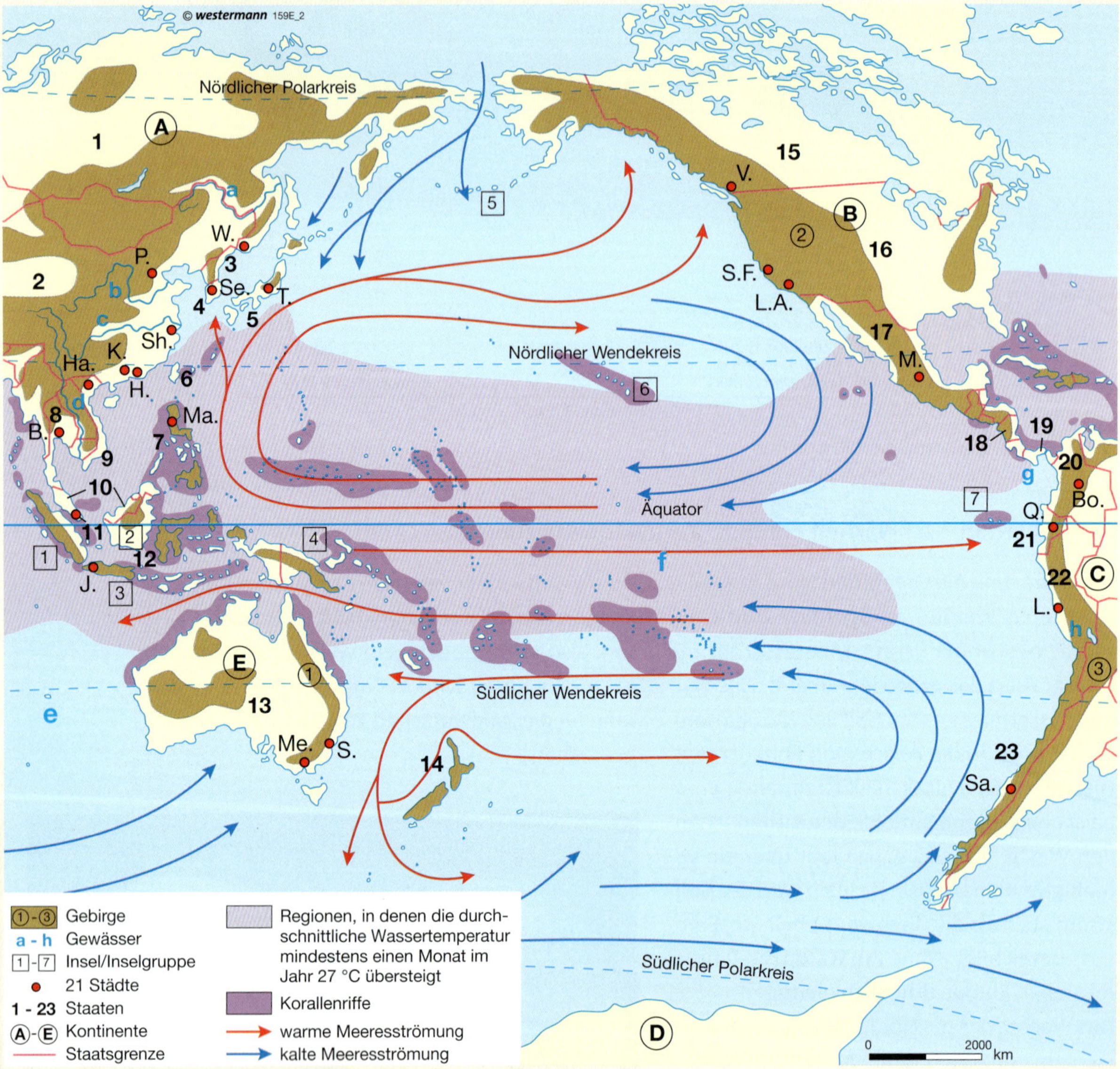

M1 Pazifischer Raum, Meeresströmungen und Verbreitung von Korallenriffen

ⓘ Meeresströmungen

Meeresströmungen transportieren Wassermassen und mit diesen alles, was in oder auf ihnen schwimmt, zum Beispiel Eisberge, Schiffe und im Wasser gelöste Substanzen, aber auch gespeicherte Wärme. Der Druckunterschied macht es aus: unter einer hohen Wassersäule herrscht ein höherer Druck als unter einer niedrigen. Auch die Dichte des Wassers spielt dabei eine Rolle: Kaltes oder salzreiches Wasser ist schwerer als warmes oder salzärmeres. Und weil Wasser von höherem Druck zu niedrigem fließt, entstehen Meeresströmungen.

1 *Beschreibe den Verlauf der Meeresströmungen im Pazifischen Ozean (M1).*

2 *Erläutere die Lage der Meeresgebiete mit Wassertemperaturen, die an mindestens einem Monat im Jahr mehr als 27° C betragen und erkläre die Lage mithilfe der Meeresströmungen. Vergleiche mit der Lage der Korallenriffe (M1).*

3 *Bearbeite die Übungskarte M1. Benenne Gebirge, Gewässer, Inseln und Inselgruppen, Städte, Staaten und Kontinente (Atlas).*

4 *Recherchiere. Informiere dich über die Entstehung von Korallenriffen und präsentiere das Ergebnis.*

Die Ozonschicht – Schutz vor UV-Strahlung

Die **Ozonschicht** umspannt in etwa 20–50 km Höhe die gesamte Erde. Durch das Auftreffen der **UV-Strahlung** der Sonne auf Sauerstoff wird dort ständig Ozon (O_3) gebildet und wieder abgebaut. Aufbau und Abbau von Ozon ist dabei in einem Gleichgewicht, so dass die Ozonkonzentration erhalten bleibt. Bei diesem Vorgang verliert die für Lebewesen gefährliche UV-Strahlung meist ihre Energie und erreicht die Erdoberfläche nur zu einem geringen Teil. Ohne eine schützende Ozonschicht wäre ein Leben auf der Erde nicht möglich.

Vom Menschen freigesetzte und über einen Zeitraum von 10–20 Jahren in die **Stratosphäre** aufgestiegene Fluor-Chlor- Kohlenwasserstoffe (FCKW) zerstören die Ozonschicht. FCKW wurde zum Beispiel in Kühlschränken und als Treibmittel in Spraydosen eingesetzt. Heute ist FCKW weltweit verboten. Wenn die Ozonschicht um mehr als 50 % verringert ist, sprechen Wissenschaftler von einem Ozonloch.

Die UV-Strahlung ist für die Bräunung der Haut verantwortlich. Sie kann in hoher Konzentration die Haut verbrennen und die Körperzellen schädigen, so dass es zur Hautkrebs kommt.

Die Erwärmung der unteren Atmosphäre durch den Treibhauseffekt führt zu einem Temperaturrückgang in der Stratosphäre. Das begünstigt den Ozonabbau

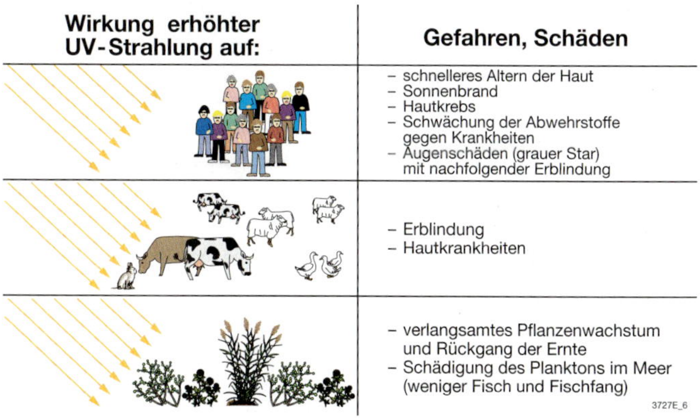

M2 Gefahren durch UV-Strahlung

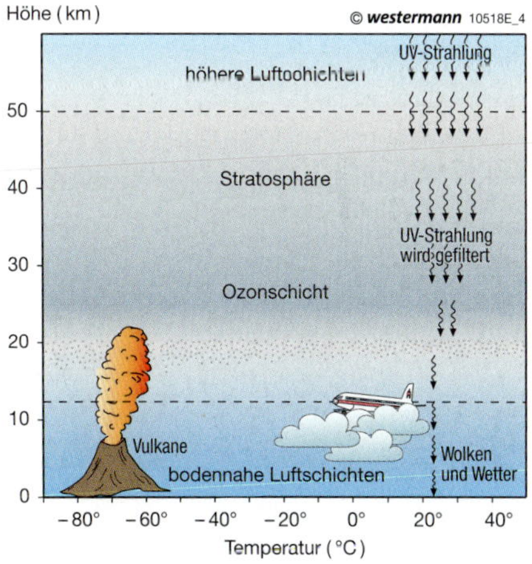

M1 Ozonschicht

M3 Schutz vor UV-Strahlung

1 *Beschreibe, was am Strand gegen UV-Strahlung schützen soll (M3).*

2 *Erläutere, wie es zu dem Ozonschwund in der Stratosphäre kommt (Text, M1).*

3 *Beschreibe die Gefahren erhöhter UV-Strahlung für Menschen, Tiere und Pflanzen (M2)* ***oder*** *erstelle eine Mindmap, die die Gefahren der UV-Strahlung verdeutlicht (M2).*

M1 Karikatur: „Wie wär´s mit Rudern, Kollege?“

Karikaturen interpretieren

In vielen Tageszeitungen und Zeitschriften finden sich Karikaturen. Das sind Zeichnungen, in denen ein Thema übertrieben und oft humorvoll dargestellt wird. Eine Karikatur soll den Betrachter auf ein Thema aufmerksam machen und ihn anregen, sich damit zu beschäftigen. Der Karikaturist stellt einen Sachverhalt nicht objektiv dar, sondern vertritt eine bestimmte, überspitzt und humorvoll dargestellte Meinung. Als Bildelemente verwendet er hervorstechende Merkmale von Gegenständen, Sachverhalten oder Personen, die übertrieben dargestellt sind. Um den Betrachter auf Schwächen und Probleme hinzuweisen, werden Menschen und ihre Handlungen lächerlich gemacht. Oft ergänzt ein Titel oder ein Text die Karikatur, der die Aussage der Zeichnung deutlicher macht.
Damit ein Betrachter sich eine eigene Meinung bilden kann, muss er sich ausreichend über das jeweilige Thema informiert haben.

Bildelement	Art der Darstellung	Mögliche Bedeutung/Interpretation
Wasserfall	Gezeigt wird schnell fließendes Wasser, das einen Abgrund (Schild: Klimakatastrophe) hinunterstürzt.	Die Gefahr für alle ist die Klimakatastrophe.
Ruderboot	Kleines Ruderboot mit einem Erdsymbol treibt steuerlos auf den Abgrund zu.	Die Erde mit sämtlichen Bewohnern droht in den Abgrund zu stürzen.
Pinguin	Aufgeregt und nervös drängt der Pinguin: „Wie wär´s mit Rudern, Kollege?“	Der Pinguin als Vertreter für die bedrohte Tierwelt und Menschheit, drängt den Mann angesichts der drohenden Gefahr zum Handeln und Gegensteuern, um die Erde zu retten.
Mann	Teilnahmslos hält der andere Passagier des Bootes die Ruder mit einem Plakat in die Luft: „Das Ende ist nah!“	Apathisch beklagt der Mensch sein Schicksal, tut aber nichts, um den Sturz in den Abgrund zu verhindern.

M2 Beispiel für eine Bildauswertung der Bildelemente von M1 mit einer Tabelle

GEO Methode

M3 Karikatur

M5 Karikatur

So gehst du vor:

Schritt 1 •
Beschreiben

→ Nenne einzelne Personen, Sachverhalte oder Gegenstände, die dargestellt sind.
→ Beschreibe, wie sie dargestellt sind.
→ Nenne die Elemente, die übertrieben, anders als die Wirklichkeit dargestellt sind und beschreibe die Übertreibung.
→ Lies die Textelemente und die Bildunterschrift.

Tipp: Du kannst die Bildelemente, ihre Darstellung und ihre Bedeutung in einer Tabelle zusammenstellen (M2).

M4 Karikatur

Schritt 2 • •
Interpretieren

→ Erläutere das Problem oder den Sachverhalt, auf das oder auf den mit der Karikatur aufmerksam gemacht werden soll.
→ Nenne die Bedeutung der Darstellung der einzelnen Bildelemente für die Gesamtaussage.
→ Erläutere die Kritik oder die Meinung des Karikaturisten.
→ Vermute, was er mit seiner Darstellung erreichen will.

Schritt 3 • • •
Stellung nehmen

→ Erläutere deine Meinung zu den Aussagen des Karikaturisten.
→ Begründe deine Meinung zum Thema.
→ Recherchiere gegebenenfalls nach zusätzlichen Informationen.

GEO Methode

1 *Beschreibe die Stilmittel einer Karikatur.*

2 *Erläutere die Bildelemente, deren Beschreibung und Interpretation (M1, M2). Nimm Stellung zu dem dargestellten Problem.*

3 *Interpretiere die Karikaturen M3 - M5 mithilfe einer Tabelle und der Anleitung.*

4 *Suche in Zeitungen oder im Internet nach Karikaturen zum Thema Klimawandel und interpretiere sie vor der Klasse.*

Klimaschutz – aber wie?

CO_2-Ausstoß weltweit

Ein Deutscher verbraucht im Durchschnitt siebenmal so viel Energie wie beispielsweise ein Ägypter. Auch deshalb ist der Kohlenstoffausstoß von Region zu Region auf der Erde verschieden.

Die Industriestaaten beeinflussen das Klima durch ihren hohen Treibhausgasausstoß seit Jahrzehnten immer stärker. Die Emissionen von sogenannten Schwellenländern wie China und Indien steigen durch ihr enormes wirtschaftliches Wachstum in jüngster Zeit deutlich an. Die Entwicklungsländer tragen nur im geringen Maße zum Treibhauseffekt bei.

„Der Klimawandel ist eine der zentralen Herausforderungen für eine nachhaltige Entwicklung. Er betrifft jedes Land und er zwingt uns, global zu denken, (...)
bei den internationalen Verhandlungen haben wir das Leitprinzip der gemeinsamen, aber unterschiedlichen Verantwortung zwischen den Industrie-, Schwellen- und Entwicklungsländern. Die Industrieländer müssen eine Vorreiterrolle übernehmen. (...)
Aber wir müssen auch darauf achten, dass die Schwellenländer zumindest erst einmal ihren Energieverbrauch und ihr Wirtschaftswachstum voneinander entkoppeln. Wir müssen den Entwicklungsländern gezielt bei ihren Anstrengungen zum Klimaschutz helfen."

M1 Angela Merkel auf einer Konferenz für nachhaltige Entwicklung zum Klimaschutz

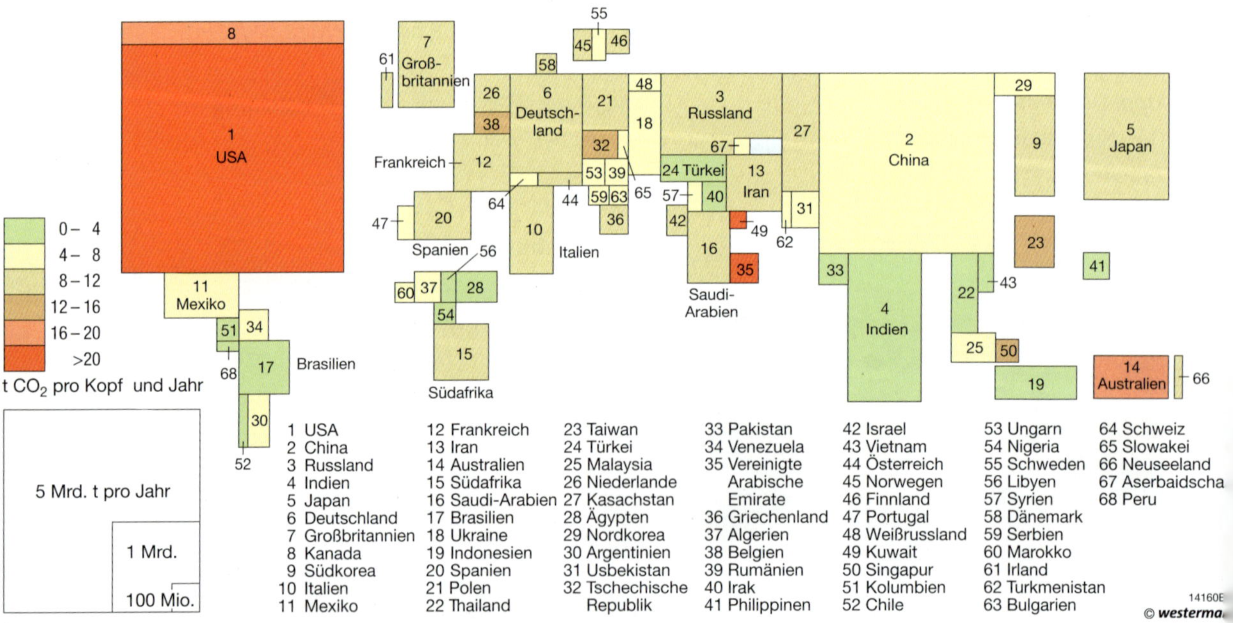

M2 Ausstoß von Kohlenstoffdioxid (CO_2) nach Ländern

1 *Beschreibe die unterschiedliche Verantwortung der Industrie-, Schwellen- und Entwicklungsländer beim Klimaschutz (Text, M2).*

2 *Erstelle eine Liste mit Ländern, die einen Pro-Kopf-Ausstoß an CO_2 von mehr als 12 t im Jahr aufweisen (M2).*

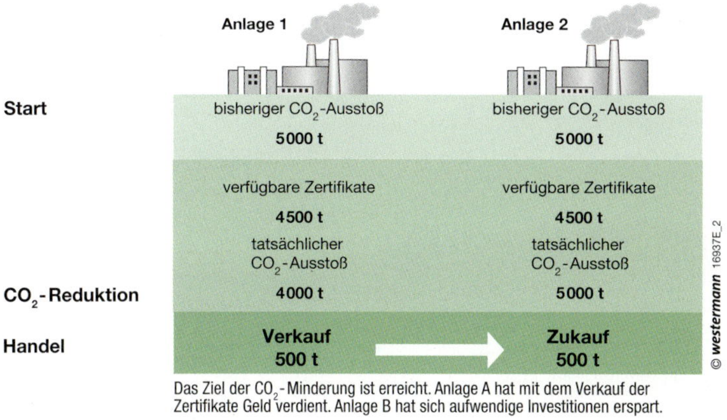

M3 Der Emissionshandel

M5 Karikatur

Klimaschutz durch internationale Abkommen

Die negativen Folgen des Klimawandels können nur vermieden werden, wenn es zur Verringerung des Ausstoßes der Treibhausgase kommt. Deshalb treffen sich regelmäßig Vertreter verschiedener Länder zu **Klimakonferenzen**, um internationale Vereinbarungen zu treffen.

Im sogenannten **Kyoto-Protokoll** verpflichteten sich die meisten Industrieländer dazu, ihren Ausstoß an Treibhausgasen bis 2012 um 5,2 % gegenüber dem Stand von 1990 zu verringern. Für Entwicklungs- und Schwellenländer gelten diese Vorgaben nicht. Auch Länder, die das Kyoto-Protokoll nicht unterschrieben haben, wie die USA, sind nicht zum **Klimaschutz** verpflichtet. Bislang konnten die Beschlüsse von Kyoto und der folgenden Klimakonferenzen wenig an dem ständigen Anstieg der Treibhausgase ändern.

Zu den politischen Bemühungen zum Klimaschutz gehört auch der **Emissionshandel**, der Handel mit Verschmutzungsrechten.

ⓘ Emissionshandel

In Europa kann seit dem 1. Januar 2002 mit „Gutscheinen" für das Klimagas Kohlenstoffdioxid gehandelt werden. Diese Gutscheine heißen Zertifikate. Stromerzeuger und Industriebetriebe erhielten vorher solche Zertifikate für ihren Ausstoß von CO_2 kostenlos zugeteilt. Sie können sie für die Produktion nutzen oder aber, wenn sie weniger CO_2 ausstoßen, an andere Betriebe verkaufen. Die Käufer wiederum können durch die zugekauften Zertifikate mehr Kohlenstoffdioxid ausstoßen.

„Europas Emissionshandel ist eine Farce: CO_2-Zertifikate werden viel zu billig verschleudert, um beim Klimaschutz wirksam zu sein. Nun steuert die EU dagegen: 900 Millionen Papiere will sie zurückhalten – um den Markt wieder in Gang zu bringen. ... Die Preise für die CO_2-Zertifikate sind so niedrig, dass die Unternehmen sich mühelos damit eindecken können. 2008 lag der Preis noch bei 28 Euro pro ausgestoßener Tonne CO_2. Zuletzt zahlten Firmen teils weniger als fünf Euro – absurd niedrig. Investitionen in klimafreundliche Technologien lohnen sich da nicht." (Quelle: www.spiegel.de, 19.2.2013)

M4 Zeitungsmeldung

3 *Erkläre, wie der Handel mit Emissionsrechten für CO_2 abläuft (M3, INFO).*

4 *Interpretiere die Karikatur M5 **oder** recherchiere die Ergebnisse von aktuellen Klimakonferenzen und bewerte sie.*

5 *Erläutere die Kritik am Emissionshandel (M4).*

6 *Recherchiere die Rolle Deutschlands in der internationalen Klimaschutzpolitik und präsentiere das Ergebnis.*

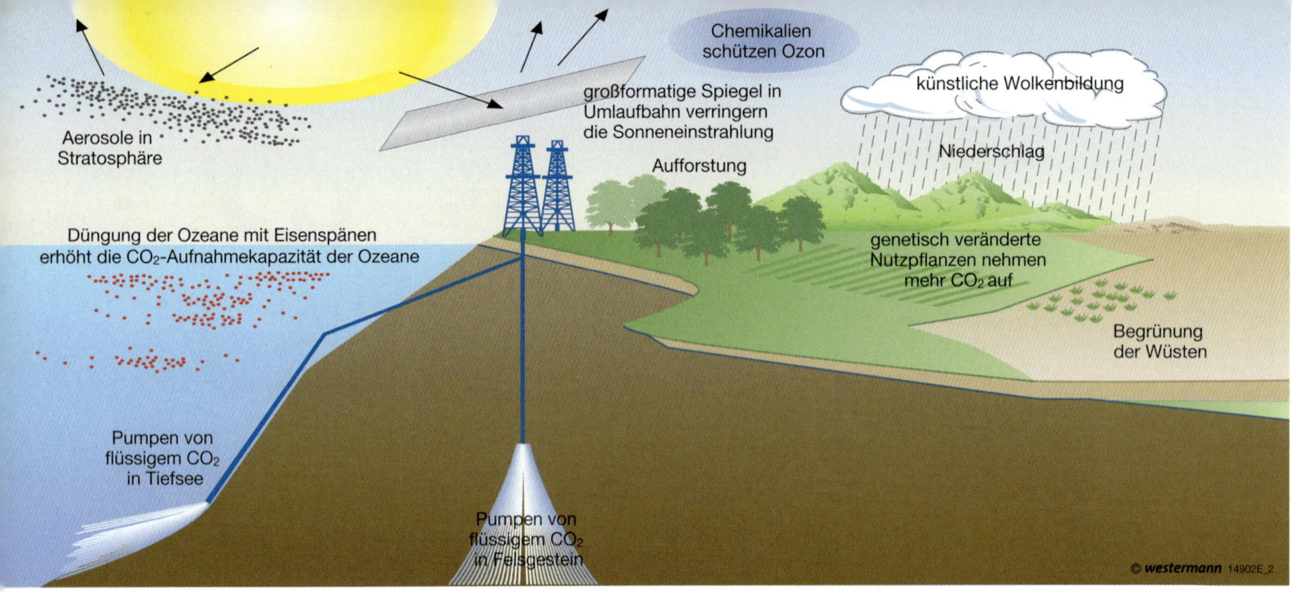

M1 Technische Möglichkeiten für Eingriffe in das Klimasystem (Geo-Engineering)

Klimaschutz durch Fördermaßnahmen und Technologien

In Deutschland ist der Ausstoß der Treibhausgase seit 1990 um 20,4 % gesenkt worden. Gezielte Fördermaßnahmen führen zur Verringerung des Energieverbrauchs. Häuser werden gedämmt, Heizungen erneuert, erneuerbare Energien eingesetzt (vgl. S. 166). Der Staat unterstützt diese Entwicklung durch Steuererleichterungen und Zuschüsse.
Klimaschutz kann auch durch technische Maßnahmen betrieben werden. Ein Bereich ist der Entzug von CO_2 aus der Luft und Einlagerung zum Beispiel im Gestein, in der Tiefsee oder in Pflanzen. Ein anderer Bereich ist das Abhalten der Sonnenstrahlen von der Erdoberfläche. Viele der Maßnahmen sind aber politisch und ökologisch umstritten.
Eine andere Möglichkeit ist eine Anpassung an die Folgen des Klimawandels. Dazu gehören beispielsweise Küstenschutz und Deichbau. Auch der Bau von sogenannten „intelligenten Gebäuden", die die Wärme durch geeignete Baustoffe und elektronische Regelungssysteme im Winter drinnen und im Sommer draußen halten, hilft, mit den Folgen des Klimawandels umzugehen.

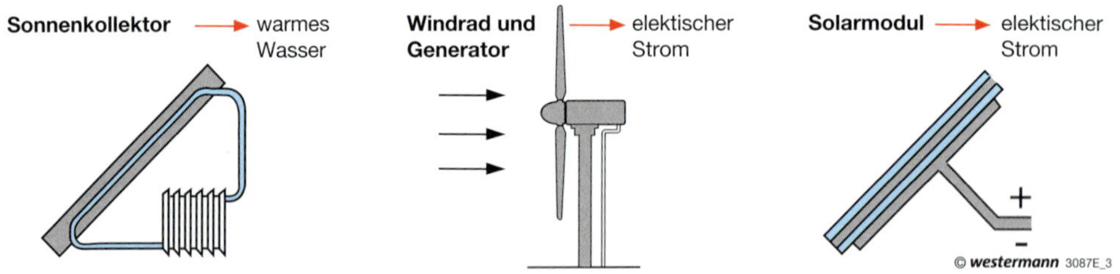

M2 Energieerzeugung ohne Verbrennung

1 *a) Liste technische Möglichkeiten auf, das Klima zu schützen (M1).*
b) Erläutere jeweils die erhoffte Wirkung auf das Klimasystem.

2 *Erkläre, wie Energie klimaneutral erzeugt werden kann (M2).*

3 *Zeige die Möglichkeiten auf, sich dem Klimawandel anzupassen.*

4 *Recherchiere. Erläutere staatliche Fördermaßnahmen in Deutschland, die zum Klimaschutz beitragen sollen. Präsentiere dein Ergebnis.*

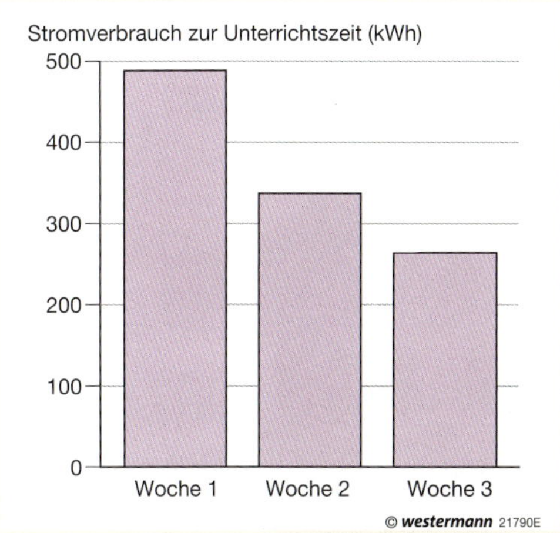

M1 Ergebnisse von Energiesparwochen an einer Schule

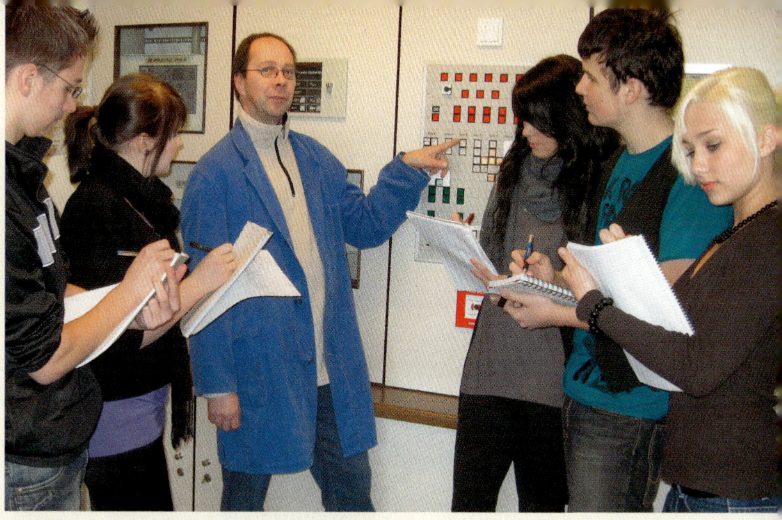

M4 Interview mit dem Schulhausmeister

Ein Projekt zum Energiesparen in der Schule durchführen

Energiesparen in der Schule – ein Beitrag zum Klimaschutz

In der Schule verbringt ihr einen großen Teil eurer Zeit. Dort wird Energie für Heizung, Beleuchtung und elektrische Geräte gebraucht.

In einem Projekt könnt ihr beispielsweise untersuchen, wie der Energieverbrauch gesenkt werden kann. Damit tragt ihr zum Klimaschutz bei. Die Ergebnisse könnt ihr in einer „Energiespar-Hausordnung" zusammenfassen.

1. Unterrichtsräume	20° C
Flure, Toiletten, Nebenräume	15° C
Treppenhäuser	10° C
Schon für 1° C mehr sind 5 – 6 % mehr Energie erforderlich.	

M2 Mögliche Richtwerte für Raumtemperaturen

So gehst du vor:

Schritt 1 •

Vorbereitung

→ Gliedert zunächst das Thema Energiesparen in der Schule in verschiedene Unterthemen wie zum Beispiel Heizung und Strom und bildet Gruppen.

Schritt 2 • •

Durchführung

→ Jede Gruppe stellt einen Arbeitsplan (M7) auf. Nach der Informationsbeschaffung werden Vorschläge ausgearbeitet, wo und wie die Schule Energie sparen kann.

Schritt 3 • • •

Auswertung

→ Jede Gruppe stellt ihre Ergebnisse vor. Überlegt im Klassengespräch, welche Vorschläge sinnvoll sind und sich für eine Umsetzung eignen.

→ Legt eure Vorschläge der Schulleitung, dem Schulhausmeister und dem Schulträger vor.

was ?	wie ?	wo ?	wer ?	wann ?
Heizung: – Art der Heizung – Verbrauch – Heizkosten – Heizperiode – Raumtemperatur – Isolierung der Wände/Fenster – Lüftung	Erkundungs- und Fragebogen	Hausmeisterin oder Hausmeister Schulträger Bauamt Schulleiterin oder Schulleiter	Namen der Gruppenmitglieder	*Zeiteinteilung der Arbeit:* – Planen – Erkunden/ Befragen – Ergebnisdarstellung

M3 Arbeitsplan der Gruppe „Heizung"

M1 Wie Schülerinnen und Schüler ihren CO_2-Fußabdruck reduzieren

Wir reduzieren unseren CO_2-Fußabdruck

Wir hinterlassen bei allen Tätigkeiten in der Umwelt Spuren, z. B. auch beim Verbrauch von Energie. So verbraucht jemand bei einer Beleuchtung mit einer 60-Watt-Glühlampe mehr Energie als mit einer 7-Watt-Energiesparlampe. Er hinterlässt einen größeren **CO_2-Fußabdruck**. Es ist wichtig, dass der Einzelne dazu beiträgt, den CO_2-Ausstoß zu verringern.

Das Treibhausgas CO_2 entsteht im privaten Bereich vor allem beim Heizen, durch Mobilität, Ernährung sowie die Verwendung von Haushaltsgeräten. Durch Information sowie gezieltes und bewusstes Verhalten kann jeder seinen CO_2-Fußabdruck verkleinern und gleichzeitig Geld sparen.

ⓘ CO_2-Fußabdruck, Ökologischer Fußabdruck

Der CO_2-Fußabdruck ist ein Maß für die Gesamtheit der Treibhausemissionen. Er wird auch als CO_2-Bilanz bezeichnet und in Tonnen pro Jahr angegeben.
Der CO_2-Fußabdruck macht etwa 50 % unseres gesamten ökologischen Fußabdrucks aus. Der ökologische Fußabdruck zeigt, wie viel Fläche in Hektar (ha) verbraucht wird, um eine Person ein Jahr lang mit allen Gütern und Dienstleistungen zu versorgen.
Diesem Flächenverbrauch steht die Biokapazität gegenüber. Das ist die Fähigkeit der Umwelt, Belastungen auszuhalten. Wenn der Fußabdruck den Wert der Biokapazität überschreitet, leben die Menschen des betrachteten Raumes nicht nachhaltig. Sie leben zu Lasten von Menschen in anderen Räumen. Nach derzeitiger Entwicklung benötigt die Menschheit im Jahr 2035 zwei Erden, um ihre Bedürfnisse an Wasser, Nahrung, Energie und Rohstoffen zu decken.

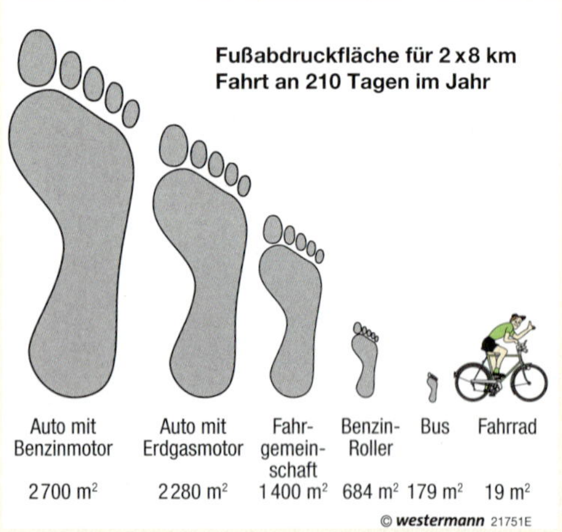

M2 CO_2-Fußabdruck bei der Fahrt zur Schule

1 *Erkläre, was der CO_2-Fußabdruck ist (INFO).*

2 *a) Erläutere, wie die Maßnahmen der Schülerinnen und Schüler ihren CO_2-Fußabdruck verringern (M1).*
b) Ergänze die Ideen der Schülerinnen und Schüler in M1 durch eigene Ideen.

Lebensmittel

Produkt	CO_2-Ausstoß in g/kg Lebensmittel
Butter	23 800
Rindfleisch	13 300
Käse	8 500
Pommes frites (tiefgekühlt)	5 700
Tomaten (Treibhaus)	3 150
Mischbrot	750

Elektrogeräte

Gerät	in g/h bei maximaler Leistung
Fritteuse	1 618
Wasserkocher (2,2 KW/ 1KW)	1 423/647
Fön	1 294
Staubsauger (1,4 KW)	906
Mikrowelle	518
MP3-Player	8

Baden und Duschen

Tätigkeit	in g/min. bei 40 °C Wassertemperatur
Vollbad (120 l)	1 560
Duschen (3 min.)	520

Mobilität

Verkehrsmittel	in g/km pro Person
Pkw	250
Bus	19

M3 CO_2-Emissionen für Produkte und Tätigkeiten

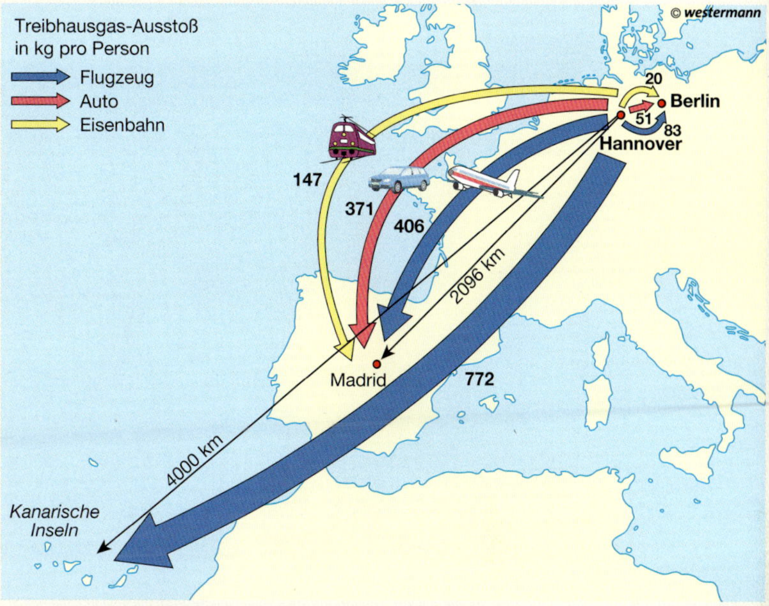

M5 CO_2-Ausstoß verschiedener Verkehrsmittel auf verschiedenen Strecken

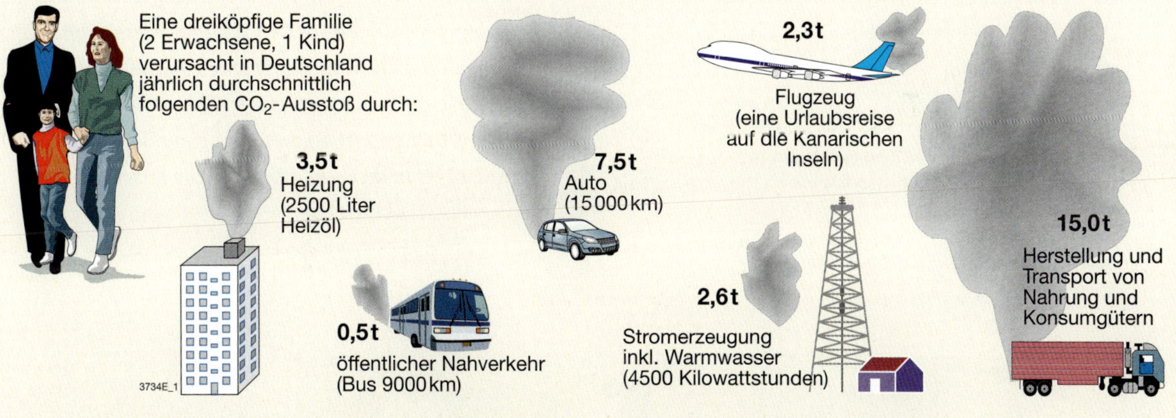

M4 Durchschnittlicher CO_2-Ausstoß pro Jahr einer dreiköpfigen Familie in Deutschland

3 *Zeichne ein Diagramm zu den Werten von M3* ***oder*** *berechne den durchschnittlichen CO_2-Ausstoß pro Person und Jahr.*

4 *Vergleiche den CO_2-Ausstoß der Verkehrsmittel in M5. Bewerte die Bedeutung des Ergebnisses für Klimaschutzmaßnahmen.*

5 *Bestimme deinen täglichen CO_2-Fußabdruck mithilfe von M4 oder dem CO_2-Rechner des Umweltbundesamtes (uba.klima-aktiv.de).*

6 *Gestalte ein Poster, welches über den CO_2-Fußabdruck informiert und den Betrachter dazu motiviert, den eigenen Fußabdruck zu verkleinern.*

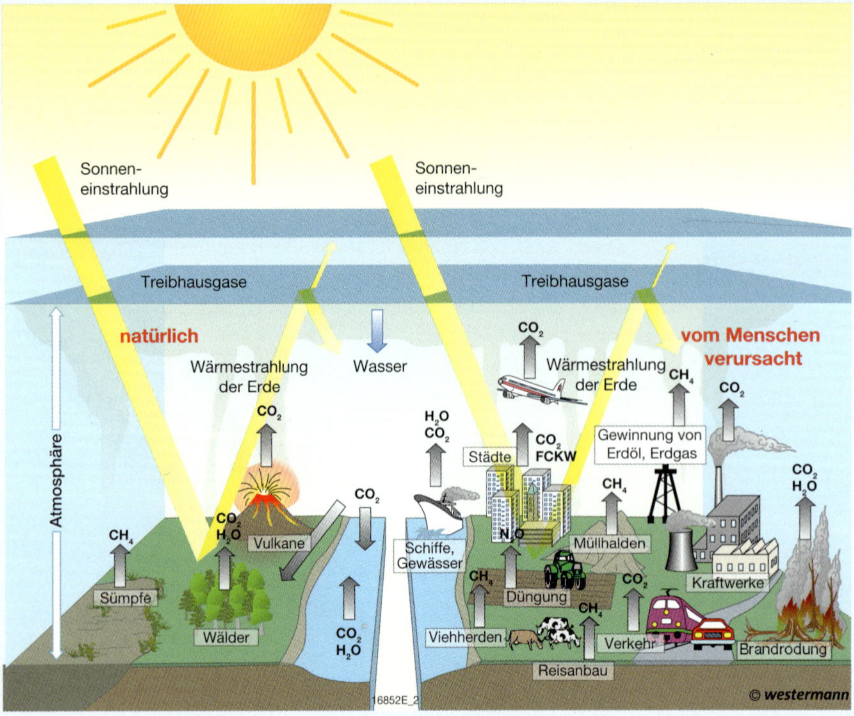

2 Der Treibhauseffekt

Werte die Grafik aus und berichte. Verwende alle in der Grafik aufgeführten Begriffe

3 Auswertung eines Zeitungsartikels

Bearbeite den Zeitungsartikel. Stelle Ursachen und Folgen der Entwicklung zusammen.

1 Außerschulischer Lernort

Besuche mit der Klasse das Klimahaus in Bremerhaven. Erkunde es nach Themen und berichte.

Mögliche Themen:

- Klimazonen
- Wetterphänomene
- Hintergründe zum Klimawandel
- Klimaschutzmaßnahmen

Internetadresse:
www.klimahaus-bremerhaven.de

Nordpol bald als eisfrei?

Der Nordpol wird innerhalb der nächsten zehn Jahre während der Sommermonate eisfrei sein. Das ergaben Messungen vor Ort. Während des dreimonatigen Projekts fanden britische Forscher heraus, dass ein Großteil des arktischen Eises einjähriges Eis ist. Im Durchschnitt sei diese nur einen Winter alte Schicht 1,80 m dick - zu dünn, um die Eisschmelze des Sommers zu überstehen.

(Nach: Diepholzer Kreisblatt vom 15.10.2009, gekürzt)

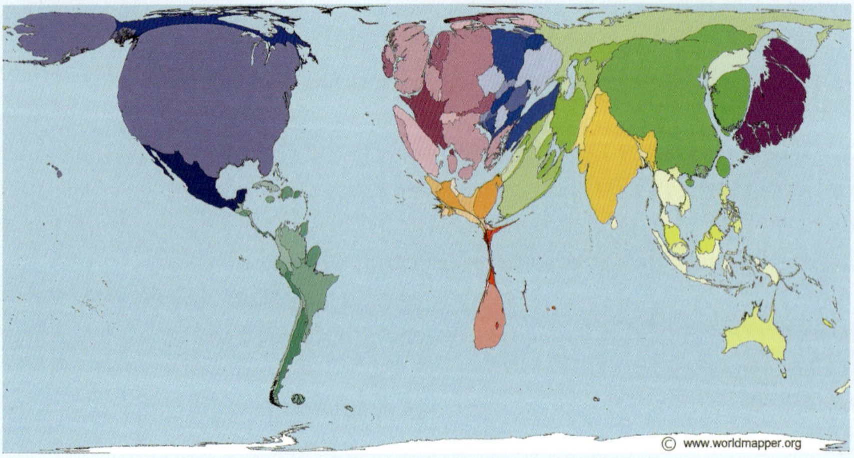

4 CO_2-Ausstoß nach Staaten

In der Karte sind die Länder in der Größe nach ihrem CO_2-Ausstoß dargestellt. Erkläre mithilfe des Atlas.

5 Auswirkungen des Klimawandels

Berichte mithilfe der Abbildungen über mögliche Auswirkungen des Klimawandels.

7 Karikatur

Interpretiere die Karikatur „Die Kreuzfahrer“.

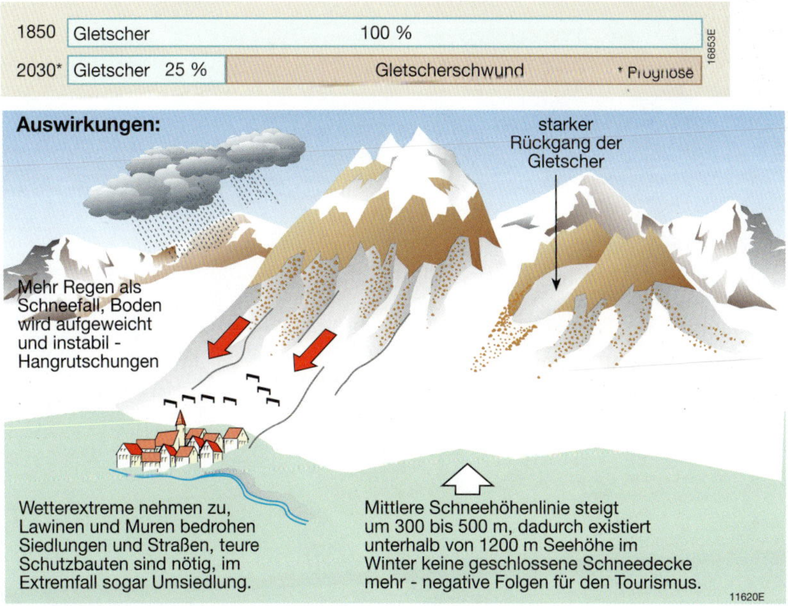

6 Folgen des Klimawandels

Berichte mithilfe der Grafiken über die Auswirkungen des Klimawandels in den Alpen.

Grundbegriffe

anthropogener Treibhauseffekt
Atmosphäre
CO_2-Fußabdruck
Emissionshandel
Fluor-Chlor-Kohlenwasserstoff (FCKW)
Golfstrom
Klimakonferenz
Klimaschutz
Klimaschwankungen
Kohlenstoffdioxid (CO_2)
Kohlenstoffkreislauf
Kohlenstoffspeicher
Kyoto-Protokoll
Ozonschicht
Stratosphäre
Szenario
Treibhausgas
UV-Strahlung

Nachhaltige Ressourcennutzung

M2 Strom aus Braunkohle – eine nachhaltige Energienutzung?

M3 Auswirkungen auf die Umwelt: Tagebau in einer Kupfermine (Utah, USA)

Unser Leben ist abhängig von der Nutzung natürlicher Ressourcen wie Erdöl und Erdgas, Holz, Kohle oder Metallerzen. Auch auf die Naturgüter Boden, Wasser und Luft sind wir angewiesen. Doch alle Rohstoffe stehen nur begrenzt zur Verfügung.
Deshalb müssen wir sie nachhaltig, nämlich sparsam und umweltschonend nutzen.

M1 Erneuerbare Energien in Deutschland: Photovoltaik, Windenergie und Bioenergie aus Raps

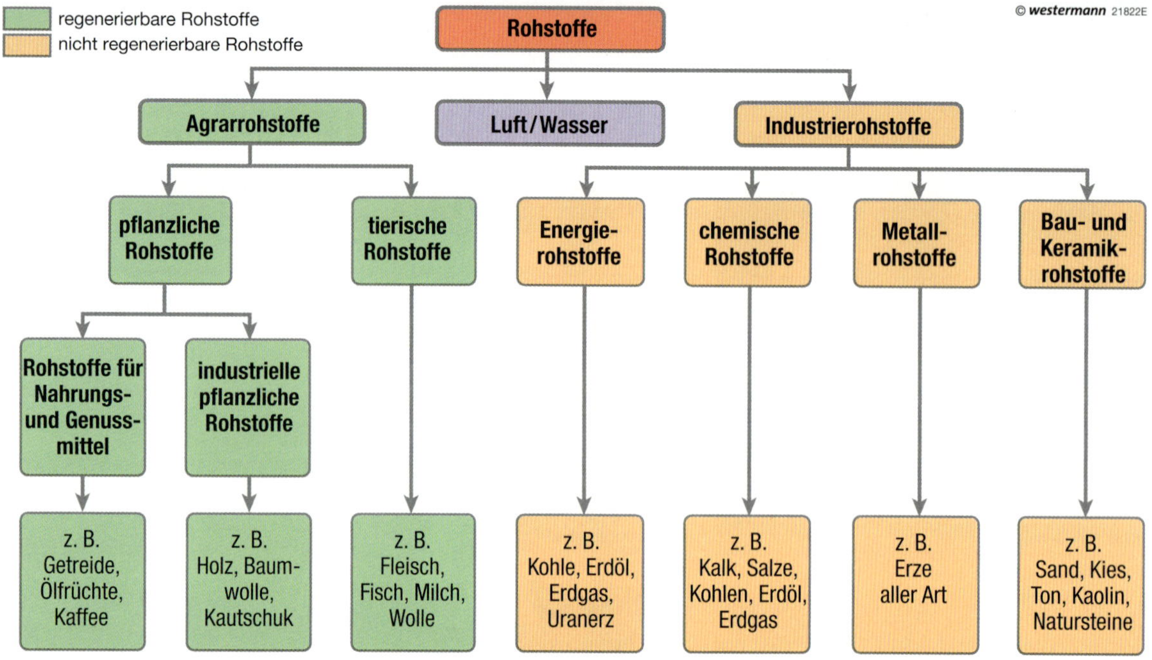

M1 Rohstoff-gruppen

Rohstoffe – Grundlage unseres Lebens

Erhöhter Rohstoffverbrauch

Sobald natürliche Stoffe für wirtschaftliche Zwecke genutzt werden, spricht man von **Rohstoffen**.

Der weltweite Rohstoffverbrauch steigt, weil einerseits die Weltbevölkerung wächst und andererseits der Wohlstand in vielen Ländern zunimmt. Die Menschen in Entwicklungsländern, aber besonders in den Schwellenländern wie Brasilien, China oder Indien, haben gegenüber den Industrieländern einen großen Nachholbedarf bei der Produktion und dem Konsum. Der Rohstoffbedarf in den Industrieländern steigt unter anderem deshalb stark an, weil heute viele Waren, beispielsweise Kleidung oder elektronische Geräte, schneller ausgetauscht und erneuert werden.

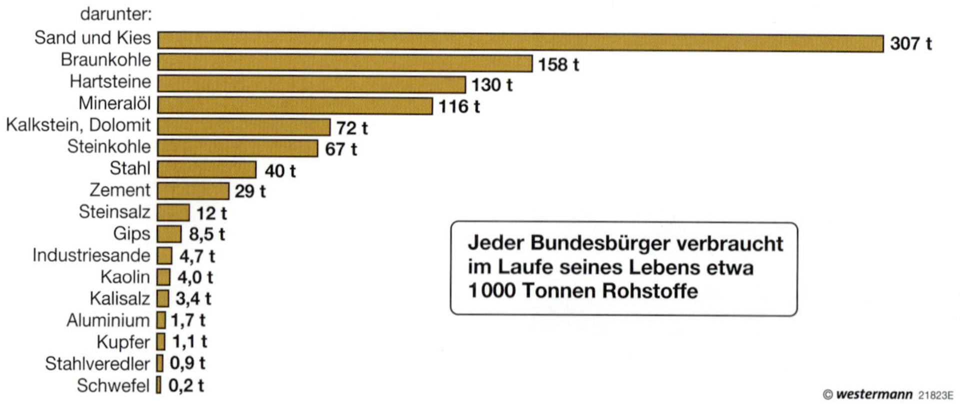

M2 Rohstoffverbrauch in Deutschland pro Person und Jahr

1 *Unterscheide die verschiedenen Rohstoffgruppen (M1).*

2 *Erkläre, wie es zur Erhöhung des Rohstoffverbrauchs kommt (Text).*

3 *Errechne die „Berge" an Rohstoffen, die deine Familie ungefähr im Leben verbraucht (M2).*

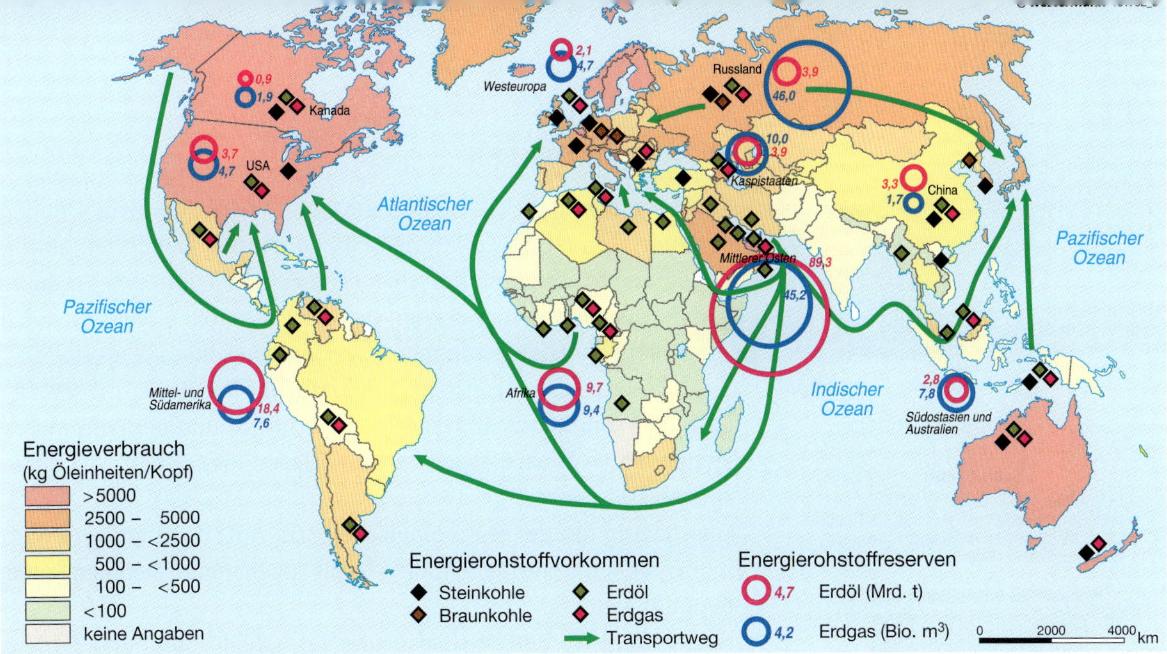

M3 Energieverbrauch, Vorkommen und Reserven von Energierohstoffen

Rohstoffe – wie lange noch?

Dem steigenden Bedarf an Rohstoffen stehen begrenzte Vorräte gegenüber. Die vermuteten weltweiten Vorratsmengen von Rohstoffen werden als **Ressourcen** bezeichnet. Die Rohstoffmengen, die gegenwärtig zugänglich und wirtschaftlich abbaubar sind, gelten als **Rohstoffreserven**.

Damit uns auch in Zukunft ausreichend Rohstoffe zur Verfügung stehen, muss auf eine nachhaltige Nutzung geachtet werden. Verbesserte Fördertechniken sorgen für größere Reserven eines Rohstoffs, weil sie den Zeitraum seiner Verfügbarkeit ausweiten. So werden zum Beispiel Lagerstätten auf dem Meeresgrund erforscht.

Technische oder politische Entwicklungen führen dazu, dass auf andere Rohstoffe ausgewichen wird. So können nicht erneuerbare Energierohstoffe oder mineralische Rohstoffe teilweise durch erneuerbare wie pflanzliche oder tierische Produkte ersetzt werden. Dazu gehören Treibstoffe aus Pflanzen.

Neben einem sparsamen Umgang mit Rohstoffen bietet auch die Wiederaufarbeitung von Altmaterialien (Recycling) Möglichkeiten, die Verfügbarkeit von Rohstoffen zu verlängern.

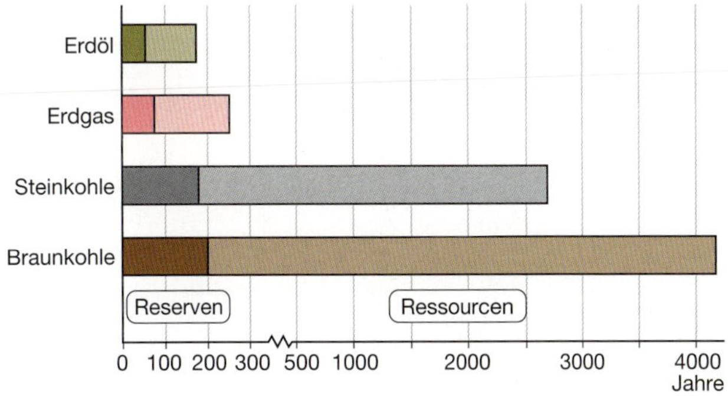

M4 Verfügbarkeit von ausgewählten Energierohstoffen (Schätzungen)

4 *Unterscheide zwischen Ressourcen und Reserven.*

5 *Liste je fünf Länder auf, die viel (ab 2500 kg Öleinheiten/Kopf) und wenig Energie (bis 500 kg Öleinheiten/Kopf) verbrauchen (Atlas, M3)* ***oder*** *erstelle Säulendiagramme, die den Umfang der Rohstoffreserven von Erdöl und Erdgas in den verschiedenen Regionen veranschaulichen oder beschreibe wichtige Transportwege für Rohstoffe (M3).*

6 *Nimm zur Möglichkeit Stellung, den Zeitraum der Verfügbarkeit von Rohstoffen zu verlängern (Text, M4).*

Mineralische Rohstoffe

Rohstoffe, die für die Produktion von Gütern benötigt werden, haben in den letzten Jahren zunehmend an Bedeutung gewonnen. Unternehmen benötigen unterschiedliche Rohstoffe, um ihre Produkte herzustellen. Oftmals lassen sich diese nicht ohne Weiteres durch andere günstigere oder besser verfügbare Rohstoffe ersetzen.

Insbesondere im Bereich der **mineralischen Rohstoffe,** z. B. Metall-, Bau- und Keramikrohstoffen, ist die Nachfrage und der Preis in den letzten Jahren durch die gute wirtschaftliche Entwicklung stark angestiegen.

Gleichzeitig hat der technologische Fortschritt dazu geführt, dass immer mehr seltene Metallrohstoffe, die sogenannten **Seltenen Erden**, benötigt werden.

Nachgefragt werden beispielsweise Natursteine, Sand und Zement für die Bauwirtschaft, Stahl oder Aluminium für den Fahrzeugbau oder Spezialmetalle wie Tantal, Lithium oder Molybdän in der Hightech-Branche. Ohne diese Rohstoffe ist die Produktion nicht möglich.

M1 Kupfererz

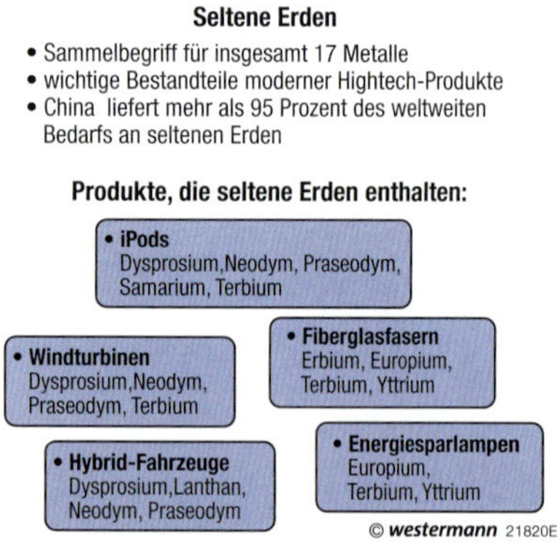

M2 Metalle der Seltenen Erden

M3 Kupfermine in Chile

1 *Nenne sieben mineralische Rohstoffe.*

2 *a) Erkläre den Begriff Seltene Erden (Text, M2).*

b) Erläutere die Verwendung von Seltenen Erden (Text, M2).

M4 Salzabbau untertage

Rohstoffsituation in Deutschland

Deutschland ist einer der größten Rohstoffverbraucher weltweit. Neben Energierohstoffen werden mineralische Rohstoffe in großem Ausmaß benötigt. Allerdings stammt nur ein Teil der nichtmetallischen Rohstoffe aus heimischem Abbau. Obwohl Deutschland häufig als rohstoffarmes Land bezeichnet wird, verfügt es über erhebliche Reserven an Bau- und Keramikrohstoffen, Braunkohle sowie chemische Rohstoffe wie Kalisalz und Schwefel. Diese Minerale werden auch in großem Umfang exportiert. Wichtige heimische Rohstoffe sind auch Kies, Bausand und Natursteine.

Für die meisten dieser heimischen Rohstoffe gibt es in der Zukunf noch ausreichend Reserven. Bei den Metallrohstoffen ist Deutschland jedoch vom Import abhängig. Daher muss auf eine effiziente Nutzung und auf einen nachhaltigen Umgang mit diesen Rohstoffen geachtet werden.

Sand als Schmuggelware?

Um wertvolle Rohstoffe wie Öl und Gas ist ein weltweiter Wettkampf entbrannt. Doch weitgehend unbemerkt von der Öffentlichkeit ringt die Industrie ebenso um Sand. Die Ressource entwickelt sich zur begehrten Schmuggelware. Sand ist in alle Ecken unseres Alltags eingedrungen. Geschmolzen und zu Glas verarbeitet steht er in jedem Supermarkt. Siliziumdioxid, aus dem ein Großteil der Sandvorkommen besteht, findet sich etwa in Wein, in Wasch- und Reinigungsmitteln, Zahnpasta oder Kosmetika. Sand enthält zudem Minerale und Metalle wie Silizium, Thorium, Titan oder Uran. Vom Sand stammen wichtige Rohstoffe, die unter anderem in Mikrochips verwendet werden. Aus Sand gewonnene Minerale sind wichtig für unsere Informationsgesellschaft. Ohne diese können Computer oder Handys nicht funktionieren.

M5 Aus einem Zeitungsbericht

3 *Erstelle mithilfe deines Atlas eine Liste mit Rohstoffvorkommen in Deutschland.*

4 *Erstelle eine Mind Map mit dem Titel „Rohstoff Sand“* ***oder*** *schreibe einen Zeitungsbericht mit der Überschrift „nachhaltiger Umgang mit Sand“ (M5).*

5 *Durch die Erschließung neuer Abbauflächen für Rohstoffe gehen wertvolle Flächen für Siedlung und Landwirtschaft verloren. Beurteile diese Situation (S. 157, M1 – M3).*

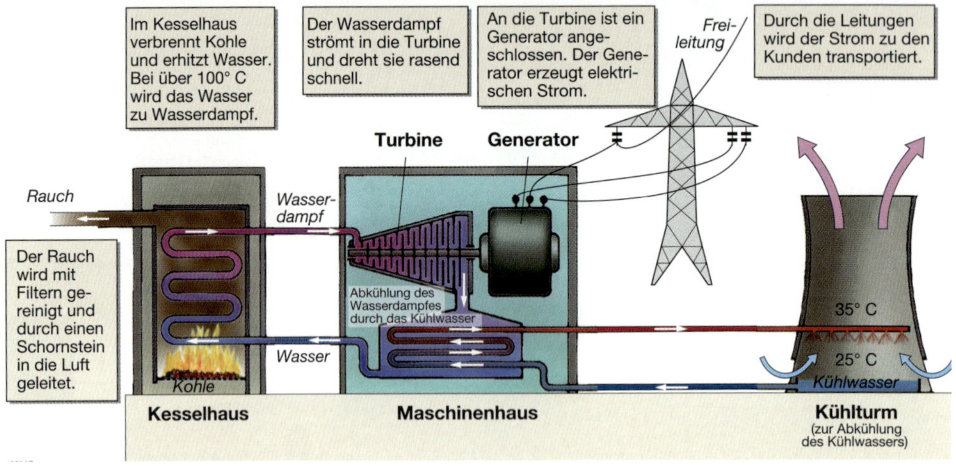

M3 Schema eines Kohlekraftwerks

Rohstoffe zur Energiegewinnung

Wärme und Strom aus Kohle

M1 A = Braunkohle, B = Steinkohle

Der größte Teil des weltweit benötigten Stroms und der Wärmeenergie wird in Kohlekraftwerken gewonnen. Zurzeit ist diese Form der Energieerzeugung sehr kostengünstig.

Kohle ist vor vielen Millionen Jahren durch Umwandlungsprozesse aus Holz und Pflanzenresten entstanden. Der in der Kohle enthaltene Kohlenstoff bestimmt den sogenannten Brennwert. Je mehr Kohlenstoff in der Kohle enthalten ist, desto heißer brennt sie. Es werden zwei Kohlearten unterschieden. Die **Braunkohle** lagert relativ oberflächennah, sodass sie oberirdisch im Tagebau gewonnen wird.

Steinkohle ist viel älter und lagert in tieferen Erdschichten. Für den Abbau von **Steinkohle** legt man meistens unterirdische Förderschächte an. Die aufwendigen und kostenintensiven Maßnahmen lohnen sich, da Steinkohle einen höheren Brennwert als Braunkohle hat.

Braunkohlelagerstätten gibt es in Deutschland in mehreren Regionen. Die förderfähigen Vorkommen nehmen allerdings ab. Der Steinkohlebergbau wird in Deutschland zunehmend eingestellt, da er nicht mehr wirtschaftlich ist. Zur Deckung des Bedarfs wird Steinkohle importiert.

Beim Abbau von Braunkohle sind erhebliche Eingriffe in die Natur notwendig. Durch den Braunkohletagebau werden Landschaften zerstört; diese können nach dem Abbau nur ansatzweise wiederhergestellt werden. Oft ist eine Umsiedlung der im Tagebaubereich liegenden Siedlungen nicht zu vermeiden. Dadurch verlieren Menschen ihren ursprünglichen Lebensraum.
Die weltweit steigende Nutzung von Kohle zur Energiegewinnung hat einen großen Nachteil. Durch den hohen CO_2-Ausstoß bei der Verbrennung schädigt Kohle das Klima im Vergleich zu anderen fossilen Energieträgern am stärksten. Schadstoffe wie Feinstaub oder Schwefeldioxid belasten zudem die Luft. Ein weiteres Problem stellt die Wärmeableitung in Kohlekraftwerken dar. Die Kühlung erfolgt in einigen Kraftwerken durch Flusswasser. Die Rückleitung des Wassers führt besonders in den Sommermonaten zur Erwärmung der Flüsse. So kann es durch das Absinken des Sauerstoffgehaltes zur Bedrohung von Fischarten kommen.

M2 Kohlenutzung in der Kritik

1 *Beschreibe die Energiegewinnung aus Kohle (M1, M3)*
2 *Erkläre, wodurch Kohle zum Energieträger wird (Text).*
3 *Erläutere Unterschiede zwischen Braun- und Steinkohle (Text, M1).*
4 *Notiere in einer Tabelle negative Aspekte der Kohlenutzung* ***oder*** *erstelle eine Mindmap zum Thema „Kohlenutzung in der Kritik" (M2).*
5 *Recherchiere. Stelle die Entstehung oder den Abbau von Kohle in einem Kurzvortrag vor.*

www.diercke.de
D3-034, 072

Erdgasversorgung über Pipelines

In den letzten Jahren hat **Erdgas** als Energieträger zunehmend an Bedeutung gewonnen. Die meisten Wohnungen und Häuser in Deutschland werden durch den Energieträger Erdgas beheizt. Grund dafür ist ein flächendeckend gut ausgebautes Versorgungsnetz mit Gasrohren, über das eine problemlose direkte Weiterleitung zu den Endverbrauchern möglich ist. Eine Lagerung von Gas ist daher nicht notwendig. Im Vergleich zu anderen fossilen Energieträgern wie Kohle und Öl, entsteht bei der Verbrennung von Erdgas wesentlich weniger CO_2. Deshalb gilt es als relativ umweltfreundlicher Energieträger.

Deutschland verfügt nur über geringe Erdgasvorkommen. Es muss daher fast die gesamte benötigte Menge importieren. Der größte Lieferant ist Russland. Von den russischen Erdgasfeldern aus erfolgt der Transport des Gases über Tausende Kilometer lange Pipelines bis in die Verbraucherländer. Das Leitungsnetz verläuft dabei durch mehrere Transitländer.

Auf dem europäischen Gasmarkt hat Russlands Hauptproduzent Gazprom fast eine Monopolstellung. Dadurch kann Gazprom die Preise für Erdgas nahezu bestimmen. Die Verbraucher sind von den Preisvorgaben abhängig.

M5 Bei der Verlegung der Ostsee-Gaspipeline in Russland

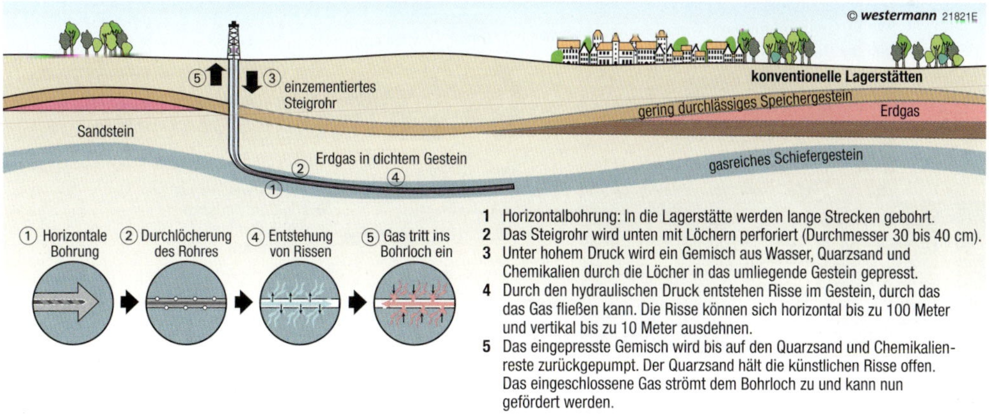

M4 Erdgasgewinnung durch Fracking

6 *Nenne Vorteile der Erdgasnutzung im Vergleich zu anderen fossilen Energieträgern wie Kohle **oder** beschreibe Nachteile der Erdgasnutzung in Deutschland (Text).*

7 *Erläutere die konventionelle und die unkonventionelle Erdgasgewinnung durch Fracking (M4).*

8 *Recherchiere. Stelle das Unternehmen Gazprom in einem Kurzvortrag vor.*

Jeweils 100 kg Erdöl ergeben:
- eine Woche Heizwärme für eine Vierzimmerwohnung
- Benzin für 1000 km Autofahrt
- Kunststoffe für 13 Benzintanks oder alle Abwasserrohre eines Dreifamilienhauses
- 11 500 Kopfschmerztabletten
- Farbstoff für 330 Kleider
- 12 000 Einwegspritzen
- 50 m² Teppichboden

M1 Erstaunlich!

Rohöl – ein wichtiger Energieträger

Unsere Leben ist von der Versorgung mit **Erdöl** abhängig. Denn in nahezu allen Lebensbereichen werden Bestandteile von Erdöl verwendet. Nach der Förderung wird Erdöl von unerwünschten Anteilen wie Wasser, Salz und Sand getrennt und so in Rohöl umgewandelt. Dieses Rohöl nutzt man z. B. in der chemischen Industrie zur Herstellung von Farben oder Kunststoffen. Einen besonderen Stellenwert hat Rohöl als Kraftstoff beim Antrieb von Fahrzeugen. Im Destillationsverfahren (siehe M3) wird aus Rohöl unter anderem Benzin und Diesel gewonnen. Da die Fahrzeuge heute überwiegend mit Verbrennungsmotoren angetrieben werden, sind wir auf die ständige Verfügbarkeit von Rohöl angewiesen.

M4 Transport von Rohöl in Öltankern

Die größten Erdölförderländer liegen im arabischen Raum am Persischen Golf. In riesigen Tankschiffen, die bis zu einer halben Million Tonnen transportieren können, wird das „schwarze Gold“ verschifft.

Die Verbrennung von Erdöl schädigt das Klima (vgl. S. 163). Beim Transport des Öls ist es bereits häufig zu Tankschiffunfällen gekommen. Das ausgetretene Öl hat ganze Meeres- und Küstenabschnitte verseucht. Auch bei der Förderung von Rohöl passieren immer wieder Unfälle, bei denen ganze Landschaften zerstört werden können.

M2 Erdöl in der Kritik

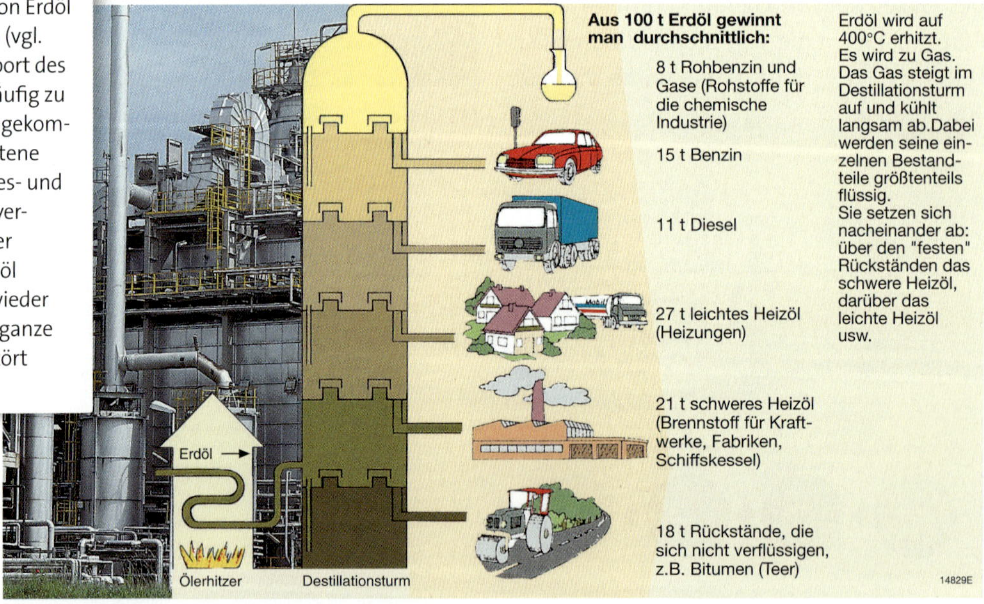

M3 Funktion einer Erdölraffinerie – Das Erdöl wird auf ca. 400 °C erhitzt. Das entstehende Gas gelangt in den Destillationsturm und steigt dort auf. Es kühlt langsam ab. Dabei werden die einzelnen Bestandteile des Erdöls wieder flüssig und setzen sich nacheinander ab

1 *Nenne Produkte, die aus Rohöl hergestellt werden.*

2 *Beschreibe die Bedeutung von Rohöl als Rohstoff- und Energielieferant (Text, M1).*

3 *Stelle die Funktion einer Erdölraffinerie in einem Flussdiagramm dar **oder** schreibe einen Text mit der Überschrift „Rohöl – vom Bohrloch zum Verbraucher“ (Text, M3, M4).*

4 *Erläutere Nachteile der Rohölnutzung (M2).*

Stromerzeugung durch Atomenergie

In Atomkraftwerken können große Mengen an Energie gewonnen werden. Dabei nutzt man das in der Natur vorkommende radioaktive Material Uran. In einem Kessel, dem Reaktor, werden die Kerne von Uran-Atomen aufgespalten. Bei der Kernspaltung wird Wärmeenergie freigesetzt. Diese nutzt man zur Erzeugung von Wasserdampf, mit dem man Turbinen antreibt. So wird die Bewegungsenergie in Strom umgewandelt.

Die Nutzung der **Atomenergie** ist mit hohen Risiken verbunden. Radioaktive Strahlung führt zu Gesundheitsschäden und kann bei längerer Einwirkung zum Tod führen. Trotz strenger Sicherheitsbestimmungen führten Unfälle in den Atomkraftwerken Tschernobyl (Ukraine) und Fukushima (Japan, vgl. S. 25) zum Austritt großer Mengen an radioaktiver Strahlung. Die Umgebungen dieser Orte sind für einen langen Zeitraum aufgrund der hohen Strahlenbelastung unbewohnbar geworden.

Es gibt bis heute weltweit kein Endlager für den Atommüll. Es ist schwierig, einen Ort zu finden, an dem der Jahrtausende strahlende Müll sicher aufbewahrt werden kann. In Deutschland ist aufgrund der Risiken politisch beschlossen worden, aus der Atomenergienutzung auszusteigen. Bis zum Jahr 2022 sollen alle Atomkraftwerke abgeschaltet werden (vgl. M7).

M7 Atomkraftwerke in Deutschland

Belgien	7
Bulgarien	2
Deutschland	9
Finnland	4
Frankreich	58
Großbritannien	29
Niederlande	7
Rumänien	2
Russland (westlicher Teil)	19
Schweden	10
Schweiz	5
Slowakei	4
Slowenien	1
Spanien	8
Tschechische Republik	6
Ukraine	15
Ungarn	4

M5 Atomkraftwerke in Europa (2013)

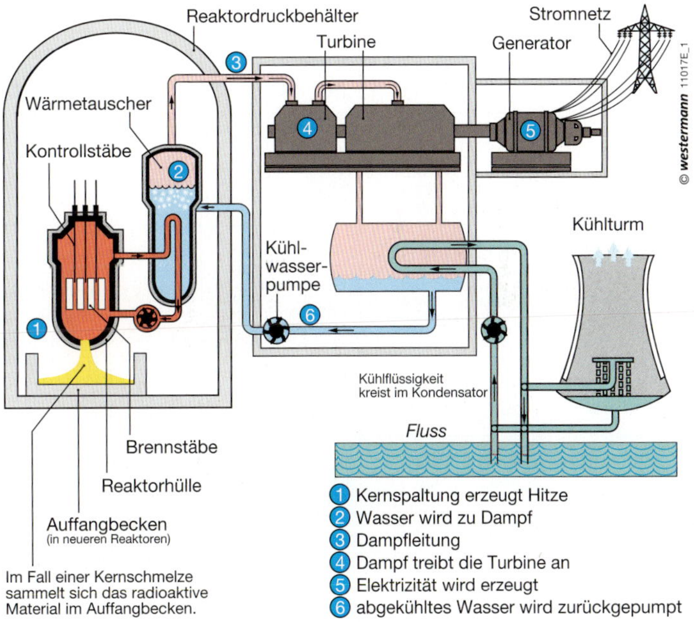

M6 Funktionsweise eines Atomreaktors

5 *Beschreibe die Stromerzeugung durch Atomenergie (Text, M6).*

6 *Erkläre, warum in Deutschland ein Ausstieg aus der Atomenergienutzung beschlossen wurde (Text, M7).*

7 *Erläutere die Bedeutung der Atomenergienutzung in Europa (M5).*

8 *Nimm Stellung zu der Aussage „Der Atomausstieg in Deutschland senkt nicht die Risiken, wenn in anderen Ländern weiter Atomenergie genutzt wird“.*

M1 Offshore-Windenergiepark

Erneuerbare Energien

Nachhaltige Energieversorgung

Energieträger wie Öl, Gas oder Kohle werden in absehbarer Zeit nicht mehr verfügbar sein. Aus diesem Grund erfolgt die Energiegewinnung immer mehr durch sogenannte regenerative bzw. **erneuerbare Energiequellen**. Sie sind ständig verfügbar und unerschöpflich. Hierzu zählen beispielsweise Wind, Sonne oder Wasser. Die Strom- und Wärmeerzeugung mithilfe von Wind- oder Sonnenenergie ist umweltfreundlich. Es entstehen bei der Energieerzeugung wenig klimaschädliche Gase wie CO_2. Um den Klimawandel einzudämmen, ist weltweit ein Ausbau der Nutzung erneuerbarer Energiequellen notwendig. Da die Nutzung erneuerbarer Energieträger generell umweltverträglich ist und bei der Energiegewinnung keine Ressourcen verbraucht werden, spricht man auch von nachhaltiger Energieversorgung.

3087E_6	Primärenergie	Umwandlung durch	Sekundärenergie	vorrangige Nutzung
Sonne (Licht, Wärme)	**Wärmebestrahlung**	Sonnenkollektor	warmes Wasser	Heizwärme Brauchwasser
	Licht	Fotoelement	elektrischer Strom	Heizwärme Licht mechanische Energie
	Erdoberfläche (Gestein, Wasser) und Luft werden erwärmt: **Wärme in der Umwelt**	Luft, Erde, Wärmepumpe	warmes Wasser	Heizwärme Brauchwasser
	Zwischen erwärmter Luft und kühlerer Luft entstehen Luftdruckunterschiede. Vom Hoch zum Tief weht der **Wind**	Windrad und Generator	elektrischer Strom	Heizwärme Licht mechanische Energie
	Wasser verdunstet, regnet ab; es entsteht von Bergen abfließendes Wasser: **Wasserkraft**	Wasserkraftwerk	elektrischer Strom	Heizwärme Licht mechanische Energie
Massenanziehung durch den Mond	bewirkt in den Weltmeeren Ebbe und Flut: **Gezeiten**	Ebbe, Flut, Gezeitenkraftwerk	elektrischer Strom	Heizwärme Licht mechanische Energie
Wärme aus dem Erdinneren	bewirkt eine Erwärmung der Erdkruste und Erhitzung des Wassers darin: **Erdwärme**	geothermisches Kraftwerk, Dampf (z.B. an Geysiren)	elektrischer Strom	Heizwärme Licht mechanische Energie

M2 Regenerative Energien, Stromgewinnung und Nutzung

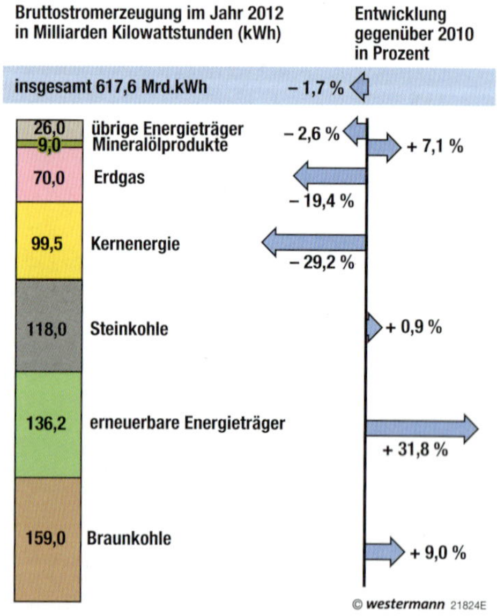

M3 Entwicklung der Stromerzeugung in Deutschland

1 *Führe ein Brainstorming zum Thema „Erneuerbare Energiequellen" durch.*

2 *Erkläre die Bezeichnung „Erneuerbare Energieträger" (Text, M2).*

3 *Erläutere Vorteile der Nutzung erneuerbarer Energiequellen (Text, M2).*

4 *Werte M3 aus. Notiere, wie sich die Stromerzeugung in Deutschland seit 2010 verändert hat.*

www.diercke.de **D3-072, 102**
www.heimatundwelt.de **HW-039, 067**

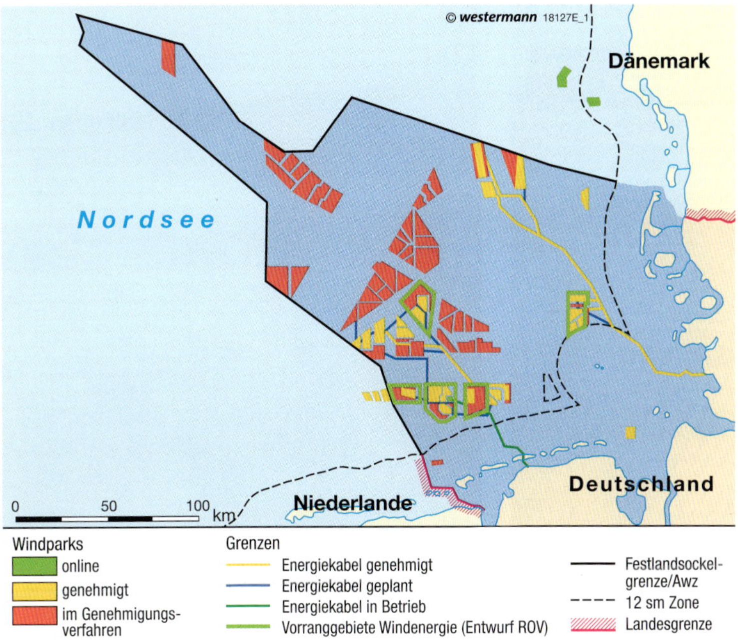

M4 Offshore-Windpark-Projekte vor Deutschlands Nordseeküste

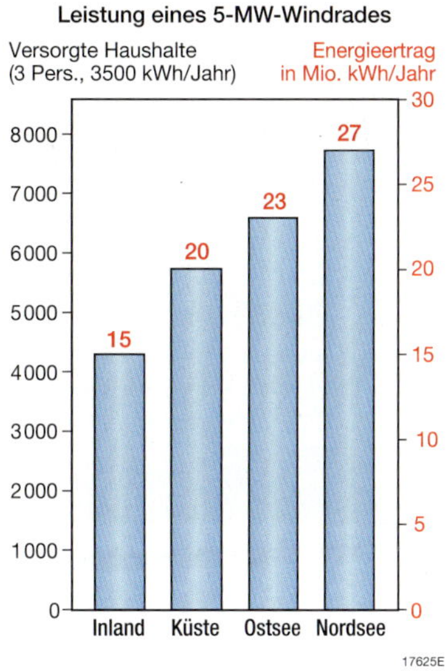

M6 Windenergie – Energieertrag nach Standorten

Strom aus Wind

Eine bedeutende erneuerbare Energiequelle ist die Windenergie. Weil der Wind auf See konstanter und stärker weht als an Land, errichtet man immer häufiger sogenannte **Offshore-Windparks** im Meer. Der Bau der Offshore-Anlagen ist sehr aufwendig. Damit die Meereswindmühlen auch bei extremem Wetter nicht zerstört werden, ist eine Verankerung tief im Meeresboden notwendig. Zudem erzeugt das Verlegen von Stromleitungen am Meeresboden bis zur Küste hohe Kosten. Der Aufwand lohnt sich jedoch, da der Energieertrag der Offshore-Anlagen im Vergleich zu Windenergieanlagen an Land viel höher liegt (vgl. M6).

Probleme bei der Nutzung der Windkraft ergeben sich bei ungleichmäßig wehenden Winden. Weht der Wind nur gering, müssen übergangsweise andere Energieträger Strom erzeugen, um die Stromversorgung aufrechtzuerhalten. Bei starkem Sturm müssen die Anlagen zeitweise abgeschaltet werden.

- Dem Flügelschlag der Windräder fallen viele Vögel zum Opfer.
- Die Windräder bedeuten eine nicht zu unterschätzende Lärmbelästigung für Anwohner.
- Durch den Bau der Windräder wird die Landschaft verschandelt („Verspargelung der Landschaft").
- Energiekabel von Offshore-Anlagen müssen durch hoch sensible Ökosysteme wie das Wattenmeer gelegt werden.
- Durch den Bau von Offshore-Anlagen kann die Seeschifffahrt beeinträchtigt werden.
- Die Wartung von Offshore-Anlagen ist sehr aufwendig und daher kostenintensiv.
- Das häufig bei Windrädern verwendete Metall Neodym setzt bei der Gewinnung giftige Stoffe und Radioaktivität frei.

M5 Windenergie in der Kritik

5 *Werte M4 aus **oder** beschreibe die Windenergienutzung an Land und auf dem Meer (Text, M6).*

6 *Bewerte Vor- und Nachteile der Windenergienutzung (Text, M5, M6).*

7 *Recherchiere. Stelle den Windenergiepark Alpha Ventus in einem Kurzvortrag vor.*

M2 Stromerzeugung mit einer Photovoltaikanlage

M3 Solarkraftwerk mit Parabolspiegeln in Spanien

Energie durch Sonnenstrahlung

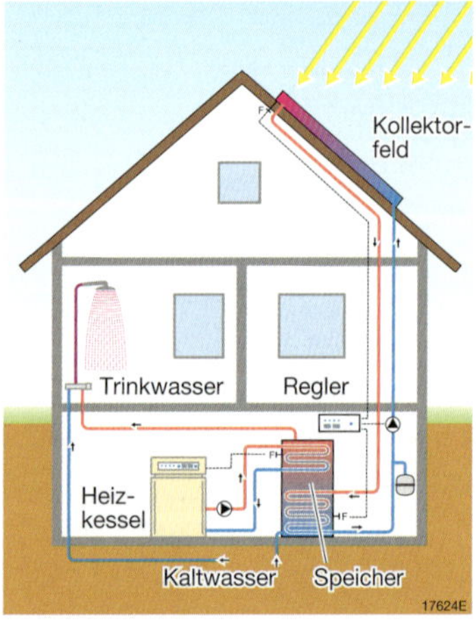

M1 Warmwasseraufbereitung durch Solarthermie

Auch die Sonnenstrahlung wird zur Energieerzeugung genutzt.

Bei der Solarthermie wird die Sonnenenergie dazu verwendet, Warmwasser zu erzeugen. In den Solarzellen der Photovoltaikanlagen wird Sonnenenergie in Strom umgewandelt. So kann der Strombedarf von Haushalten kostengünstig und umweltschonend gedeckt werden. Der überschüssige Strom wird in die öffentlichen Stromnetze eingespeist.

Da die Sonne nur am Tag scheint, muss bei der Solarthermie das erwärmte Wasser für eine ausreichende Versorgung in Tanks gespeichert werden. Bei schwacher Sonneneinstrahlung in den Wintermonaten ist häufig eine zusätzliche Warmwasserversorgung durch andere Energieträger notwendig.

Die Stromproduktion ist beim höchsten Sonnenstand in den Mittagsstunden am größten. Deshalb werden immer häufiger Batteriezwischenspeicher genutzt, um den produzierten Strom in den Hauptverbrauchszeiten am Morgen und am Abend nutzen zu können.

In Ländern mit sehr starker Sonneneinstrahlung sind inzwischen Solarkraftwerke gebaut worden. Riesige Spiegel bündeln die Sonnenenergie wie in einem Brennglas. Mit der Wärme wird Wasser erhitzt. Der entstehende Wasserdampf treibt Turbinen an. Diese erzeugen in Generatoren Strom. Geplant ist, dass in der Wüste Sahara ein riesiges Solarkraftwerk errichtet wird. Der erzeugte Strom soll auch Gebiete in Europa versorgen.

1 *Notiere Stichworte, die dir zum Thema „Nutzung von Sonnenenergie" einfallen.*

2 *Beschreibe die Nutzung von Sonnenenergie bei der Solarthermie (Text, M1)* ***oder*** *bei Photovoltaikanlagen (Text, M2).*

3 *Erkläre, warum eine Speicherung der erzeugten Energie notwendig ist (Text).*

4 *Erläutere die Funktion von Solarkraftwerken (Text, M3).*

5 *Recherchiere. Erläutere das Erneuerbare-Energien-Gesetz.*

www.diercke.de D3-072, 102
www.heimatundwelt.de HW-039, 067

Energie aus der Erde

Die Nutzung der Wärme aus dem Erdinneren ist unabhängig von Wind und Wetter. Bei der oberflächennahen Geothermie (vgl. M4) nutzt man die direkt unter der Erdoberfläche vorhandene Erdwärme. Mithilfe von Wärmepumpen werden die geringen Erdwärmetemperaturen an der Erdoberfläche (ca. 7-12°C) auf Temperaturen von ca. 60 °C angehoben. Diese Temperatur reicht zum Heizen von Wohnungen und zur Aufbereitung von warmem Brauchwasser aus. In Deutschland ist die oberflächennahe Geothermie in vielen Regionen durchführbar.

Von tiefer Geothermie spricht man bei der Erdwärmenutzung ab 400m Tiefe. Hierbei sind aufwendige Bohrungen notwendig, um die hohen Temperaturen im Erdinneren nutzbar zu machen. Erst bei Temperaturen von ca. 100°C ist die Erdwärmenutzung zur Stromerzeugung in Kraftwerken wirtschaftlich. In Deutschland gibt es bisher – im Gegensatz zu Island (vgl. M5) – nur wenige Erdwärmekraftwerke.

M5 Erdwärmekraftwerk in Island

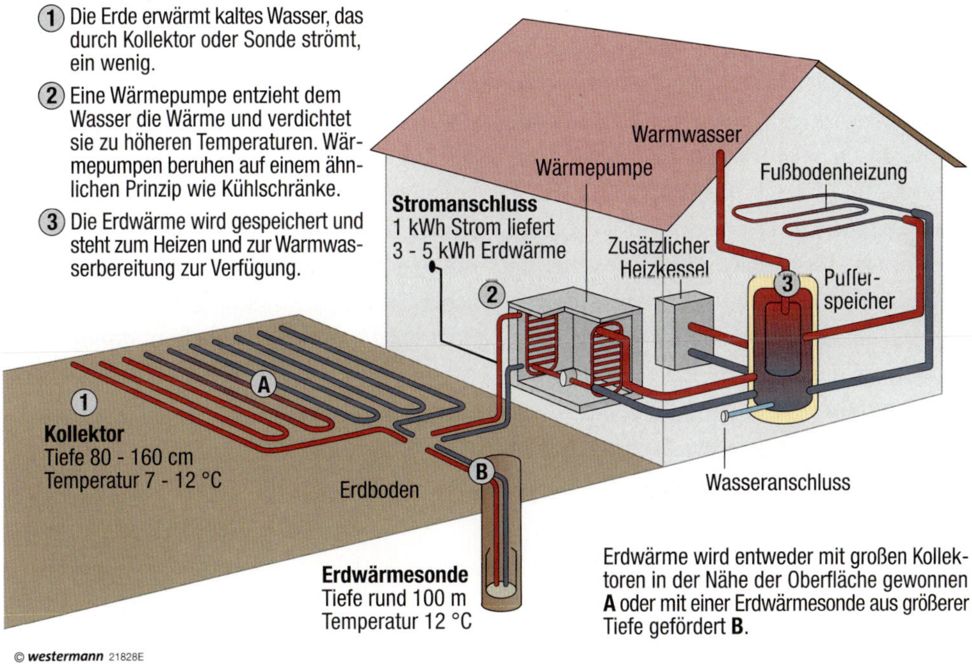

M4 Geothermie – Wärme aus der Erde

6 *Beschreibe die Nutzung der Erdwärme bei der oberflächennahen Geothermie (Text, M4).*

7 *Nenne Vorteile der Erdwärme im Vergleich zu anderen erneuerbaren Energieträgern (Text).*

8 *Erläutere die Nutzung der Erdwärme bei der tiefen Geothermie (Text).*

9 *Recherchiere. Stelle die Funktion eines Erdwärmekraftwerks vor.*

10 *Recherchiere. Erläutere die Erdwärmenutzung auf Island.*

M1 Eine neue Hochspannungsleitung soll gebaut werden – ein Problem, unterschiedliche Sichtweisen

Sich ein Urteil bilden

Ein Richter spricht ein Urteil. Dabei muss er alle Sichtweisen im Hinblick auf den Sachverhalt prüfen. Der Richter hört die unterschiedlichen Meinungen, befragt Fachleute und informiert sich in Büchern und Gesetzen. Jetzt kann er abwägen, welche Sichtweise ihn überzeugt. Erst dann spricht er ein Urteil.
Wenn wir ein Thema beurteilen wollen, müssen wir auch die unterschiedlichen Sichtweisen durchdenken. Je nach Standpunkt ist ein Problem anders zu bewerten. Zum Beispiel ist eine Hochspannungsleitung vor Ort ein Ärgernis, für die Stromversorgung hingegen wichtig. Diese unterschiedlichen Bezugsrahmen (lokal, regional, global) müssen mit in eine Beurteilung einfließen. Für dein Urteil ist es nötig, Informationen zu den unterschiedlichen Sichtweisen zu sammeln.
Hast du die unterschiedlichen Standpunkte herausgefunden und gewichtet, kannst du dir ein Urteil bilden und deine eigene Meinung vortragen.

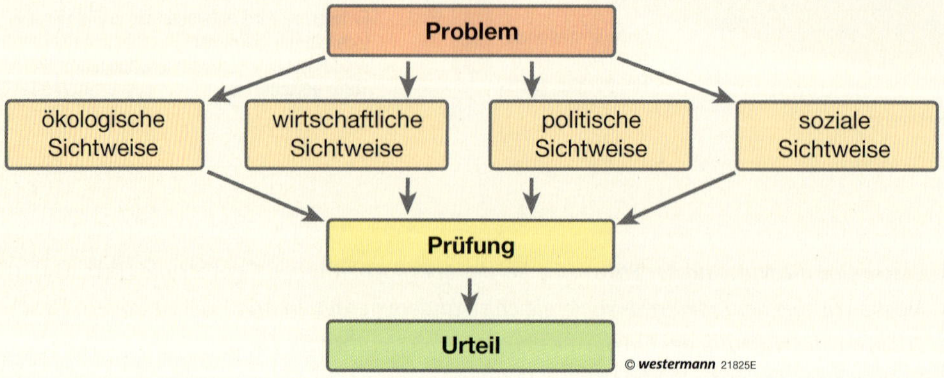

M2 Mögliche Sichtweisen

So gehst du vor:

Schritt 1 •
Problem formulieren
→ Lege das Blatt quer. Notiere oben auf dem Blatt das Problem, zu dem du dein Urteil abgeben willst.
→ Formuliere eine Leitfrage.

Schritt 2 • •
Zeichnen der Tabelle
→ Zeichne unter deine Problemstellung vier gleich große Spalten.
→ Trage in die oberste Spalte die unterschiedlichen Sichtweisen ein.

Schritt 3 • • •
Informationen sammeln
→ Notiere zunächst die Argumente, die du zu der Thematik schon kennst.
→ Für Pro-Argumente kannst du ein Plus eintragen, für Kontra-Argumente ein Minus. Überlege genau, zu welcher Sichtweise das jeweilige Argument gehört. Manche Argumente kann man auch mehreren Sichtweisen zuordnen.
→ Suche nun in Büchern und im Internet nach weiteren Informationen zu deiner Problemstellung. Du kannst auch Experten zu dem Thema befragen.
→ Trage alle gesammelten Punkte stichwortartig in die Tabelle ein.

Schritt 4 • • • •
Abwägen und Urteilen
→ Manche Vor- und Nachteile wiegen schwer, manche leichter. Überlege, welche für dich am wichtigsten sind. Jetzt hast du genügend Punkte gesammelt, um eine eigene Meinung zu vertreten.
→ Schreibe dein Ergebnis unter die Tabelle. In dem Ergebnis darf deine Meinung klar zum Ausdruck kommen.

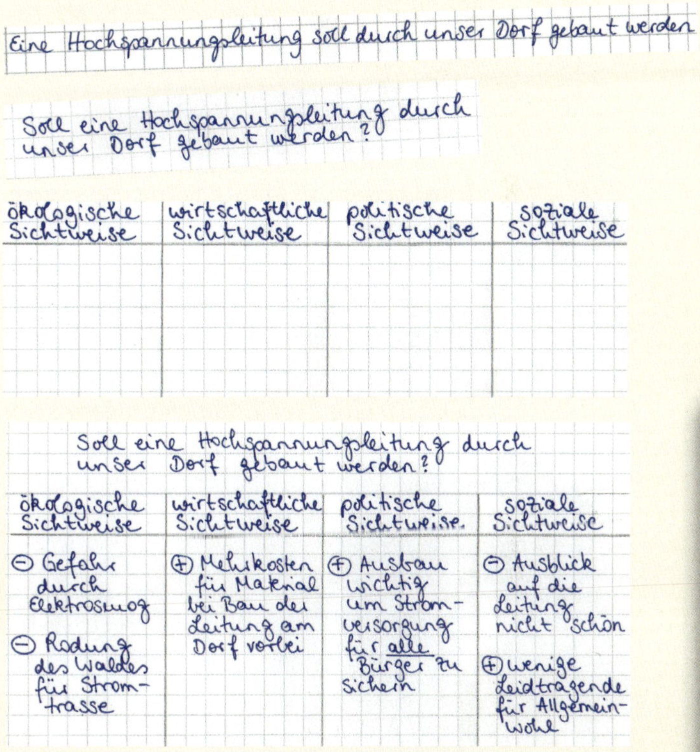

Eine Hochspannungsleitung soll durch unser Dorf gebaut werden

Soll eine Hochspannungsleitung durch unser Dorf gebaut werden?

ökologische Sichtweise	wirtschaftliche Sichtweise	politische Sichtweise	soziale Sichtweise

Soll eine Hochspannungsleitung durch unser Dorf gebaut werden?

ökologische Sichtweise	wirtschaftliche Sichtweise	politische Sichtweise	soziale Sichtweise
⊖ Gefahr durch Elektrosmog ⊖ Rodung des Waldes für Stromtrasse	⊕ Mehrkosten für Material bei Bau der Leitung am Dorf vorbei	⊕ Ausbau wichtig um Stromversorgung für alle Bürger zu sichern	⊖ Ausblick auf die Leitung nicht schön ⊕ wenige Leidtragende für Allgemeinwohl

M4

Sind die Weltmeere der Rohstofflieferant der Zukunft?

Ist die Atomkraft eine nachhaltige Energiequelle?

Sonnenkollektoren in der Wüste – die Lösung in der Klimakrise?

M3 Weitere mögliche Themen

1 *Bilde dir mithilfe der vier Schritte ein Urteil zu einem der Themen in M3.*

2 *Begründe, warum manche Personen in den Medien nur bestimmte Sichtweisen darstellen. Gib Beispiele an.*

3 *Recherchiere. Bilde dir ein Urteil zu einem Thema in M3.*

M1 Wasserversorgung in Sierra Leone

M3 Freizeitbad in Deutschland

Wasserverbrauch weltweit

Trinkwasser ist eine knappe Ressource: 97,5 Prozent des weltweit verfügbaren Wassers ist Salzwasser und damit für die Menschheit kaum verwertbar. Und selbst an das meiste Süßwasser kommt man nicht heran, weil es in Gletschern gefroren, unerreichbar tief unter der Erde oder in Sümpfen lagert.

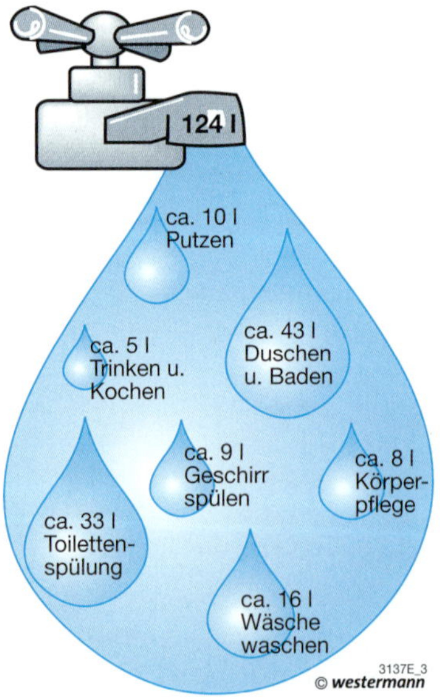

M2 Durchschnittlicher Wasserverbrauch pro Person und Tag in Deutschland

Das verfügbare Süßwasser ist weltweit ungleich verteilt. Etwa eine Milliarde Menschen haben weltweit keinen Zugang zu sauberem Trinkwasser und etwa 1,5 Millionen Kinder unter fünf Jahren sterben jährlich, weil sie verschmutztes Wasser trinken müssen.

Wasser ist eine lebenswichtige Ressource. Daher muss viel Wert auf eine nachhaltige Nutzung gelegt werden.

Wenn wir von unserem täglichen Wasserverbrauch sprechen, dann ist damit zunächst das Wasser gemeint, das wir zum Trinken, für die Zubereitung von Speisen und für die Körperhygiene verbrauchen (direkter Wasserverbrauch). In unseren Haushalten benötigen wir etwa 124 Liter Trinkwasser pro Einwohner und Tag.

Doch viel größere Mengen an Wasser werden für die Herstellung von Gütern benötigt. Das dort benötigte Wasser nennt man **virtuelles Wasser** (vgl. M4). Wenn man dieses Wasser mit berücksichtigt, liegt der Pro-Kopf- Verbrauch etwa 32-mal höher.

1 *Begründe, warum Trinkwasser eine knappe Ressource ist.*

2 *Vergleiche die Trinkwasserversorgung in Sierra Leone mit der in Deutschland (M1, M3).*

3 *Nenne jeweils fünf Staaten, in denen Wassermangel bzw. Wasserüberschuss herrscht (M5, Atlas).*

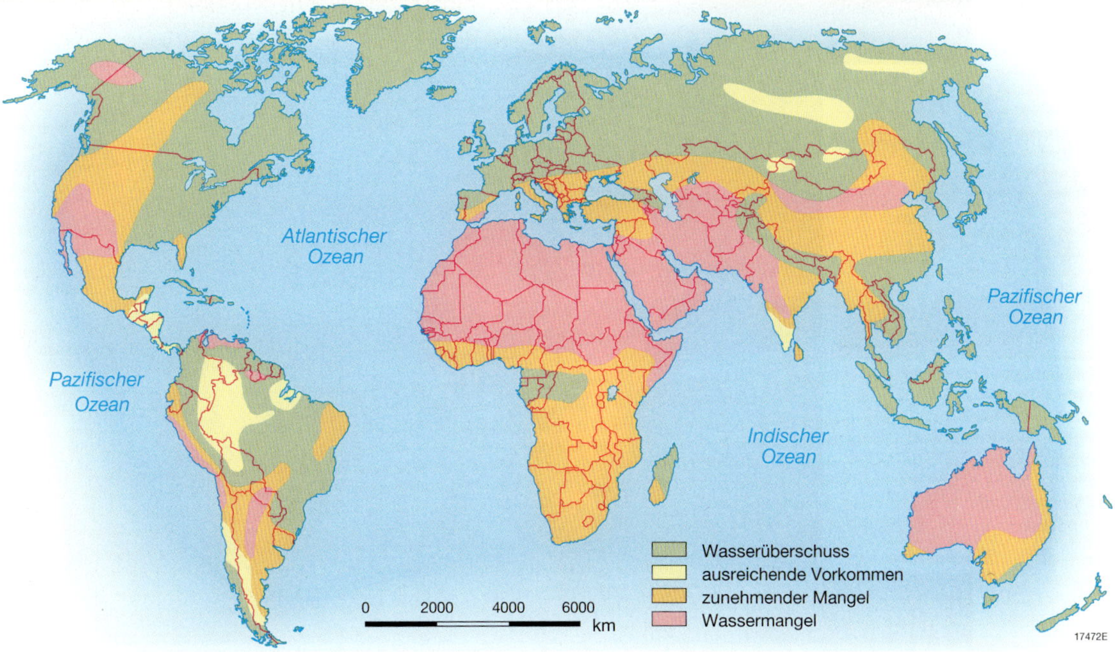

M5 Weltweite Verfügbarkeit von Wasser

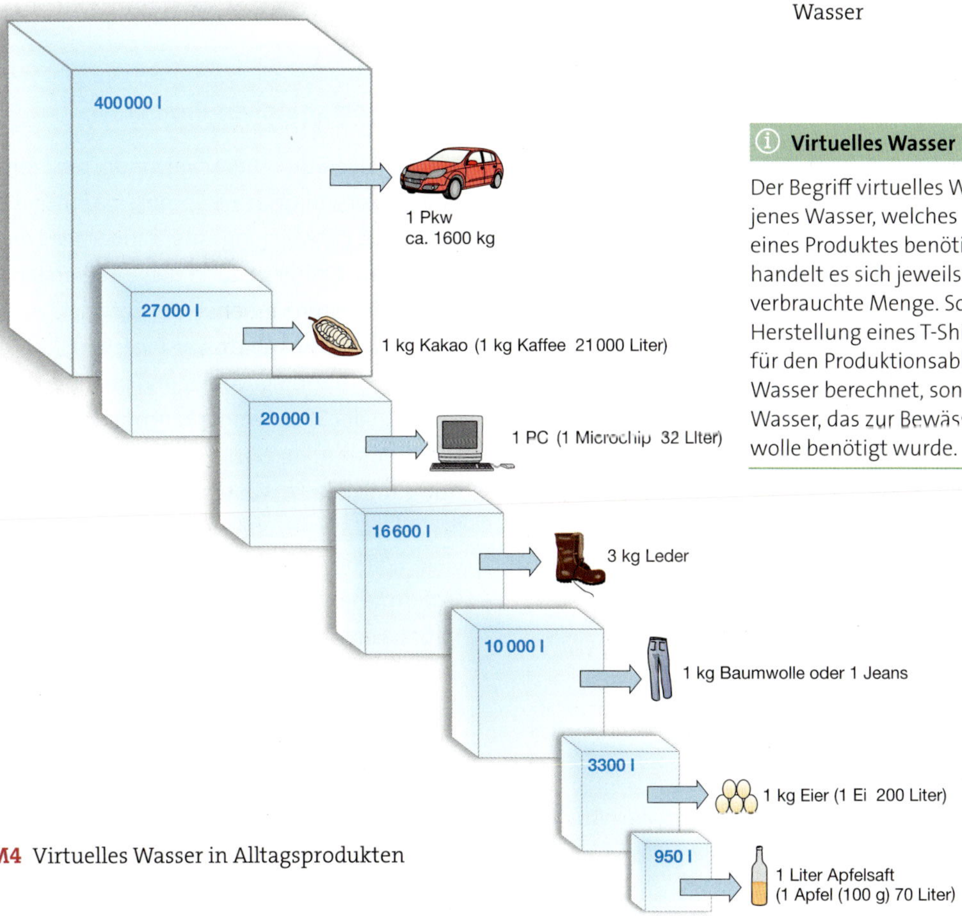

M4 Virtuelles Wasser in Alltagsprodukten

Virtuelles Wasser

Der Begriff virtuelles Wasser bezeichnet jenes Wasser, welches zur Herstellung eines Produktes benötigt wird. Dabei handelt es sich jeweils um die tatsächlich verbrauchte Menge. So wird bei der Herstellung eines T-Shirts nicht nur das für den Produktionsablauf benötigte Wasser berechnet, sondern auch das Wasser, das zur Bewässerung der Baumwolle benötigt wurde.

4 *Erläutere die Unterschiede zwischen virtuellem und direktem Wasserverbrauch* ***oder*** *nenne den Verbrauch virtuellen Wassers an drei Beispielen dar (M4).*

5 *Erkläre den steigenden Wasserbedarf auf der Erde.*

6 *Ermittle mithilfe des Internets (www.trinkwasser.de) deinen Wasserverbrauch für eine Woche.*

M1 Geschätzte Wasserverfügbarkeit im Nahen Osten im Jahr 2025

M2 Der Atatürk-Staudamm

Wasserprobleme an Euphrat und Tigris

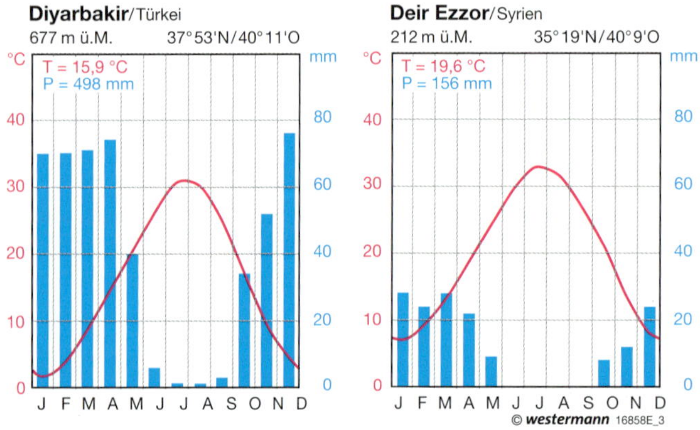

M3 Klimadiagramme der Stationen Diyarbakir am Tigris sowie Deir Ezzor (Dayr-az-Zawr) am Euphrat

Das Südostanatolien-Projekt

Im Südosten der Türkei verhinderten heiße und niederschlagsarme Sommer jahrhundertelang die Entwicklung einer modernen Landwirtschaft. Daher gehörte diese Region lange zu den ärmsten Regionen der Türkei.

Durch das **Südostanatolien-Projekt** (GAP) hat sich die Situation grundlegend geändert. Mit dem Bau der Staudämme kann das Wasser der Flüsse Euphrat und Tigris für die Energiegewinnung und die Bewässerung landwirtschaftlicher Flächen genutzt werden. Da in der Türkei viele Textilien hergestellt werden, wird in der Region überwiegend Baumwolle angebaut. Neben Baumwollfeldern sind auch Pistazien- und Mandelbaumplantagen, Erdbeer-, Sojabohnen- und Weizenfelder entstanden.

Mit dem GAP sichern wir unserem Land wirtschaftliches Wachstum, soziale Entwicklung und Arbeitsplätze zu. Dadurch sollen regionale Entwicklungsunterschiede abgebaut werden. Mit Ausbau der Infrastruktur, insbesondere der Bewässerung, wird die Entwicklung in der strukturschwachen Region Südostanatoliens enorm beschleunigt!" (Quelle: www.gap.de, 2013)

M4 Der türkische Ministerpräsident zum GAP

1 *Beschreibe die Wasserverfügbarkeit der Länder im Nahen Osten im Jahr 2025 (M1).*

2 *Nenne Gründe für die Umsetzung des Südostanatolien-Projekts.*

Konflikt um Wasser

Da die Türkei das Wasser als nationales Eigentum betrachtet, gerät sie durch den Bau des Südostanatolien-Projekts außenpolitisch in Konflikte mit ihren Nachbarländern Syrien und Irak. Diese Länder betreiben ebenfalls Landwirtschaft. Da hier mehr Wasser verdunstet als durch Niederschläge zugeführt wird, ist Ackerbau nur mit künstlicher Bewässerung möglich. Trotz der vertraglich zugesicherten Mindestdurchlaufmenge kommt oft nicht genügend Wasser an. Bevölkerungswachstum und veraltete Bewässerungssysteme sorgen für politische Spannungen und ökologische Probleme.

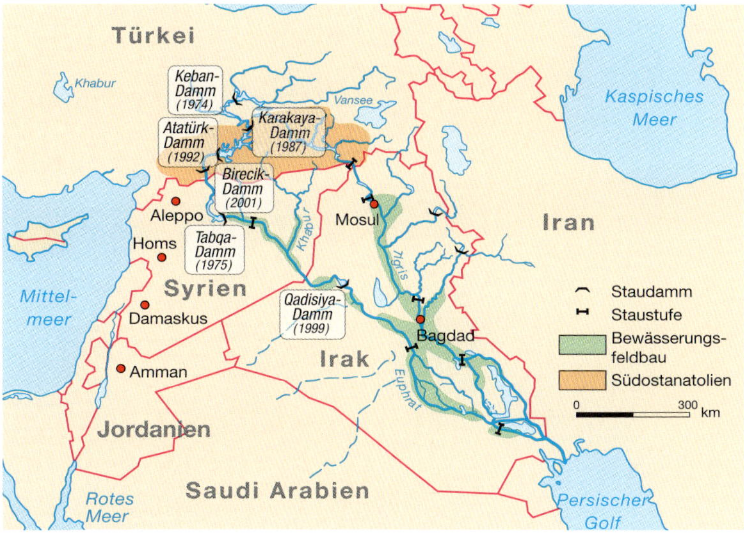

M5 Wasserbaumaßnahmen an Euphrat und Tigris

ⓘ Südostanatolien Projekt (GAP)

Das Südostanatolien Projekt ist ein Staudammprojekt der Türkei, das unter dem Namen GAP (Güneydogu Anadolu Projesi) bekannt wurde. Im Jahr 1983 begann der Bau des Atatürk-Staudammes am Euphrat. Bis zum Jahr 2010 entstanden an den Flüssen Euphrat und Tigris 21 Staudämme und 19 Wasserkraftwerke. Sie dienen der Energieerzeugung und dem Ausbau der Landwirtschaft durch Bewässerung.
Für den Bau der Stauseen mussten viele Ortschaften überflutet werden. Etwa 90 000 Menschen mussten umgesiedelt werden. Viele dieser Menschen haben jedoch nur unzureichende Entschädigungen bekommen und ihr Einkommen ist heute geringer als vor dem Staudammbau.

M6 Der Euphrat durchfließt in Syrien Trockengebiete. Ackerbau ist nur bei künstlicher Bewässerung möglich.

„Wir leben von den Flüssen Euphrat und Tigris durch Bewässerung und Fischfang. Unsere traditionelle Bewirtschaftung wird nicht mehr möglich sein, wenn weitere Staudamme gebaut werden. Die Hochwasser im Frühjahr werden von den Staudämmen in der Türkei zurückgehalten. Unsere Felder vertrocknen und unsere Lebensgrundlage wird zerstört."

(Quelle: www.focus.de, Zugriff 9.3.2014)

◁ **M7** Standpunkt eines Bauern im Irak zum GAP

3 *a) Beschreibe die Lage der Orte in M3 und werte die Klimadiagramme aus.*
b) Erläutere die Bedeutung des Klimas an Euphrat und Tigris für die Landwirtschaft.

4 *Verfasse einen Artikel über das GAP* ***oder*** *werte die Karte M5 aus.*

5 *Diskutiere das Zitat „Wenn ein Staudamm entsteht, dann kommt die Wüste".*

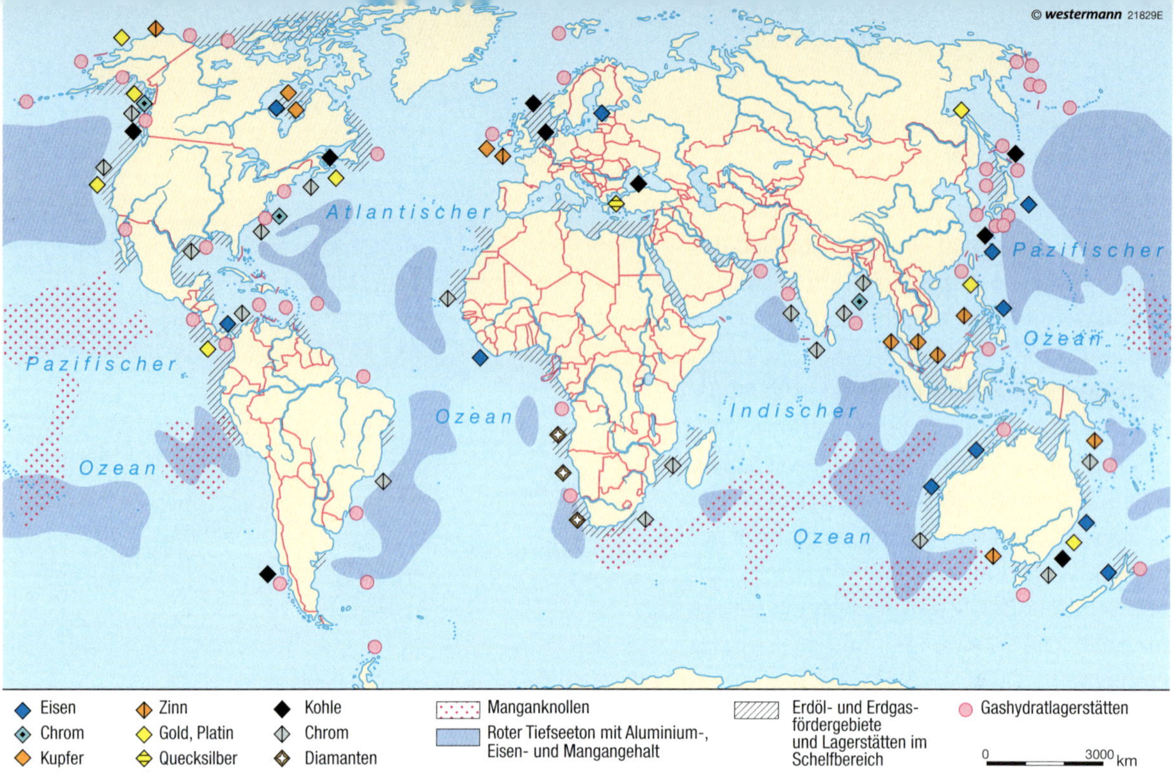

M1 Rohstoffe aus dem Meer

Rohstoffe aus den Weltmeeren

M2 Salzernte in Guérande (Frankreich)

Schelf

Teil des Kontinentalsockels, der unter dem Meeresspiegel liegt. Die Schelfgebiete werden noch zu den Kontinenten gezählt. Zu ihnen gehören alle Bereiche an der Küste mit einer Wassertiefe von weniger als 200 m. Aufgrund ihres Fischreichtums und dem Vorkommen von Bodenschätzen haben sie eine große wirtschaftliche Bedeutung. Meere, die hier liegen, werden Schelfmeere genannt. Zu ihnen gehören zum Beispiel die Nord- und die Ostsee.

Salzgärten und Kiesabbau

Das Meer hat nicht nur als Nahrungsquelle (vgl. S. 120), sondern auch als Rohstofflieferant eine große Bedeutung. Bereits seit dem Altertum wird aus Meerwasser Kochsalz gewonnen. Bis heute stammt etwa 30 Prozent der weltweiten Kochsalzproduktion aus dem Meer. Hierzu werden in subtropischen Regionen flache Becken mit Meerwasser gefüllt. Durch die Sonneneinstrahlung verdunstet das Wasser und das Salz kann geerntet werden. Jeder Liter Meersalz enthält etwa 3,5 Prozent Kochsalz.

Weitere Rohstoffe, die direkt aus dem Meer gefördert werden, sind Sand und Kies. In den Schelfgebieten von Nord- und Ostsee werden diese Materialien beispielsweise mit Saugbaggern in 20 bis 60 Metern Tiefe abgebaut. Mit dem gewonnen Material wird die Küste gesichert oder es werden Hafenflächen vergrößert. Da Sand und Kies direkt vom Meeresboden abgebaut werden, sind die ökologischen Folgen sehr umstritten. Die Bodenvegetation wird zerstört und das Ökosystem Meer wird stark belastet.

Energie und Mineralien aus dem Meer

Da die Rohstoffvorkommen auf dem Festland den ständig wachsenden Bedarf der Menschen nicht decken können, wird das Meer bzw. der Meeresboden als Rohstoffquelle immer bedeutender. Etwa ein Drittel der Weltproduktion von Erdöl und Erdgas stammt inzwischen aus dem Meer. Um an die begehrten Rohstoffe zu gelangen, wird der Meeresboden von riesigen Erdölplattformen aus angebohrt und an die Meeresoberfläche gefördert.

Neben Erdöl und Erdgas werden auch mineralische Rohstoffe wie Mangan gefördert. Dabei sind die Besitzverhältnisse nicht immer eindeutig geklärt. Küstenstaaten haben bis zu einer Entfernung von 200 Seemeilen Anspruch auf die dort gefundenen Rohstoffe. Es lagern aber auch jenseits dieser Grenze Rohstoffe und die Besitzverhältnisse sind oft ungeklärt. Ebenso problematisch sind Umweltschäden, denn auch beim Abbau von Mineralien am Meeresboden werden häufig wertvolle Ökosysteme zerstört.

Manganknollen
Mangan ist ein sehr hartes Schwermetall und wird zur Herstellung von rostfreiem Stahl benötigt. Es kommt in der Tiefsee in Knollenform vor. Mindestens zehn Prozent des Ozeanbodens sind von Manganknollen bedeckt. Der Abbau der in 3 000 bis 6 000 m Tiefe lagernden Knollen ist momentan noch sehr schwierig.

M4 Manganknollen

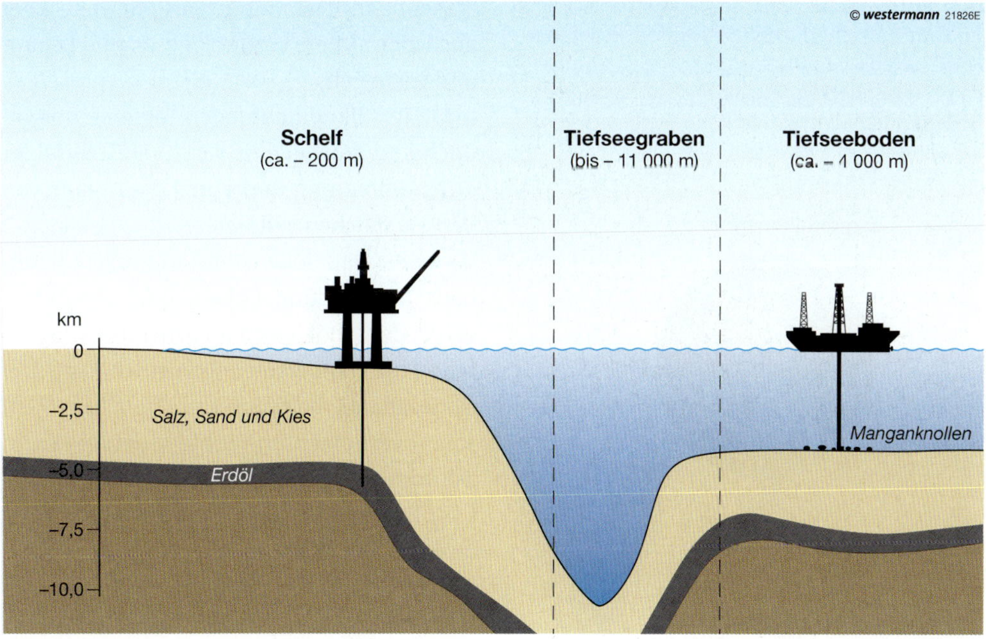

M3 Rohstoffgewinnung aus dem Meer

1 *Werte die Karte M1 aus. Erstelle eine Liste mit Rohstoffen und der Lage ihrer Vorkommen.*

2 *Nenne mögliche negative Auswirkungen beim Abbau maritimer Rohstoffe.*

3 *Recherchiere über die Abbaumöglichkeiten und die Verwendung von Mangan.*

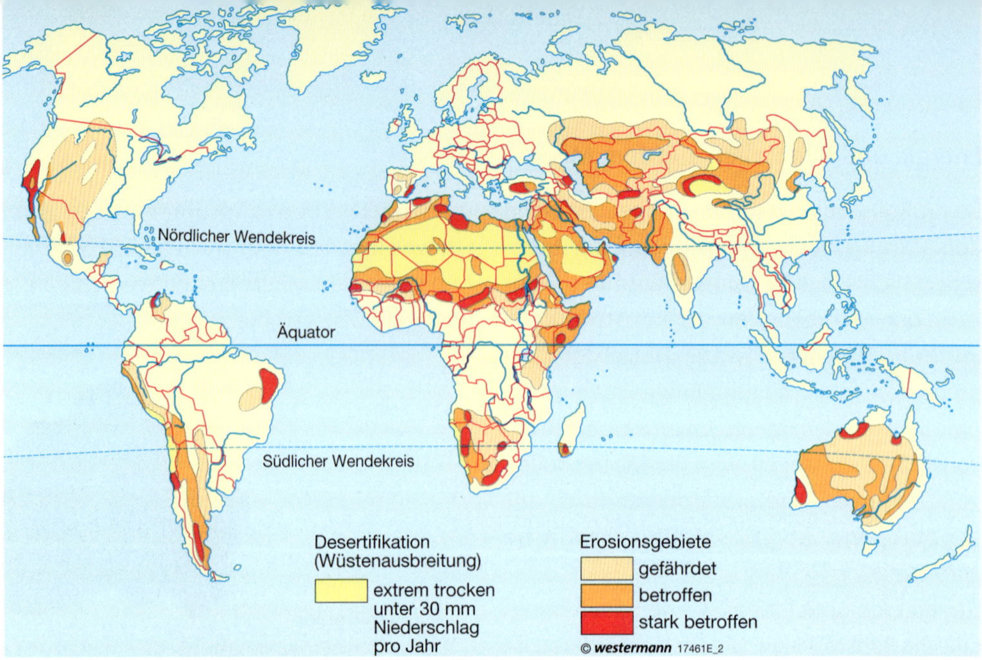

M1 Hauptverbreitungsgebiete von Bodenerosion auf der Erde

Böden – begrenzt verfügbar und vielfach gefährdet

ⓘ Bodendegradation

Bodendegradation beinhaltet die Verschlechterung des Bodens durch menschliche und/oder natürliche Einflüsse. Verursacht wird die Degradation durch die rasch wachsende Weltbevölkerung und ihre wirtschaftlichen Aktivitäten. In deren Folge treten Übernutzung und Umgestaltung von Pflanzendecken, Versalzung, Abtragung des Bodens durch Wasser und Wind (Bodenerosion), Verdichtung und Versiegelung von Böden auf.

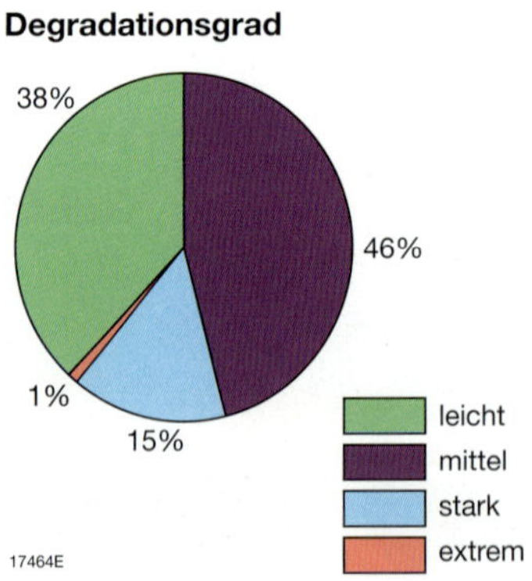

M2 Welt-Bodendegradation

Grundlage für das menschliche Leben ist auch die Naturressource Boden. Dieser ist Lebensraum für Pflanzen und Tiere und dient dem Menschen vor allem für die Versorgung mit Nahrungsmitteln. Boden ist für viele aber auch eine sichere Wertanlage, er wird bebaut und versiegelt.

In Deutschland geht jeden Tag eine Bodenfläche so groß wie etwa 170 Fußballfelder durch Bebauung und durch die Anlage von Verkehrsflächen verloren.

Weltweit wird Boden durch intensiven Ackerbau, Überweidung, Entwaldung, den Abbau von Bodenschätzen oder auch durch kriegerische Auseinandersetzungen geschädigt.

Die **Bodendegradation** ist zu einem vom Menschen verursachten Problem geworden. In Deutschland gibt es ein Bodenschutzgesetz. Es soll den Verbrauch, die Bewirtschaftung und Schutzmaßnahmen regeln.

1 *Erläutere, warum die Ressource Boden ein wertvolles Gut ist.*

2 *Nenne einige Umstände, durch die Böden weltweit gefährdet sind (M1–M2).*

3 *Nenne Landschaftszonen, die von Bodenerosion betroffen sind.*

Problem: Bodenversalzung
Vor allem in semiariden und ariden Gebieten kann durch intensive Bewässerung und Düngung die Entstehung von Salzkonzentrationen in den oberen Bodenschichten beschleunigt werden. Etwa 40 Prozent der Weltbevölkerung leben in diesen Gebieten. Große Flächen gehen durch eine unsachgemäße Bewirtschaftung für die Erzeugung von Nahrungsmitteln verloren.

Bodenversalzung in Colorado

Sandsturm auf der A19 bei Rostock im April 2011

Problem: Bodenerosion
In Mitteleuropa werden zwischen 0,5 und 10 Tonnen Boden je Hektar durch Erosion abgetragen. In Deutschland sind es im Mittel fünf Tonnen je Hektar. Im April 2011 kam es durch einen Sandsturm auf der A 19 bei Rostock zu einer Massenkarambolage. Vom an die Autobahn angrenzenden Acker wehte ein stürmischer Wind den Boden aus. Der Unfallort liegt in einem sehr winderosionsgefährdeten Gebiet. Keine Hecken oder Gehölze begrenzen die Autobahn.

Problem: Bodenverdichtung
Bodenbearbeitung mit dem Ziel, den Boden zu lockern, kann aber auch zu Bodenverdichtungen führen. Häufiges Befahren mit schweren Maschinen schädigt den Boden im Untergrund. Besonders stark erosionsfördernd wirken die glatten, meist unbewachsenen Fahrspuren. Diese stellen zusätzlich zur Verdichtung noch eine wassersammelnde Vertiefung dar. Bodenverdichtung beeinträchtigt den Wasserhaushalt sowie die Lebensbedingungen der Bodenorganismen.

Bodenverdichtung durch schwere Landmaschinen

Flughafen Frankfurt-Hahn

Problem: Bodenversiegelung
Große Teile von Siedlungs- und Verkehrsflächen sowie auch zahlreiche Schulhöfe sind versiegelt. Diese Flächen werden mit wasserundurchlässigen Materialien bedeckt. Damit fehlt dem Boden der natürliche Wärme-, Wasser- und Stoffaustausch. Die Wirkung der Versiegelung auf den Boden besteht darin, dass das Regenwasser nicht mehr in den Boden einsickern kann. Es kommt zu einem erhöhten und beschleunigten Oberflächenabfluss. Das Rückhaltevermögen des Bodens verringert sich.

Nachhaltiger Umgang mit Ressourcen

Die Einwohner eines Industrielandes verbrauchen im Verlaufe eines Jahres pro Kopf zwischen 15 und 35 Tonnen Rohstoffe, z. B. für Lebensmittel, Kleidung, Möbel, IT-Technik, Fahrzeuge.

Produkt	Rucksack
1 kg Kunststoff	5 kg
1 kg Papier	15 kg
1 kg Kupfer	0,5 t
1 kg Gold	550 t
1 kg Fleisch	17 kg
1 kg Zucker	13 kg
1 CD	1,6 kg
1 Jeans	32 kg
Laufschuhe	3,5 kg
1,6 t Kfz	70 t

M1 Ökologischer Rucksack ausgewählter Produkte ▷

Allerdings ist diese Gewichtsangabe zu gering gefasst. Denn jedes Produkt, das wir verbrauchen, benötigt wiederum zu seiner Herstellung eine bestimmte Menge an Ressourcen. Forscher haben dafür eine anschauliche Maßeinheit, den „**ökologischen Rucksack**."

Es ist eine sinnbildliche Darstellung der Menge an Ressourcen, die bei der Herstellung, dem Transport und der Entsorgung eines Produktes verbraucht werden. Bei der Herstellung von Agrarprodukten zum Beispiel wird dieser Rucksack auch vom Wasserverbrauch, Energieverbrauch, den Transportwegen und der Verpackung beeinflusst.

Ziel der verarbeitenden Industrie muss sein, mit geringem Rohstoff- und Energieeinsatz Produkte herzustellen, die eine lange Lebensdauer haben und zur Wiederverwertung geeignet sind. Das „Zauberwort" für Entwicklungsingenieure und Designer lautet „Life-Cycle-Engineering" – die lebenszyklusorientierte Produktion.

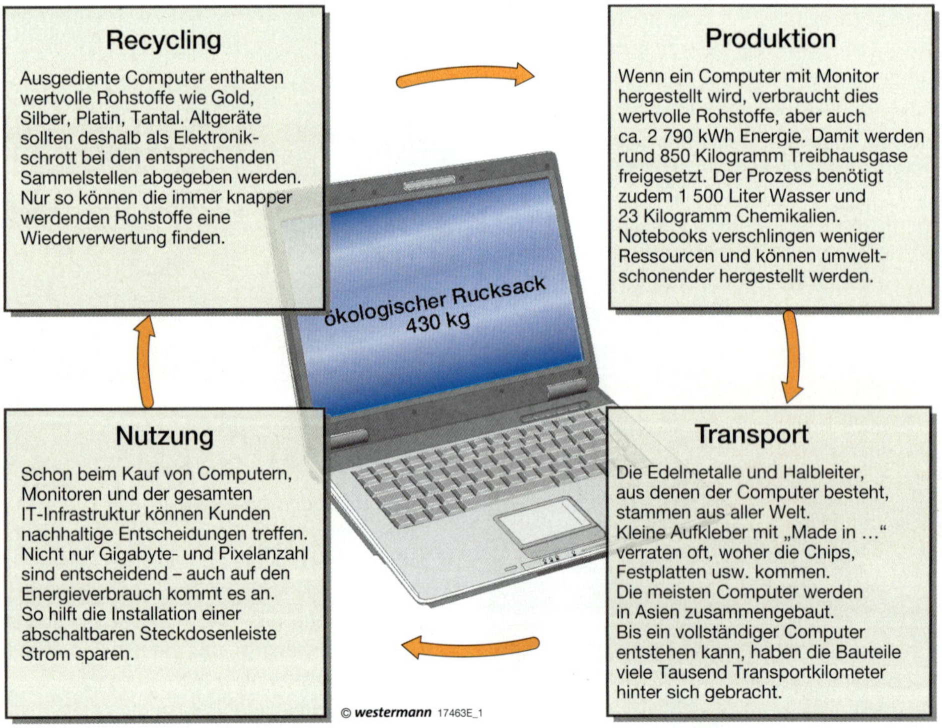

M2 Lebensweg eines Computers

www.diercke.de D3-194

Recycling – Einfälle für Abfälle

Wir leben in einer Konsumgesellschaft, in der viel weggeworfen wird. In einer Zeit immer knapper werdender Ressourcen stehen wir vor der Frage, wie Produkte, die ihr „Lebensende" erreicht haben, wiederverwertet werden können. Für die meisten deutschen Haushalte ist es seit Jahren eine Selbstverständlichkeit, den anfallenden Müll zu trennen. Durch Recycling wird rund die Hälfte des Mülls in den Materialkreislauf zurückgeführt.

Metallschrott
Während früher Stahl ausschließlich aus reinem Eisenerz hergestellt wurde, besteht er heute zu mehr als 50 Prozent aus Schrott. Schrottrecycling erfordert noch viel Arbeit, um die Rückführung z. B. von Alteisen, Buntmetallen, Blechen, Spänen oder Abbruchschrott sortenrein in den Produktionsprozess zu ermöglichen.

Papier
In Deutschland werden rund 80 Prozent des verbrauchten Papiers recycelt. Damit sind wir „Weltmeister im Altpapiersammeln". Durch die Verwendung von wiederaufbereitetem Papier (z. B. Schreibpapier, Briefumschläge, Toilettenpapier, ...) schonen wir unsere Wälder und sparen Energie und Wasser.

Plastikflaschen
In Aufbereitungsanlagen werden die PET-Flaschen in kleine Flakes zerhackt und zu Granulat aufbereitet.Der größte Anteil der zurückgegebenen PETs geht nach China: Dort werden die weißen Flakes zu Textilfasern verarbeitet, bunte Flakes dienen als Füllstoff in Teddybären oder werden zu Folien.

Altglas
In Deutschland werden jährlich rund zwei Millionen Tonnen Altglas gesammelt. Es lässt sich zu 100 Prozent recyceln und beliebig oft ohne Qualitätsverlust einschmelzen. Das ist bei kaum einem anderen Verpackungsstoff der Fall. Jede Flasche besteht heute zu 60 bis 90 Prozent aus Altscherben. Dadurch werden Rohstoffe, Energie und Deponieraum eingespart.

M3 Recycling von Rohstoffen

1 *Erkläre die Bezeichnung „ökologischer Rucksack" (Text).*

2 *Beschreibe den Produktionszyklus eines Computers und begründe den „ökologischen Rucksack" in Höhe von 430 kg (M1).*

3 *Erläutere, weshalb der Verzehr von saisonalem Obst und Gemüse bevorzugt werden sollte.*

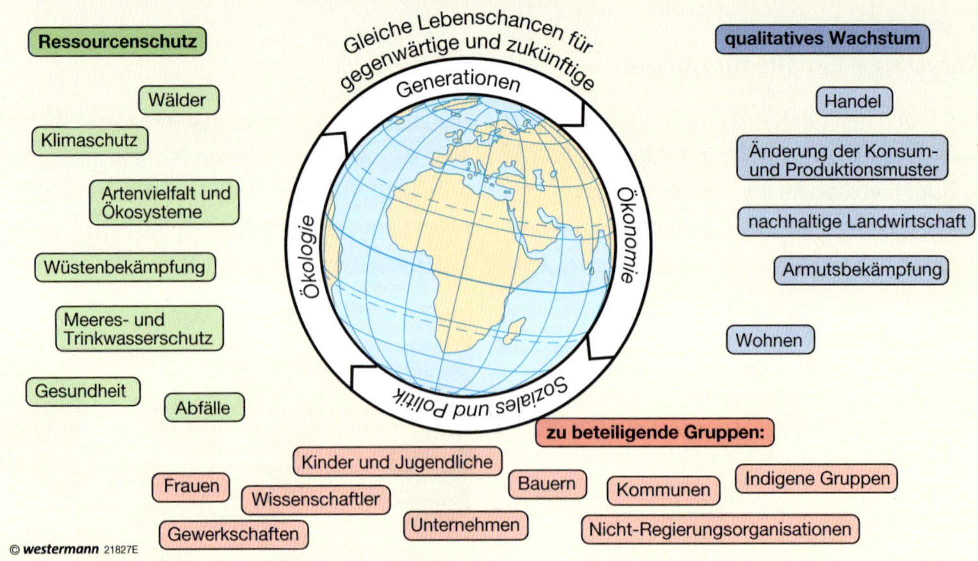

M1 Agenda 21 / globales Aktionsprogramm für eine nachhaltige Entwicklung

Unsere Zukunft nachhaltig gestalten

Agenda 21

Wir müssen mit den Ressourcen der Erde nachhaltig umgehen, damit sich auch künftige Generationen ihre Lebensbedürfnisse erfüllen können. Nachhaltig wirtschaften bedeutet, ökonomische, ökologische und soziale Aspekte zu beachten (Nachhaltigkeitsdreieck). Nachhaltigkeit ist ein international vereinbartes Leitbild für die Umwelt-, Wirtschafts- und Sozialpolitik des 21. Jahrhunderts. Die Vereinten Nationen (UN) haben entsprechende Programme wie die **Agenda 21** entworfen. Mit dem Motto „Global denken – lokal handeln!" will die Agenda 21 Menschen anregen, auf internationaler, nationaler und lokaler Ebene nachhaltig zu handeln.

M2 Schüler-Karikatur

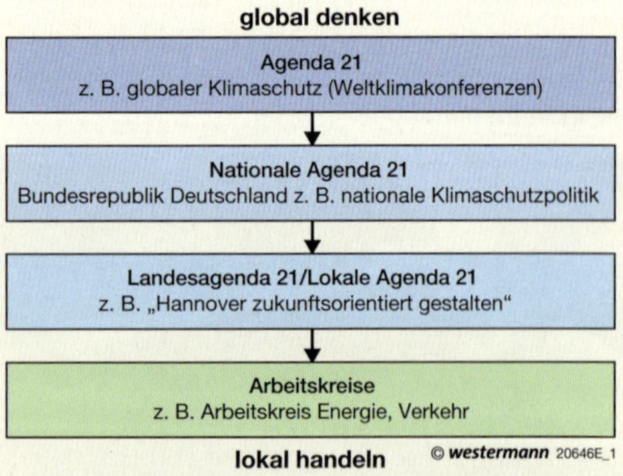

M3 Handlungsebenen der Agenda 21

1 *Nenne die Aspekte des Nachhaltigkeitsdreiecks (Randspalte links).*

2 *Erläutere das globale Aktionsprogramm Agenda 21 (Text, M1)* ***oder*** *erkläre die Handlungsebenen der Agenda 21 mit Beispielen (Text, M3).*

3 *Interpretiere die Karikatur M2.*

4 *Recherchiere. „Agenda21 – ein umwelt- und entwicklungspolitisches Aktionsprogramm".*

www.diercke.de
D3-038

M4 Aktion „Handys in die Tonne“

M5 Auszeichnung einer Umweltschule

Wir werden „Umweltschule in Europa“

Das Projekt „Umweltschule in Europa/Internationale Agenda 21-Schule“ will Schulen entwickeln, die umweltverträglich sind und die eine Bildung für nachhaltige Entwicklung im Schulleben verankern.
Schulen können die Auszeichnung „Umweltschule in Europa/Internationale Agenda 21-Schule“ erhalten, wenn sie innerhalb der zweijährigen Projektzeit ein selbst entwickeltes Konzept zur Verbesserung ihrer Umweltverträglichkeit erfolgreich umsetzen konnten.

Dafür wählt jede Schule für den Projektzeitraum zwei Handlungsfelder (*www.umwelt-schule-niedersachsen.de*).
Schulen wählten beispielsweise die folgenden Projekte:

- Ausbildung von Energiesparberatern oder Energiescouts,
- Energie- und Müllmanagement in den Klassen,
- erneuerbare Energien in der Schule nutzen: Solaranlage, Windkraftwerk,
- Ressourcenschonung durch Abfallvermeidung, -trennung und Recycling,
- nachhaltige Schülerfirmen,
- sparsamer Umgang mit Wasser.

Bewusste Ernährung
An diesem Tag gilt für alle in unserer Schule das Motto: fleischlos, energiesparend, abfallarm. Und langsam essen!

Kleidertausch-Party
Dein Kleiderschrank ist voll und du hast trotzdem nichts zum Anziehen? Nutze die Chance bei Hannovers erster Kleidertausch-party!

M6 Beispielprojekte für Nachhaltigkeit

5 *Plane für dich einen nachhaltigen Tag (www.nachhaltiger-konsumieren.info) und führe ihn durch.*

6 *Begründe, warum die Projekte in M6 für nachhaltiges Handeln sinnvoll sind.*

7 *Plane in der Schule Aktionen für nachhaltiges Handeln (Text, M4, M5).*

8 *Gründe in deiner Schule eine Projektgruppe, um Umweltschule in Europa zu werden. Setze die gewählten Handlungsfelder um.*

9 *Recherchiere. Erläutere wichtige Gütesiegel für nachhaltigen Konsum und beschreibe deren Kennzeichen. Präsentiere dein Ergebnis.*

1 Windkraft – segensreich oder landschaftszerstörend?

a) Liste Vorteile und Nachteile von Windkraftanlagen an Land auf.

b) Nenne ökologische Vorteile von Windkraftanlagen gegenüber Kohlekraftwerken.

Windenergie ist die billigste und sauberste Art, Strom in großen Mengen zu erzeugen. Aber die Windkraft wirkt sich durch Geräusch-Emissionen sowie Schlagschatten (Schattenwurf der Rotoren) nachteilig für Mensch und Tierwelt aus. Vögel weichen den Windenergieanlagen in der Regel aus, für einzelne Vogel- und Fledermausarten besteht jedoch eine erhöhte Gefahr der Kollision. Außerdem sehen viele Menschen in Windkraftanlagen eine Verschandelung des Landschaftsbildes. Deshalb bauen viele Länder inzwischen große Anlagen auf dem Meer. Diese Offshore-Windparks sind zwar im Bau und Unterhalt teurer, erzeugen durch höhere Windgeschwindigkeiten auf offener See aber auch um bis zu 40 % mehr Strom.

2 Deutschlands Rohstoffversorgung

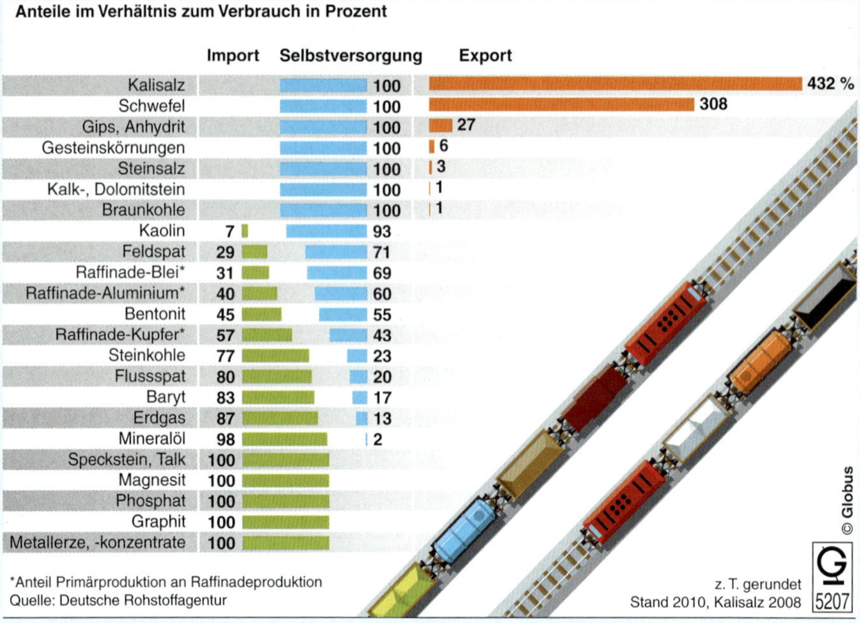

a) Nenne jeweils zwei Energierohstoffe, chemische Rohstoffe, Metallrohstoffe sowie Bau- und Keramikrohstoffe aus der Liste.

b) Prüfe mithilfe der Grafik, ob folgende Aussagen über Deutschlands Rohstoffversorgung richtig oder falsch sind. Begründe deine Entscheidung.

1. *Deutschland ist Selbstversorger bei Kalisalz und Phosphat.*
2. *Metallerze werden vollständig importiert.*
3. *Alle Rohstoffe müssen zumindest zum Teil importiert werden.*
4. *Bei allen Energierohstoffen ist Deutschland abhängig vom Import.*
5. *Deutschland ist ein bedeutender Exporteur für Kalisalz und Schwefel.*
6. *13 % des deutschen Erdgasverbrauchs werden im Inland gefördert.*
7. *Steinkohle muss zu 77 % aus dem Ausland herbeigeschafft werden.*
8. *Braunkohle ist der Energieträger, den Deutschland nicht zur Verfügung hat.*

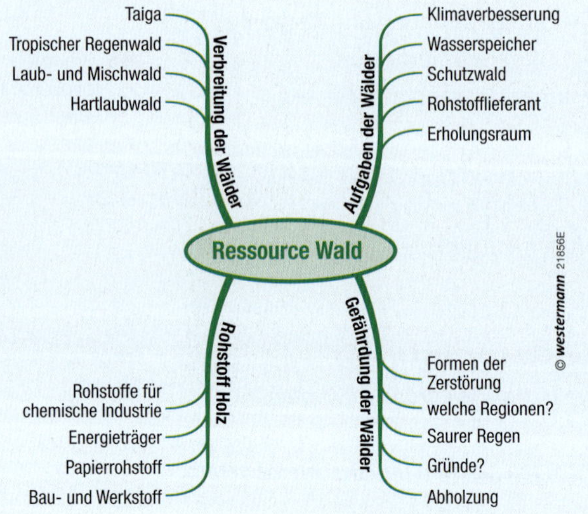

3 Projekt Ressource Wald

a) Zeichne die Mindmap ab. Ergänze Hauptstränge oder Nebenstränge.

b) Wähle ein Thema aus.

c) Recherchiere zum Thema zum Beispiel im Internet, in Lehrbüchern, in der Bibliothek.

d) Wähle eine Produkt, wie du deine Ergebnisse präsentierst (mediengestütztes Referat, Bildschirmpräsentation, Ausstellung, Lernplakat).

e) Präsentiere dein Produkt mithilfe von Bildern, Grafiken, Diagrammen, Texten, mündlichen Erläuterungen.

4 Wasservorkommen auf der Erde

a) Erkläre die inhaltlichen Aussagen der drei dargestellten Wasserwürfel jeweils in einem Satz.
b) Gib jedem Würfel eine passende Überschrift.
c) Stelle das Wasservorkommen auf der Erde in einer anderen grafischen Form dar.
d) Berechne die Süßwassermenge, die einem Erdbewohner bei einer Erdbevölkerung von ca. 7 Milliarden wirtschaftlich günstig zur Verfügung steht.

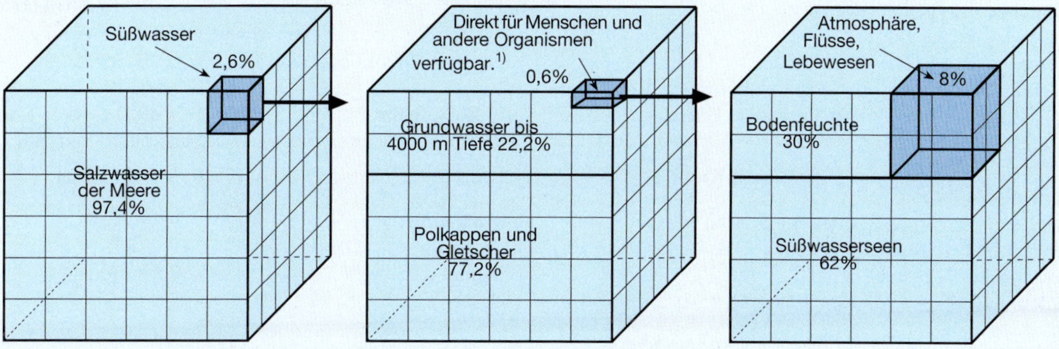

1) Experten des „Internationalen Wassermanagement Instituts" haben errechnet, dass die leicht zugängliche und wirtschaftlich günstig nutzbare Süßwassermenge auf der Erde lediglich 9 000 km³ beträgt.

7085E_5

5 Regenerative Energien

a) Erkläre, was regenerative Energien bedeutet.
b) Setze folgende Satzbausteine zu sieben sinnvollen Sätzen zusammen. Satzzeichen musst du selbst setzen.

In Gezeitenkraftwerken / geothermische Kraftwerke / Windräder / Wasserkraftwerke / Sonnenkollektoren / Photovoltaikanlagen / Wärmepumpen / und damit elektrischer Strom erzeugt / und erzeugen elektrischen Strom / wird der Unterschied zwischen Ebbe und Flut genutzt / erwärmen Wasser / nutzen Temperaturunterschiede in der Umwelt / für die Heizung und für Warmwasser aus dem Hahn / erzeugen Strom aus Sonnenlicht / und erzeugen warmes Wasser / werden durch Luftbewegungen angetrieben / und erzeugen elektrischen Strom / nutzen die Schwerkraft des Wassers / und erzeugen elektrische Energie / nutzen die Wärme aus dem Erdinneren.

c) Erläutere, was mit Energiewende gemeint ist.

6 Karikatur

a) Beschreibe die Karikatur.
b) Erkläre, auf welche Entwicklung der Karikaturist hinweist.
c) Erläutere das Problem Rohstoffvorräte und Rohstoffverbrauch.
d) Stelle mögliche Lösungen für das Problem vor.

Grundbegriffe

Agenda 21
Atomenergie
Bodendegradation
Braunkohle
Erdgas
Erdöl
Erneuerbare Energien
Offshore-Windpark
Ökologischer Rucksack
Ressource
Rohstoff
Rohstoffreserve
Schelf
Steinkohle
Südostanatolien-Projekt
Mineralische Rohstoffe
Seltene Erden
Virtuelles Wasser

Unterstützungssystem

?! Hilfestellung beim Beantworten von Aufgaben

Seite 8, Aufgabe 3
Lege das Säulendiagramm wie folgt an: Verwende für jeweils 50 000 Beschäftigte 1 cm Säulenhöhe.

Seite 11, Aufgabe 4
Nutze folgende Textbausteine bei der Beantwortung:
Durch Subventionen konnten ... – Wachstums- und Zukunftsbranchen wie die ... – VW, BMW und Porsche – Auch bei Zulieferern – Ein Netzwerk von – Die Beschäftigtenzahlen in der sächsischen Automobilindustrie sind im Zeitraum 1990–2012 ...

Seite 12, Aufgabe 1b)
Zusammenhang M1 und M3: Überlege, welche Folgen die Aufgabe eines großen Industriebetriebes für eine Region hat. In M3 ist eine Folge dargestellt.
Zusammenhang M5 und M7: Überlege, welche Vorteile gute Beschäftigungsmöglichkeiten für die Menschen in einer Region haben. Ein Vorteil ist in M5 dargestellt.

Seite 18, Aufgabe 2
Wirtschaftlicher Aktiv- bzw. Passivraum: Informationen findest du jeweils im Text unter der entsprechenden Zwischenüberschrift.

Seite 20, Aufgabe 2
Nutze folgende Textbausteine bei der Beantwortung:
Investitionsschwerpunkte – Firmen aus Deutschland – Kfz-Zulieferbranche – Energieunternehmen – Einzelhandelsketten – ausländische Investoren – gut ausgebildete Arbeitskräfte – niedriges Lohnniveau.

Seite 22, Aufgabe 3
Ergänze den Lückentext:
Länderübergreifende ______________ in Europa werden als ______________ bezeichnet. Die ____________ erfolgt hinsichtlich ______________________ Fragen. Ziel ist es, die Region ______________ weiter zu entwickeln.

Seite 25, Aufgabe 5
Japans Wirtschaft ist auf den Export von Waren ausgerichtet. Überlege, warum Standorte an der Küste für den Export wichtig sind.

Seite 26, Aufgabe 2
Erstelle eine Zeitleiste, die von 1900 bis heute reicht. Trage zu folgenden Jahreszahlen wichtige Ereignisse der Firmengeschichte Toyotas ein: 1933, 1935, 1952, 1957, 1962, 1972, 1999, 2014.

Seite 28, Aufgabe 2
Nutze folgende Textbausteine bei der Beantwortung:
Bedeutendste Wirtschaftsmacht – Coca-Cola – Boeing – Microsoft – weltweit – Rohstoffreichtum, gut ausgebildete Arbeitskräfte, Ideenreichtum, großer Absatzmarkt – Aufstieg – nach dem Zweiten Weltkrieg – Lebensstandard – Automatisierung der Arbeitsprozesse – Arbeitslosigkeit – neue Boomphase – Anfang der 1990er-Jahre – neue Industrien – landwirtschaftliche Produktion – weltweit führend – Selbstversorger.

Seite 30, Aufgabe 2
Im ersten Absatz des Haupttextes auf Seite 30 wird die Bezeichnung „Belt“ erklärt.

Seite 36, Aufgabe 3
Du kannst zum Beispiel schauen, aus welchem Land deine Speisen stammen oder in welchem Land deine Kleidungsstücke hergestellt wurden.

Seite 39, Aufgabe 4
Denke an den Zusammenhang zwischen Rohstoffen und Industrieprodukten.

Seite 42, Aufgabe 2
Beachte folgende Schwerpunkte:
Konsumgewohnheiten, Arbeitsplätze, Verbreitung von Produkten.

Seite 42, Aufgabe 4
Beachte dabei: Die Länder in der rechten Grafik sind jeweils so gewählt, dass das BIP der Vergleichsfirma etwa gleich hoch ist.

Seite 47, Aufgabe 4
Stichworte für einen Kurzsteckbrief:
Fläche:
Hauptstadt:
Klima:
Bevölkerung:
Wirtschaft:
BIP:
HDI:
...

Seite 48, Aufgabe 5
Atlas Diercke Drei S. 208/209
Atlas Heimat und Welt S. 158/159

Seite 51, Aufgabe 3
Beachte die Sicherheitsbedingungen in der Mine.

Seite 54, Aufgabe 4
Beziehe bei der Beantwortung folgende Bereiche mit ein: Sprache, Kommunikationsmöglichkeiten, Lohn.

Seite 57, Aufgabe 3
Beschreibe bei der Auswertung jeweils die räumliche Verteilung von Merkmalen der wohlhabenden und der armen Stadt Bangalore.

Seite 60, Aufgabe 2
Denke bei der Bewntwortung an folgende Punkte: Umweltauflagen, Verfügbarkeit von Arbeitskräften, Beschaffenheit des Strandes, Lage bzw. Nähe zu internationalen Seehäfen und Handelsrouten.

Seite 69, Aufgabe 4:
Zur Orientierung sind in das Satellitenfoto nachträglich Ländergrenzen und die Bezeichnungen zweier Staaten eingetragen worden.
Benenne zuerst weitere Staaten, die auf dem Satellitenfoto zu sehen sind (Atlas, politische Karte).
Große Städte erkennst du an besonders hellen und großen Lichtpunkten. Nenne Städte, die du im Satellitenbild erkennst (Atlas, physische Karte).
In dicht besiedelten Gebieten liegen die Lichtpunkte dicht beieinander. Vergleiche das Satellitenbild mit Atlaskarten „Vegetation und Landwirtschaft" oder „Wirtschaft". Nenne Gebiete, in denen viele Menschen und Gebiete, in denen wenig Menschen leben. Beschreibe ihre wirtschaftliche und landwirtschaftliche Ausprägung.

Seite 71, Aufgabe 3:
Übertrage folgende Tabelle in deine Mappe oder dein Heft und fülle sie aus.
Die Weltbevölkerung steigt um jeweils eine Milliarde

Zahl der Menschen auf der Erde	Jahr	Zeit des Wachstums um 1 Milliarde
1 Milliarde	1804	
2 Milliarden	1927	123 Jahre
3 Milliarden	...	
...		

Seite 71, Aufgabe 5:
Benutze im Atlas eine politische Weltkarte.

Seite 74, Aufgabe 3:
Du kannst mit folgenden Satzanfängen beginnen:
Viele Menschen werden älter, weil ...
Die Anzahl der Familien mit mehr als vier Kindern veränderte sich in dem Zeitraum ... von ... auf ...
Die Anzahl der Familien mit gar keinen Kindern ...
Die Menschen, die in den 1950er-Jahren geboren sind, sind im Jahr 2006 ... und 2025 ... Jahre alt.
Zusatz:
Beachte die städtischen Ballungsräume und die unterschiedlichen Veränderungen in Nord- und Süddeutschland sowie Ost- und Westdeutschland. Informiere dich über Arbeitslosigkeit, Wirtschaftskraft, religiöse Einstellungen etc. in einzelnen Regionen.

Seite 78, Aufgabe 3:
Recherchiere zum Beispiel folgende Stichworte:
Mutterschutz, Mutterschaftsgeld, Elternzeit, Elterngeld, Erziehungszeiten, Erziehungsurlaub, Kindergeld, Wohngeld, Kinderzuschlag, ...

Seite 80, Aufgabe 3:
Bearbeite die einzelnen Länder wie das Beispiel Niger:
2013 lebten im Niger 16,9 Milliarden Menschen. 2025 werden es vermutlich 10,1 Milliarden (Rechnung: 27 – 16,9 = 10,1) mehr sein. 2050 werden es gegenüber 2025 vermutlich noch einmal 38,8 Milliarden (Rechnung: 65,8 – 27 = 38,8) mehr Menschen sein. Von 2013 bis 2050 wächst die Bevölkerung vermutlich um 48,9 Milliarden (Rechnung: 10,1 + 38,8 = 48,9 oder 65,8 – 16,9 = 48,9). Die Bevölkerung wächst von 2013 bis 2050 vermutlich um fast das Dreifache (48,9 : 16,9 = 2, 9).
Lege eine Tabelle an:

Land	2013 Bev. in Milliarden	Unterschied	2025 Bev. in Milliarden	Unterschied	2050 Bev. in Milliarden	Unterschied insgesamt	Wachstum um das x-fache
Niger	16,9	10,1	27,0	38,8	65,8	48,9	2,9
Nigeria							
Uganda							
Swasiland							
Südafrika							

Seite 81, Aufgabe 4:
Benutze deine Ergebnisse aus Aufgabe 3 auf Seite 80.
Beachte, dass in Uganda die Aids-Rate rückläufig ist und dass Südafrika einen hohen Entwicklungsstand hat und die Geburtenrate vergleichsweise niedrig ist.

Seite 82, Aufgabe 3:
Übertrage die unten abgedruckte Tabelle in deine Mappe oder dein Heft und fülle sie aus.
„Gewinne" und „Verluste" der Herkunftsländer von Migranten

Gewinne	Verluste
Migranten schicken Geld	

Seite 84, Aufgabe 2:
Übertrage die unten abgedruckte Tabelle in deine Mappe oder dein Heft und fülle sie aus.
Städte mit mehr als 10 Millionen Einwohnern

Nordamerika	*Los Angeles*
Südamerika	
Europa	
Afrika	
Asien	
Australien	---
Antarktis	---

Seite 91, Aufgabe 3:
Ergänze den Lückentext:
Der Anteil der ______________ in den Entwicklungsländern ist im Vergleich zu den Industrieländern viel höher. Beim Verbrauch von ____________ sowie bei der ______________-produktion zeigt sich ein gegensätzliches Bild. Auch beim CO_2- und FCKW- ______________ ist der Anteil der __________________ wesentlich höher. Insgesamt lässt sich feststellen, dass der hohe ____________________ in den Industrieländern für das Ungleichgewicht verantwortlich ist.

Seite 101, Aufgabe 5:

Nahrungsmittel	Äthiopien		Deutschland	
Gesamtmenge	537 g	100 %	1550 g	100 %
Getreide/ Kartoffeln	328 g	61 %	550 g	35,5 %
?	*?*	*?*	*?*	*?*

Seite 102, Aufgabe 3:
Verfügbares Energieangebot pro Person und Tag (M1): 11 740 kJ
Vergleiche das Welt-Energieangebot mit dem Angebot in den einzelnen Regionen.

Seite 104, Aufgabe 3:
Denke daran, dass die Ackerfläche ein knappes Gut ist und Bauern bei der Wahl ihrer Anbaufrüchte danach entscheiden, wie viel Einnahmen sie erzielen können.

Seite 105, Aufgabe 6:

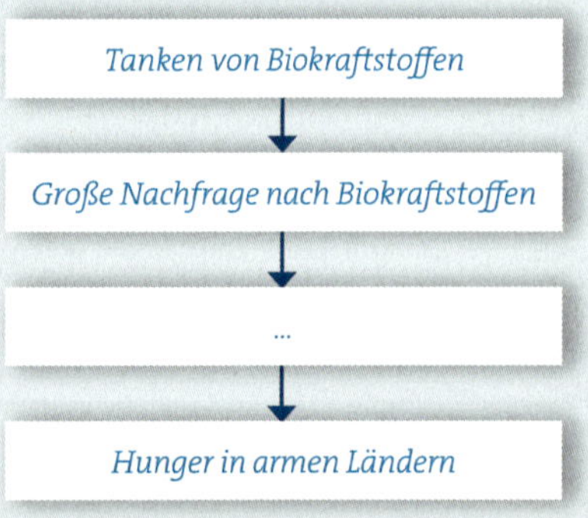

Seite 107, Aufgabe 7:
Einzelne Glieder in der Kette der Kreisläufe bieten Einsatzmöglichkeiten zu helfen. Verfolge dann im Kreislauf die mögliche Wirkung der Hilfe.

Seite 109, Aufgabe 4:
Gehe besonders auf die Wasserverfügbarkeit ein.

S. 113, Aufgabe 3:
Atlas Diercke Drei S. 171.3
Atlas Heimat und Welt S. 124/125

Cash Crop	Land
Erdnüsse	Senegal, Mali, ...
Kaffee	...
...	...

Seite 115, Aufgabe 6:
Denke daran, dass es durch Klimawandel zu Dürren und Überschwemmungen kommen kann. Was bedeutet das für die Betroffenen Ackerflächen und die Ernten?

Seite 117, Aufgabe 4
Wenn Importprodukte mit hohen Zöllen belegt werden, ____________ die Preise.
Wenn in einem Land bestimmte Produkte mit ____________ unterstützt werden, dann können die Produkte weit unter dem normalen __________ verkauft werden, denn die Produzenten haben bereits durch die ____________ einen Teil ihres Lohnes erhalten.

Seite 119, Aufgabe 3:
Beschreibe die Bedeutung der „Blauen Revolution" für die Ernährung der Menschen und gehe auch auf die Probleme der Ackerkulturen ein (Text, M5).

Seite 128, Aufgabe 3:
Denke daran, dass die Längengrade in Greenwich mit 0° beginnen, und nachdem sie einen Pol geschnitten haben als 180° weiterlaufen. Dieses Verhältnis setzt sich bei den anderen Längengraden fort.

Seite 131, Aufgabe 5:
Beschreibe die Grenzen der einzelnen Schichten in der Atmosphäre und die Bedeutung der Schichten.

Seite 132, Aufgabe 2:
Denke an Veränderungen der Einstrahlung von der Sonne und deren Ursachen. Beziehe auch Veränderungen in der Atmosphäre mit ein.

Seite 135, Aufgabe 4:
Trenne den natürlichen und anthropogenen Kreislauf. Beschreibe die Kohlenstoffspeicher und die Prozesse des Gasaustausches.

Seite 136, Aufgabe 2:
Denke an die starke Reflexion von Sonnenstrahlen über weißen Schnee und Eisflächen. So werden sie nicht in Wärmeenergie umgewandelt.

Seite 139, Aufgabe 4:
Mögliche Wirkungskette zum Thema „Leben mit den Folgen des Treibhauseffekts":

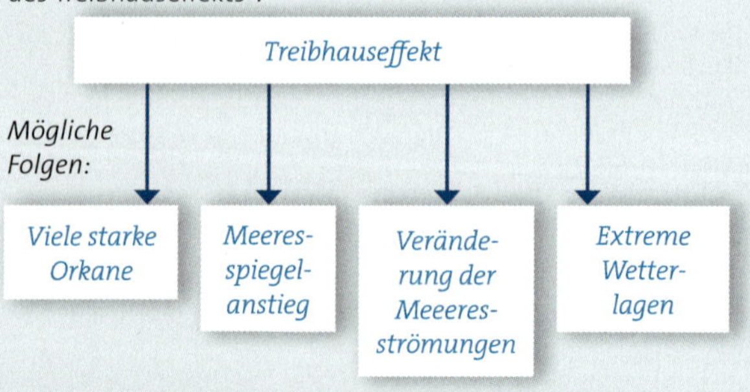

Seite 142, Aufgabe 2:
Ozeane sind Kohlenstoffspeicher. Weil die Ozeane dreiviertel der Erdoberfläche bedecken, können sie ...

Seite 143, Aufgabe 7:
Der Golfstrom transportiert warmes Wasser in den Nordatlantik. Er wird angetrieben durch ... . wenn infolge des Klimawandels der Salzgehalt bei Grünland durch das ab-schmelzen der Gletscherwasser abnimmt, ...

Seite 145, Aufgabe 2:
In der Stratosphäre trifft die UV-Strahlung der Sonne auf Sauerstoff. Die dortige Ozonkonzentration verhindert, dass die schädliche Strahlung die Erde vollständig erreicht. Vom Menschen freigesetzte Fluor-Chlor-Kohlenwasserstoffe steigen auf und zerstören ...

Seite 150, Aufgabe 1b:
Man kann Maßnahmenbündel unterscheiden, die CO_2 aus der Atmosphäre in Kohlenstoffspeichern lagern und in Maßnahmen, die die Sonneneinstrahlung reduzieren. Teile die einzelnen Maßnahmen den Gruppen zu. Erkläre jeweils die Wirkung auf den Treibhauseffekt.

Seite 153, Aufgabe 5:
Starte die angegebene Internetseite. Entscheide, ob du als Einzelperson oder als Familie die Daten erfassen willst. Gehe die einzelnen Kategorien durch. Frage in einigen Bereichen deine Eltern. Vergleiche mit den deutschen Durchschnittswerten.

Seite 158, Aufgabe 3:
Multipliziere die Anzahl der Familienmitglieder mit 1 000 t für alle Rohstoffe. Multipliziere anschließend die Anzahl der Familienmitglieder mit den Einzelwerten in M2 für die einzelnen Rohstoffe.

Seite 161, Aufgabe 3:
Atlas Diercke Drei S. 72–74
Atlas Heimat und Welt S. 42

Seite 164, Aufgabe 2
Ergänze den Lückentext:
Rohöl hat eine ________________ Bedeutung als ________________- und ________________-lieferant. In der ____________________ Industrie werden ________________, ________________, ________________ aus Rohöl hergestellt. Beim Antrieb von ________________ hat Rohöl eine besondere Bedeutung, denn ________________ und ________________ werden im ________________ aus Rohöl gewonnen.
Auch zum ________________ von Wohnungen und Häuser hat Rohöl große Bedeutung.

Seite 166, Aufgabe 3
Die Nutzung erneuerbarer Energien ist nachhaltig, weil ...

Seite 168, Aufgabe 3
Überlege, wann die Energiegewinnung im Tagesverlauf sehr hoch ist und wann die Hauptverbrauchszeiten sind.

Seite 173, Aufgabe 5:
Beachte folgende Bereiche:
Bevölkerungszahl, Lebensgewohnheiten, Konsum, Nahrung.

Seite 175, Aufgabe 3b:
Baumwolle zum Beispiel benötigt hohe Temperaturen, viel Wasser – verträgt aber keine Niederschläge.

Seite 177, Aufgabe 2:
Beachte die möglichen Auswirkungen auf die Umwelt.

Seite 178, Aufgabe 3:
Werte M1 aus. Beachte auch Atlas Diercke Drei S. 174–175.

Seite 181, Aufgabe 3:
Denke an Transportwege und „Virtuelles Wasser“.

Minilexikon

A

Abwrackwerft (S. 60)
Betrieb, in dem alte, nicht mehr benötigte Schiffe zerlegt werden, um die Einzelbestandteile – vor allem Stahl – wiederzuverwerten. Außerdem werden Ersatzteile aller Art, von Navigationseinheiten über Rettungsboote bis hin zu kompletten Motoren, Generatoren und anderen Aggregaten weiterverkauft.

Agenda 21 (S. 183)
Internationales Aktionsprogramm für das 21. Jahrhundert, das 1992 von 179 Staaten auf der UN-Konferenz für Umwelt und Entwicklung in Rio de Janeiro unterzeichnet wurde. Das Programm enthält z. B.Richtlinien zum Umweltschutz, zur Armutsbekämpfung, zur Bevölkerungspolitik sowie zur Zusammenarbeit von Industrie- und Entwicklungsländern.

anthropogener Treibhauseffekt (S. 134)
Treibhauseffekt, der vom Menschen verursacht wird.

Atmosphäre (S. 131)
Die etwa 1000 km dicke Lufthülle der Erde. Sie besteht aus einem Gemisch verschiedener Gase. Die wichtigsten Bestandteile der Atmosphäre sind Stickstoff (77 %), Sauerstoff (21 %), Wasserdampf und Argon. Die unterste Schicht der Atmosphäre heißt Troposphäre. Sie reicht bis in 10 km Höhe. In ihr findet das Wettergeschehen der Erde statt.

Atomenergie (S. 165)
(auch Kernenergie genannt) Sie entsteht bei der kontrollierten Spaltung des Atomkerns des chemischen Elements Uran. Die dabei frei werdende Wärmeenergie wird v.a. zur Stromerzeugung genutzt. Aufgrund des großen Sicherheitsrisikos durch radioaktive Strahlung ist die Erzeugung von Atomenergie in Kernkraftwerken umstritten.

B

Ballungsraum (S. 86)
→ Verdichtungsraum

Bevölkerungsdichte (S. 68)
Durchschnittliche Zahl der Einwohner auf einem Quadratkilometer. Die höchsten Bevölkerungsdichten gibt es in Großstädten und → Ballungsräumen.

Bevölkerungsexplosion (S. 70)
Ein bildhafter Ausdruck (Metapher) für das starke Wachstum der Bevölkerungszahl.

Binnenwanderung (S. 12)
Wanderung innerhalb eines Gebietes (Land, Region, usw.) im Gegensatz zur grenzüberschreitenden Außenwanderung. Die Binnenwanderung setzt sich aus Zuzügen und aus Fortzügen zusammen.

Biokraftstoff (S. 104)
Kraftstoffe, die aus Biomasse hergestellt werden. Sie kommen für den Betrieb von Verbrennungsmotoren zum Einsatz. Ausgangsstoffe der Biokraftstoffe sind nachwachsende Rohstoffe wie Ölpflanzen, Getreide, Zuckerrüben oder -rohr, Wald- und Restholz. Der Begriff „Bio" verweist hier nicht auf eine Herkunft aus ökologischer Landwirtschaft, sondern auf den pflanzlichen Ursprung im Gegensatz zu Rohöl.

blaue Revolution (S. 119)
Blaue Revolution ist eine Bezeichnung für die Förderung der Aquakultur und der Fischerei in Entwicklungsländern.

Bodendegradation (S. 178, Info)

Braunkohle (S. 162)
Fossiler Brennstoff und Energierohstoff, der aus organischer Substanz über die Prozesse der Vertorfung, Fäulnis und Inkohlung entstanden ist. Der Heizwert liegt etwa um die Hälfte niedriger als bei der → Steinkohle.

Bruttoinlandsprodukt (S. 12, Info)

Bruttonationaleinkommen (BNE) (S. 92)
Gesamtwert aller Waren und Dienstleistungen, die von den Bewohnern eines Staates (im In- und Ausland) in einem Jahr produziert werden; früher auch Bruttosozialprodukt (BSP) genannt.

C

Cash Crops (S. 112)
Als Cash Crops (engl.: "Geldfrüchte") werden landwirtschaftliche Produkte bezeichnet, die für den Export angebaut werden. Dazu zählen z. B. Kaffee, Kakao, Bananen, Erdnüsse und Baumwolle. Produkte wie Hirse dienen der Selbstversorgung. Man nennt sie Food Crops.

CO_2 Fußabdruck (S. 152, Info)

Coltan (S. 51, Info)

Container (S. 40)
Genormter Frachtbehälter für die rationelle Beförderung von Gütern. Als Transportmittel dienen Eisenbahnwaggons, Sattelschlepper, Flugzeug oder Schiff.

D

Desertifikation (S. 108)
Die Ausbreitung von Trockenräumen durch menschliche Eingriffe; z. B. Umwandlung der Savannen in Wüste durch Überweidung oder Grundwasserabsenkung.

Diercke-Web-GIS (S. 94, Info)

E

Emissionshandel (S. 149, Info)

Energiepflanzen (S. 104)
Pflanzen, die zur Herstellung von → Biokraftstoffen verwendet werden.

Erdgas (S. 163)
Erdgas lagert in tiefen Gesteinsschichten. Es ist vor vielen Millionen Jahren entstanden. Abgestorbene Pflanzenteile und Mikroorganismen, die auf den Meeresgrund abgesunken sind, wurden von Erdschichten überlagert. Durch die eingeschlossene Luft und hohen Druck wurden durch chemische Prozesse die organischen Materialien in brennbare Kohlenwasserstoffe umgewandelt.

Erdöl (S. 164)
dünn- bis dickflüssiger → Rohstoff, der eine große Rolle in der Weltwirtschaft spielt. Erdöl ist Ausgangsprodukt zur Herstellung von Benzin und zahlreicher Kunststoffe und weltweit der wichtigste Energieträger. Die größten Erdölförderländer sind Saudi-Arabien, die USA und Russland.

erneuerbare Energien (S. 166)
Energieträger, die praktisch unerschöpflich zur Verfügung stehen oder sich verhältnismäßig schnell erneuern. Damit grenzen sie sich von fossilen Energiequellen ab, die sich erst über den Zeitraum von Millionen Jahren regenerieren. Erneuerbare Energiequellen gelten als wichtigste Säule einer nachhaltigen Energiepolitik und der Energiewende. Zu ihnen zählen Wasserkraft, Windenergie, solare Strahlung, Erdwärme und nachwachsende Rohstoffe.

Euregio (S. 22)
Abkürzung für Europaregion. Sie bezeichnet länderübergreifende Regionen in Europa. Sie sollen die grenzüberschreitende Zusammenarbeit und die Regionen selbst in gesellschaftlicher und kultureller Hinsicht fördern. Die Europäische Union erhofft sich neben dem Aspekt der länderübergreifenden Zusammenarbeit auch eine Stärkung der potenziell schwächeren Randregionen der einzelnen Mitgliedsstaaten. Ziel ist es, die Regionen zu vernetzen, den Zusammenhalt und das europäische Bewusstsein der EU-Bürger zu stärken.

F

Familienplanung (S. 78, Info)

Favela (S. 86, Info)

Fluor-Chlor-Kohlenwasserstoff (FCKW) (S. 133)
Chemische Verbindung, die in der Industrie zur Herstellung von Treib-, Kühl- und Schmiermittel verwendet wird. Fluor-Chlor-Kohlenwasserstoffe schädigen die Ozonschicht.

G

Geburtenrate (S. 73)
Zahl der geborenen Kinder pro 1000 Einwohner (Angabe in Promille) oder pro 100 Einwohner (in Prozent) in einem Land oder einer Region innerhalb eines Jahres. (→ Wachstumsrate, → Sterberate

Globalisierung (S. 36, Info)

Global City (S. 48, Info)

Global Player (S. 42)
Ein Unternehmen, das Produktionsstandorte in der ganzen Welt hat und den Weltmarkt beliefert. Beispiele sind Apple, Shell oder VW.

Golfstrom (S. 143)
Der Golfstrom ist eine warme Meeresströmung. Er kommt aus dem Golf von Mexiko, durchzieht den Atlantik in nordöstliche Richtung und trifft auf die Küsten in West- und Nordeuropa. Hier sorgt er vor allem im Winter für milde Temperaturen. Er gilt als die „Warmwasserheizung" Nordeuropas und hält die norwegische Küste das ganze Jahr eisfrei.

Großfamilie (S. 73)
Eine Großfamilie besteht aus einer größeren Gruppe von über mehrere Generationen hinweg verwandten Personen.

Grüne Revolution (S. 118)
Intensivierung der Landwirtschaft und damit Steigerung der Nahrungsmittelproduktion durch Verwendung von Hochleistungssaat, Bewässerung, Düngung und Einsatz von Pflanzenschutzmitteln. Zudem werden die Bauern landwirtschaftlich geschult.

informeller Sektor
(S. 52, Info)

K

Klimaschutz (S. 149)
Die Maßnahmen zum Schutz der → Atmosphäre vor Emissionen, wie sie z. B. im → Kyoto-Protokoll festgelegt wurden.

Klimaschwankungen (S. 132)
Die im Vergleich zu den Klimaänderungen eher kurzfristigen periodischen Schwankungen und höchstens Jahrhunderte dauernden Abweichungen vom allgemeinen Klimacharakter eines Gebietes.

Kohlenstoffdioxid (CO_2) (S. 133)
Kohlenstoffdioxid ist eine chemische Verbindung aus Kohlenstoff und Sauerstoff mit der Summenformel CO_2. Kohlenstoffdioxid ist ein unbrennbares, saures, farb- und geruchloses Gas, das sich gut in Wasser löst. Es ist ein natürlicher Bestandteil der Luft und entsteht sowohl bei der Verbrennung von kohlenstoffhaltigen Substanzen unter ausreichender Sauerstoffzufuhr als auch im Organismus von Lebewesen als Produkt der Zellatmung.

Kohlenstoffkreislauf (S. 135)
Kreislauf des Kohlenstoffs in der Biosphäre. Kohlenstoff wird in Form von → Kohlenstoffdioxid von Pflanzen aufgenommen. Die Tiere fressen die Pflanzen und nehmen so den Kohlenstoff auf. Sie geben diesen in Form von Kohlendioxid wieder ab, und der Kreislauf beginnt von vorn.

Kohlenstoffspeicher (S. 135)
ein Reservoir, das Kohlenstoff (C) statisch speichert. Holzprodukte sind Kohlenstoffspeicher, da sie selbst kein Kohlendioxid (CO_2) aus der Atmosphäre fixieren, sondern den bereits im Baum gespeicherten Kohlenstoff über ihre gesamte Lebensdauer in sich tragen. (→ Kohlenstoffkreislauf)

Kyoto-Protokoll (S. 149)
Eine Vereinbarung vieler Industriestaaten auf einer Konferenz 1997 in der japanischen Stadt Kyoto, den Ausstoß von Treibhausgasen (zum Beispiel Kohlenstoffdioxid) weltweit zu senken. Einige Staaten mit hohem Ausstoß von Treibhausgasen, wie die USA, Kanada und Australien, sind nicht beteiligt. (→ Emissionshandel, → Klimaschutz)

L

Landflucht (S. 85)
Als Landflucht wird die Migration aus dem ländlichen Raum in eine Stadt bezeichnet. Pushfaktoren dieser Wanderungsrichtung sind beispielsweise geringes ein Einkommen, keine Arbeitsplätze und geringe Bildungsmöglichkeiten.

Land grabbing (S. 105)
Land Grabbing ist ein Begriff für die illegitime oder die illegale Aneignung von Land, oft durch wirtschaftlich oder politisch durchsetzungsstarke Akteure. Land Grabbing kann durch Inländer oder Ausländer, durch Kleinbauern oder durch Großkonzerne, durch Staatsbedienstete oder Privatpersonen erfolgen.

Logistik (S. 41, Info)

M

Meeresströmungen
(S. 144, Info)

Megastadt (S. 86)
Als Megastadt werden große Städte mit mehr als acht Millionen Einwohnern bezeichnet. Vor allem die rasant anwachsenden Großstädte in den Entwicklungs- und Schwellenländern entwickeln sich zu Megastädten. Daraus ergeben sich Probleme wie Verarmung der Bevölkerung, Umweltverschmutzung und beispielsweise hohe Kriminalitätsraten.

Migration (S. 82, Info)

mineralische Rohstoffe (S. 160)
Rohstoffe aus organischen Substanzen im Boden, welche aus dem Mineralbestand stammen und durch Verwitterung freigesetzt wurden.

natürlicher Treibhauseffekt (S. 133)
Wie in einem Treibhaus wird auf der Erde das eingestrahlte kurzwellige Sonnenlicht am Boden und durch Pflanzen reflektiert und in langwellige Wärmestrahlung umgewandelt.
Einen Großteil dieser Rückstrahlung absorbieren Kohlendioxid und weitere natürliche Klimagase. Ein Teil wird meist in den äußeren Schichten der Atmosphäre durch die so genannten Treibhausgase aufgefangen (absorbiert) und zurückgestrahlt (reflektiert). Auf diese Weise erwärmen sich die bodennahen Schichten der Atmosphäre.

N

Nahrungsbedarf (S. 101, Info)

Nomaden (S. 69, Info)

O

Offshore-Windpark (S. 167)
Eine räumliche Ansammlung von Windenergieanlagen in erheblichem Abstand von der Küste auf See (offshore). Ein solcher Windpark kann nur drei aber auch weit über hundert Windenergieanlagen umfassen.

ökologischer Fußabdruck (S. 152, Info)

ökologischer Rucksack (S. 180)
Sinnbildliche Darstellung der Menge an Ressourcen, die bei der Herstellung, dem Gebrauch und der Entsorgung eines Produktes oder einer Dienstleistung verbraucht werden. Der ökologische Rucksack soll einen Vergleichsmaßstab bieten, mit dem verdeutlicht wird, welche ökologischen Folgen die Bereitstellung bestimmter Güter verursacht. (→ ökologischer Fußabdruck)

P

primärer Wirtschaftsbereich (S. 18)
Wirtschaftssektor, der sich mit der Produktion von Rohstoffen beschäftigt: Land-, Forstwirtschaft, Fischerei und Bergbau. (→ sekundärer Sektor, → tertiärer Sektor)

Produktivität (S. 90, Info)

R

Rohstoff (S. 158)
Ein Rohstoff ist ein unverarbeiteter Stoff, so wie er in der Natur vorkommt (z. B.Holz, Eisenerz, Rohöl). Rohstoffe werden be- und weiterverarbeitet. Man stellt daraus häufig Fertigwaren her (z. B. Möbel, Pkws).

Rohstoffreserve (S. 159)
Die Rohstoffmengen, die gegenwärtig zugänglich und wirtschaftlich abbaubar sind. (→ Rohstoff)

Ressource (S. 159)
Natürliches Produktionsmittel und Hilfsquelle. Dies sind z. B.Rohstoffe, aber auch Umweltgüter wie Luft und Wasser, die für die wirtschaftliche Tätigkeit des Menschen erforderlich sind.

S

Sahel (S. 108)
Die Sahelzone ist die Übergangszone zwischen Wüste und Savanne in Afrika. Da die Niederschläge unregelmäßig fallen, kommt es häufig zu Dürren.

Schelf (S. 176, Info)

Schlüsselindustrie (S. 11)
Unter Schlüsselindustrie versteht man Industriezweige, deren Produktion und Aufträge für andere Industrien, Betriebe oder Länder von hoher Bedeutung sind. Zu den traditionellen Schlüsselindustrien gehören z. B.die Schwerindustrie, die Textilindustrie, der Fahrzeugbau und die Energieerzeugung.

sekundärer Wirtschaftsbereich (S. 18)
Der Wirtschaftsbereich, in dem Rohstoffe be- und weiterverarbeitet werden. Zum sekundären Wirtschaftsbereich gehören, Bauwesen, Handwerk und Heimarbeit. (→ primärer Wirtschaftsbereich, → tertiärer Wirtschaftsbereich)

Seltene Erden (S. 160)
Bezeichnung für eine Gruppe von stark nachgefragten und daher teuren metallischen Rohstoffen (z. B.Lanthan, Neodym). Bei der Produktion von modernen Kommunikationsmitteln, wie etwa Laptops oder Handys sind Seltene Erden ein unverzichtbarer Bestandteil.

Slum (S. 85)
(auch → Elendssiedlung genannt) Wohngebiet mit sehr schlechten Lebensbedingungen. Die Grundbedürfnisse der Bewohner sind hier nicht ausreichend befriedigt.

Standortfaktor (S. 20)
Grund für die Ansiedlung eines Betriebes. Standortfaktoren können sein: Rohstoffvorkommen, Absatzmärkte, Steuererleichterungen. Dabei sind „harte Standortfaktoren" genau finanziell messbar (z. B. Arbeitskosten). „Weiche Standortfaktoren" liegen im sozialen und psychischen Bereich (z. B. Freizeit einer Region). Meist treffen bei der Ansiedlung eines Betriebes mehrere Standortfaktoren zusammen.

Sterberate (S. 74, Info)

Steinkohle (S. 162)
Fossiler Brennstoff und Energierohstoff, der gegenüber der → Braunkohle ein fortgeschritteneres Stadium der Inkohlung erreicht hat. Hoher Druck infolge von Sedimentablagerungen oder starke tektonische Kräfte sind Ursache für den Prozess.

Stratosphäre (S. 145)
Die Stratosphäre ist die über der Troposphäre liegende Schicht in der → Atmosphäre.

Strukturwandel (S. 9, Info)

Subsahara-Afrika (S. 80, Info)

Subventionen (S. 10, Info)

Südostanatolien-Projekt (S. 175, Info)

Sweatshop (S. 47)
Ein Sweatshop (englisch, wörtlich übersetzt: „Schwitz-Laden") bezeichnet einen produzierenden Betrieb (Manufaktur, Fabrik) mit sehr niedrigen Löhnen und schlechten Arbeitsbedingungen.

Szenario (S. 138)
In einem Szenario wird ein mögliches Bild von zukünftigen Ereignissen oder Zuständen beschrieben. Für die Voraussage werden vergangene und gegenwärtige Entwicklungen analysiert. Die getroffenen Voraussagen beruhen dabei stärker auf einer Argumentationsreihe als auf mathematischen Berechnungen. Es handelt sich um eine → Was-wäre-wenn-Prognose". Solche Prognosen sind für Planungsprozesse und politische Entscheidungen unerlässlich. Durch solche Szenarien können rechtzeitig Gegenmaßnahmen getroffen werden.

T

tertiärer Wirtschaftsbereich (S. 18)
(auch Dienstleistungssektor genannt) Der Teil einer Wirtschaft, der Dienstleistungen erbringt: Handel, Banken, Tourismusgewerbe, Verwaltung, Bildungs- und Gesundheitswesen. (→ primärer Wirtschaftsbereich, → sekundärer Wirtschaftsbereich)

Tragfähigkeit (S. 70)
Die Aufnahmemöglichkeit eines natürlichen Raumes für die menschliche Nutzung und die davon ausgehenden Belastungen. Die Tragfähigkeit setzt voraus, dass der Raum sich von diesen Belastungen wieder erholen kann. Tragfähigkeit beschreibt auch die Menge der Menschen, die auf längere Sicht unter menschenwürdigen Lebensbedingungen in einem Raum leben kann.

Treibhausgase (S. 134)
Gase in der Atmosphäre, die den Treibhauseffekt bewirken. (→ natürlicher Treibhauseffekt)

U

Überweidung (S. 108)
Bei der Überweidung kommt es zur Zerstörung der Pflanzendecke durch zuviel Vieh im Weidegebiet. Die Überweidung ist beispielsweise eine verbreitete Erscheinung in der Sahelzone.

Unterernährung (S. 100)
Unzureichende Versorgung mit Nahrungsmitteln; der tägliche Kalorienbedarf kann nicht gedeckt werden. Unterernährung führt auf Dauer zu einer erheblichen Schwächung des Körpers, zu Krankheit und schließlich zum Tod.

UV-Strahlung (S. 145)
(Ultraviolette Strahlung) Kurzwellige, elektromagnetische Strahlung. Sie ist für den Menschen unsichtbar, da die Wellenlänge kürzer ist, als die des für den Menschen sichtbaren Lichtes.

V

Verdichtungsraum (S. 8)
Ein Verdichtungsraum ist eine Region, in der besonders viele Menschen auf engem Raum leben. In einem Verdichtungsraum gibt es viele Arbeitsplätze im → sekundären und im → tertiären Bereich sowie ein gut ausgebautes Verkehrsnetz.

Verstädterung (S. 84, Info)

Verstädterungsgrad (S. 84, Info

virtuelles Wasser (S. 173, Info)

W

Wachstums- und Zukunftsbranche (S. 10)
Wachstums- bzw. Zukunftsbranchen sind Branchen, deren Produkte oder Dienstleistungen sehr hoch nachgefragt werden. Unternehmen der Wachstumsindustrien verzeichnen hohe Wachstumsraten, oft aufgrund von technischen Innovationen.

Wachstumsrate (S. 74, Info)

Welthandel (S. 38)
Der Welthandel umfasst die Gesamtheit aller Güter und Dienstleistungen, die zwischen Nationen ausgetauscht werden – und zwar in einer bestimmten Zeitperiode, meist innerhalb eines Jahres.

Wirtschaftskraft (S. 18, Info)

Wirtschaftsraum (S. 8)
Ein geographischer Raum, der durch bestimmte wirtschaftliche Strukturmerkmale und funktionale Verflechtungen gekennzeichnet ist und sich durch seine individuelle Struktur von den ihn umgebenden Teilabschnitten abhebt.

Ausgewählte Länderdaten

Land	Fläche (in km²)	Einwohner (in Mio.) 2013	Geburtenrate (in ‰) 2013	Sterberate (in ‰) 2013	Lebenserwartung (in Jahren) 2013	BNE pro Kopf (in US-$) 2012
Europa						
Belgien	32 545	11,2	12	9	80	39 260
Bulgarien	110 994	7,3	9	15	74	15 390
Dänemark	43 098	5,6	10	9	80	38 780
Deutschland	357 093	80,6	8	11	80	42 620
Estland	45 227	1,3	11	12	76	21 990
Finnland	338 144	5,4	11	10	81	38 210
Frankreich	543 965	63,9	13	9	82	36 460
Griechenland	131 957	11,1	9	10	81	24 790
Großbritannien	242 910	64,1	13	9	82	35 800
Irland	70 273	4,6	16	6	81	35 110
Italien	301 336	59,8	9	10	82	32 280
Luxemburg	2 586	0,5	11	7	80	63 000
Niederlande	41 526	16,8	10	8	81	43 360
Österreich	83 871	8,5	9	9	81	43 220
Polen	312 685	38,5	10	10	77	20 920
Portugal	92 345	10,5	9	10	80	24 670
Rumänien	238 391	21,3	9	12	74	16 310
Schweden	449 964	9,6	12	10	82	43 160
Schweiz	41 285	8,1	10	8	83	54 870
Slowenien	20 253	2,1	11	9	80	26 470
Spanien	504 645	46,6	10	8	82	31 780
Tschechische Republik	78 866	10,5	10	10	78	24 550
Afrika						
Ghana	238 537	26,1	33	9	61	1 940
DR Kongo	2 344 885	71,1	45	16	45	370
Mali	1 240 192	15,5	46	15	54	1 160
Somalia	637 657	10,4	45	13	54	-
Tansania	945 087	49,1	40	9	60	1 590
Nigeria	923 768	173,6	42	13	52	2 420
Botsuana	581 370	1,9	24	17	47	16 520
Südafrika	1 219 090	53,0	22	11	58	11 190
Nord- und Mittelamerika						
Kanada	9 984 670	35,3	11	7	81	42 690
Mexiko	1 953 162	117,6	19	4	77	16 630
USA	9 809 155	316,2	13	8	79	50 610
Südamerika						
Argentinien	2 780 403	41,3	19	8	76	14 090
Bolivien	1 098 581	11,0	26	7	67	4 960
Brasilien	8 547 404	195,5	15	6	74	11 720
Peru	1 285 216	30,5	20	5	74	10 240
Asien						
China, Volksrepublik	9 572 419	1357,4	12	7	75	9 210
Indien	3 287 263	1276,5	22	7	66	3 840
Israel	20 991	8,1	22	5	82	28 070
Japan	377 837	127,3	8	10	83	36 320
Pakistan	796 095	190,7	30	7	66	3 030
Russland	17 075 400	143,5	13	13	70	22 760
Saudi-Arabien	2 240 000	30,1	21	3	74	25 010
Singapur	683	5,4	10	5	82	61 100
Südkorea	99 313	50,2	10	5	81	30 890
Türkei	779 452	76,1	17	5	74	17 500
Mongolei	1 564 100	2,8	27	6	69	5 100
Ozeanien						
Australien	7 692 030	23,0	13	6	82	43 170
Neuseeland	270 534	4,3	14	7	81	29 960

(Quelle: Fischer Weltalmanach 2014, Datenreport der Stiftung Weltbevölkerung 2013)

Methoden – kurz und knapp

Mit dem Maßstab arbeiten

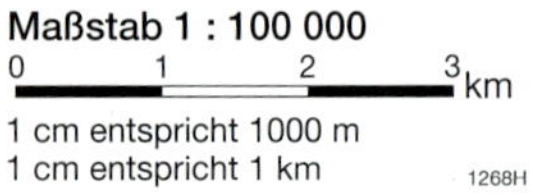

Auf Karten wird die Wirklichkeit stark verkleinert dargestellt. Der Maßstab (1 : Maßstabszahl) gibt das Verkleinerungsverhältnis von einer Strecke auf der Karte zur entsprechenden Strecke in der Wirklichkeit an.
1: 50 000 bedeutet, dass die Strecke in der Karte in Wirklichkeit 50 000 mal größer ist. Das bedeutet, dass 1 cm in der Karte 50 000 cm in der Natur sind. Die 50 000 cm werden noch umgerechnet: 50 000 cm = 500 m. Also entspricht 1 cm auf der Karte 500 m in der Natur.

1. Maßstabsleiste einer Karte genau abzeichnen und auf die gewählte Strecke verlängern.
2. Strecke auf der Karte, deren Länge festgestellt werden soll, mit dem Lineal messen.
3. Lineal an die gezeichnete Maßstabsleiste anlegen und die Entfernung ablesen.

Mit dem Atlas arbeiten

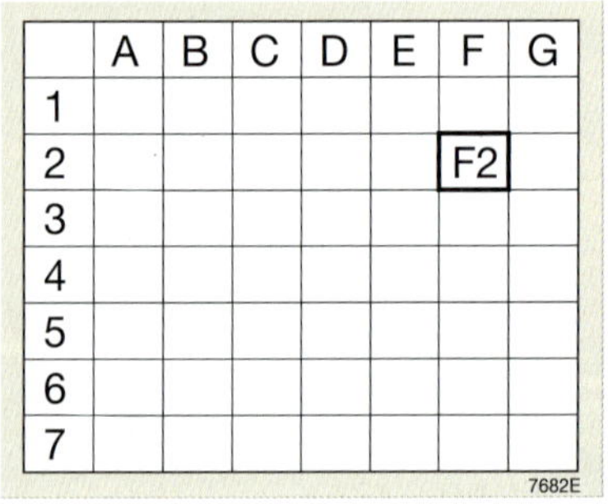

Ein Atlas ist eine Sammlung von Karten aus aller Welt.

1. Der Atlas enthält physische und thematische Karten, ein Inhalts- und Kartenverzeichnis sowie ein Register.
2. Mit dem Inhaltsverzeichnis sind die physischen und thematischen Karten zu finden.
3. Im Atlas findet man Orte mithilfe des Registers und der in den Karten eingezeichneten Planquadrate.
4. In der Legende einer Karte werden die verschiedenen Kartenzeichen (Signaturen) und Flächenfarben erklärt.

Kartieren

Beim Kartieren wird eine Karte gezeichnet, in der verschiedene Symbole und Farben bestimmte Informationen (z. B. die Lage von Gebäuden) veranschaulichen.

1. Gebiet und Thema auswählen (z. B. Freizeiteinrichtungen am Wohnort).
2. Einen Ortsplan oder eine Karte von dem Untersuchungsgebiet besorgen und kopieren.
3. Entscheiden, welche Informationen in der Karte dargestellt werden sollen und entsprechende Symbole oder Farben auswählen.
4. Das Gebiet im Hinblick auf das Thema untersuchen.
5. Auf der Grundlage der kopierten Karte mit den Symbolen und Farben eine Karte erstellen.

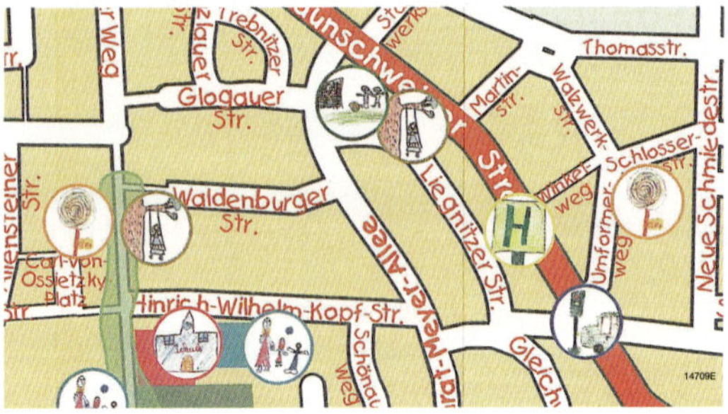

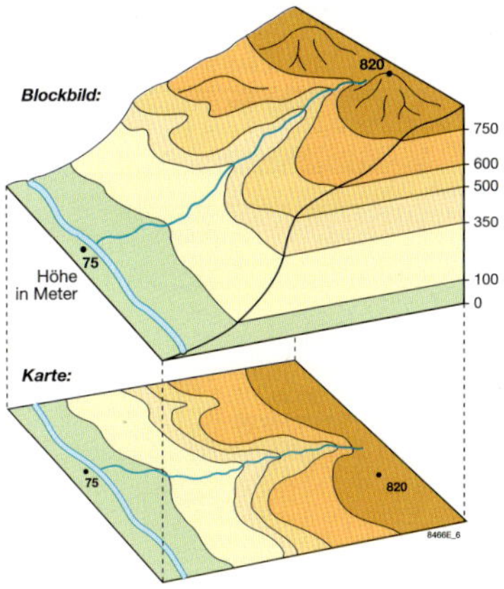

Physische Karten lesen

Physische Karten enthalten Informationen über die Oberflächenform und die Lage von Orten in einem bestimmten Gebiet.

1. Oberflächenformen werden in den Farben Grün, Gelb, Braun dargestellt. Die Farben drücken die Höhenlage eines Gebietes aus.
2. Städte werden mit weißen und roten Punkten sowie mit roten Vierecken dargestellt.
3. Flüsse sind als blaue Linien eingetragen.
4. Außerdem sind Verkehrseinrichtungen und Grenzen dargestellt.

Bilder auswerten und skizzieren

Ein Bild zeigt zum Beispiel einen Ort und Einzelheiten, die auszuwerten sind.

1. Mithilfe der Bildunterschrift und des Atlas die Lage des dargestellten Ortes ermitteln.
2. Das Bild in Vordergrund, Mitte und Hintergrund einteilen.
3. Beschreiben der Einzelheiten, die zu erkennen sind.

4. Zusammenfassen der Informationen des Bildes zu einer Kernaussage.
5. Mithilfe von Transparentpapier eine vereinfachte Darstellung des Bildes erstellen.
6. Zusammenhänge zwischen den einzelnen Bildinhalten erklären.

Thematische Karten auswerten

Thematische Karten stellen ein Thema (z. B. zu Landwirtschaft, Industrie, Klima, Bergbau, Tourismus) in einem bestimmten Gebiet dar.

1. Wie lautet das Thema der Karte? (→ Abbildungsunterschrift)
2. Welches Gebiet wird dargestellt?
3. Wie groß ist das dargestellte Gebiet? (→ Maßstab, Maßstabsleiste)
4. Was bedeuten die eingetragenen Signaturen? (→ Legende)
5. Wie ist der Karteninhalt angeordnet? Sind die Signaturen über die Karte verstreut oder an einigen Punkten konzentriert?
6. Gibt es Zusammenhänge zwischen den Aussagen, die bei der Beschreibung des Karteninhalts gemacht werden?

Klimadiagramme auswerten

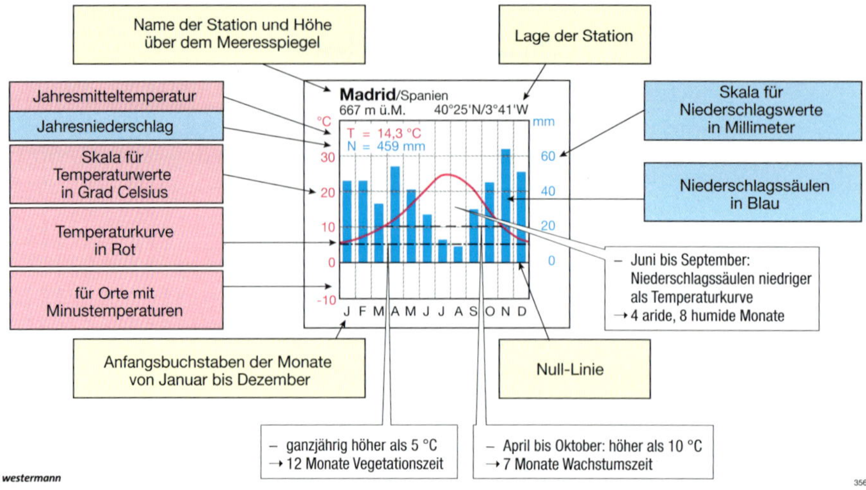

1. Beschreibe die Lage der Klimastation.
2. Beschreibe den Verlauf der Temperaturkurve. Bestimme jeweils den Monat mit dem höchsten und dem niedrigsten Wert (Temperaturmaximum, Temperaturminimum).
3. Beschreibe die Verteilung der Niederschläge. Nenne auch hier den Monat mit dem höchsten und niedrigsten Wert (Niederschlagsmaximum, -minimum). Beachte, dass in manchen Diagrammen der Maßstab auf der Niederschlagsskala ab 100 mm geändert wird: Jedem Teilstrich entsprechen dann statt 20mm Niederschlag 100mm Niederschlag.
4. Nenne die ariden (trockenen) und humiden (feuchten) Monate. Bestimme die Dauer der ariden und der humiden Zeit.
   – humid: Die Niederschlagssäulen sind höher als die Temperaturkurve.
   – arid: Die Niederschlagssäulen sind niedriger als die Temperaturkurve.
5. Nenne die Werte für die Jahresmitteltemperatur und die jährliche Niederschlagshöhe.
6. Ordne das Klimadiagramm einer Vegetationszone zu

Satellitenbilder auswerten

1. Ordne das Bild räumlich ein (geographische Koordinaten, Atlas, Bildunterschrift). Bestimme wenn möglich das Aufnahmedatum.
2. Stelle anhand des Maßstabs fest, wie groß die dargestellte Fläche in Wirklichkeit ist.
3. Stelle anhand von Farbe, Muter und Anordnung fest, welche Einzelheiten sich auf dem Bild erkennen lassen (z. B. Vegetation, Berge, Seen, Straßen, Städte).
4. Finde mithilfe von Zusatzinformationen (z. B. Texte, Internet, Atlas) Gründe für die im Bild erkennbaren Merkmale und deute diese.
5. Erstelle einen Bericht und fertige eine Karte über das Satellitenbild an.

Ein Kurvendiagramm erstellen

Mit einem Kurvendiagramm kannst du eine Entwicklung über einen Zeitraum am besten darstellen.

1. Zeichne eine waagerechte und eine senkrechte Linie. Beide Linien stehen genau im rechten Winkel zueinander und bilden das Achsenkreuz.
2. Auf der senkrechten Achse werden die Zahlenwerte eingetragen (z. B. Erzeugung von Rohstahl in Mio. t). Die Achse beginnt bei Null. Sie muss so lang sein, dass man auch den höchsten Wert eintragen kann.
3. Trage auf der waagerechten Achse die Zeit (z. B. Jahreszahlen) ein. Die Abstände zwischen gleich langen Zeitabständen müssen gleich groß sein.

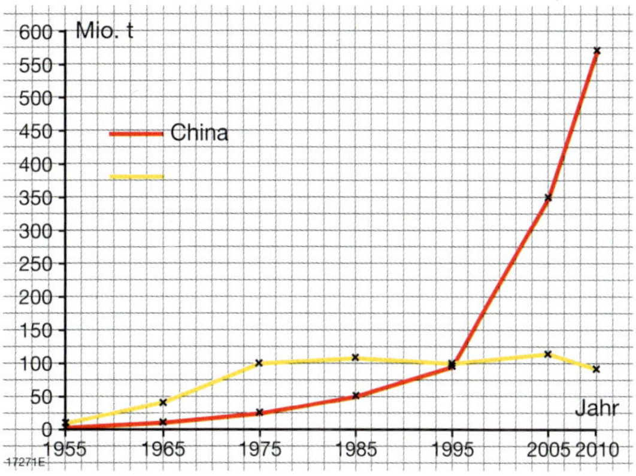

4. Trage für jeden Zahlenwert ein Kreuz an der entsprechenden Stelle jeweils über der jeweiligen Jahreszahl ein.
5. Verbinde die einzelnen Kreuze zu einer Kurve.

Ein Säulendiagramm erstellen

Mit einem Säulendiagramm lassen sich gut verschiedene Werte zum Vergleich nebeneinander darstellen.

1. Zeichne eine waagerechte und eine senkrechte Linie. Beide Linien stehen genau im rechten Winkel zueinander und bilden das Achsenkreuz.
2. Trage auf der senkrechten Achse die Zahlenwerte und deren Bedeutung ein (z. B.Anzahl von Fahrzeugen).
3. Zeichne nun zu jedem Wert der dargestellt werden soll eine Säule. Lasse einen Abstand zwischen den Säulen.
4. Beschrifte die Säulen und male sie aus.

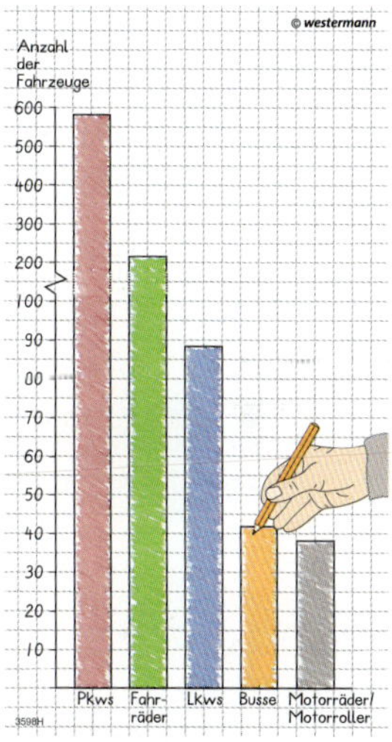

Grafiken und Diagramme auswerten

1. Nenne das Thema der Grafik. Beachte die Unter- bzw. Überschriftschrift.
2. Beschreibe, in welcher Form die Informationen dargestellt sind (Schaubild, Säulendiagramm, Kreisdiagramm).
3. Beschreibe die Bedeutung von Zeichnungen, Zahlen oder Textinformationen möglichst genau.
4. Weise auf Besonderheiten hin, die dir auffallen (Beispiel: In China ist die Produktion von Stahl von 1995 bis 2010 sehr stark angestiegen).
5. Fasse die Hauptaussagen der Darstellung mit eigenen Worten zusammen.

Europäisches Nordmeer
Atlantischer Ozean
Island
Thjórsá
Hekla
1491
2119
Öræfajökull
3860
Nördlicher Polarkreis
Lofoten
Vestfjord
Färöer
Shetland-Inseln
Orkney-Inseln
Hebriden
Britische Inseln
Schottland
1343
Glasgow
Newcastle upon Tyne
238
Nordsee
Irland
Carrauntoohil 1041
Dublin
Irische See
Manchester
Liverpool
Leeds
1085
Sheffield
Birmingham
Wales
England
London
Themse
St.-Georgs-Kanal
Land's End
Der Kanal
Straße von Dover
Kanalinseln
Bretagne
Normandie
Skandinavien
Skandinavische Halbinsel
Lappland
2111
2470
Glåma
Dalälv
Klarälv
Umeälv
Bottnischer Meerbusen
Vänersee
Vättersee
44
89
Stockholm
459
Ösel
Gotland
Öland
Skagerrak
Kattegat
Jütland
Kopenhagen
Ostsee
Bornholm
Hamburg
Norddeutsches Tiefland
Baltisc
Amsterdam
Rotterdam
Hannover
1142
Berlin
Ruhrgebiet
Düsseldorf
Antwerpen
Brüssel
Lille
Köln
Weser
Elbe
Oder
Weichsel
Warschau
86
Łódź
GOP
1603
Sudeten
Deutsche Mittelgebirge
Frankfurt
98
Main
Prag
187
Nürnberg
Donau
Stuttgart
Bodensee
München
Inn
Wien
2654
Kar
Paris
Seine
30
Loire
Französisches Tiefland
Mosel
Rhein
5858
Kap Finisterre
Golf von Biscaya
Garonne
Zentralmassiv
Mt. Dore 1886
Lyon
Saône
Rhône
Jura
Alpen
Großglockner 3798
Ortler 3899
Montblanc 4807
Mailand
Turin
Po-ebene
Po
Budapest
Theiß
Ungarisches Tiefland
Drau
Save
115
75
Belgrad
Morava
Dinarisches Geb.
Adriatisches Meer
2648
Kantabrisches Gebirge
Bilbao
Porto
Pyrenäen
3404
Ebro
Duero
Pyrenäen-Halbinsel
Madrid
Tejo
Tajo
Lissabon
Guadiana
Barcelona
Golfe du Lion
Marseille
Valencia
Sierra Morena
Sevilla
Guadalquivir
Betische Kordillere
3478
Balearen
Menorca
Mallorca
Straße von Gibraltar
Korsika
2710
Sardinien
1834
Apenninen-Halbinsel
Apennin
Tyrrhenisches Meer
3785
Rom
2914
Gran Sasso
Neapel
Str. v. Otranto
Ionisches Meer
Pindos
Halbi
Pelopo
5121
Kap Tä
Sizilien
3323
Ätna
Malta
Mittelmeer
Er-Rif
Algier
Rabat
Oum er Rbia
Moulouya
Tellatlas
Hochland der Schotts
3737
Hoher Atlas
Saharaatlas
2328
Kap Blanc
Tunis
Schott Melghir
-30
Wadi Draa
Kleine Syrte
Tripolis
Westliche ... wüste
40°
30°
20°
10° West
0°
10° Ost
70°
60°
50°
40°
30°

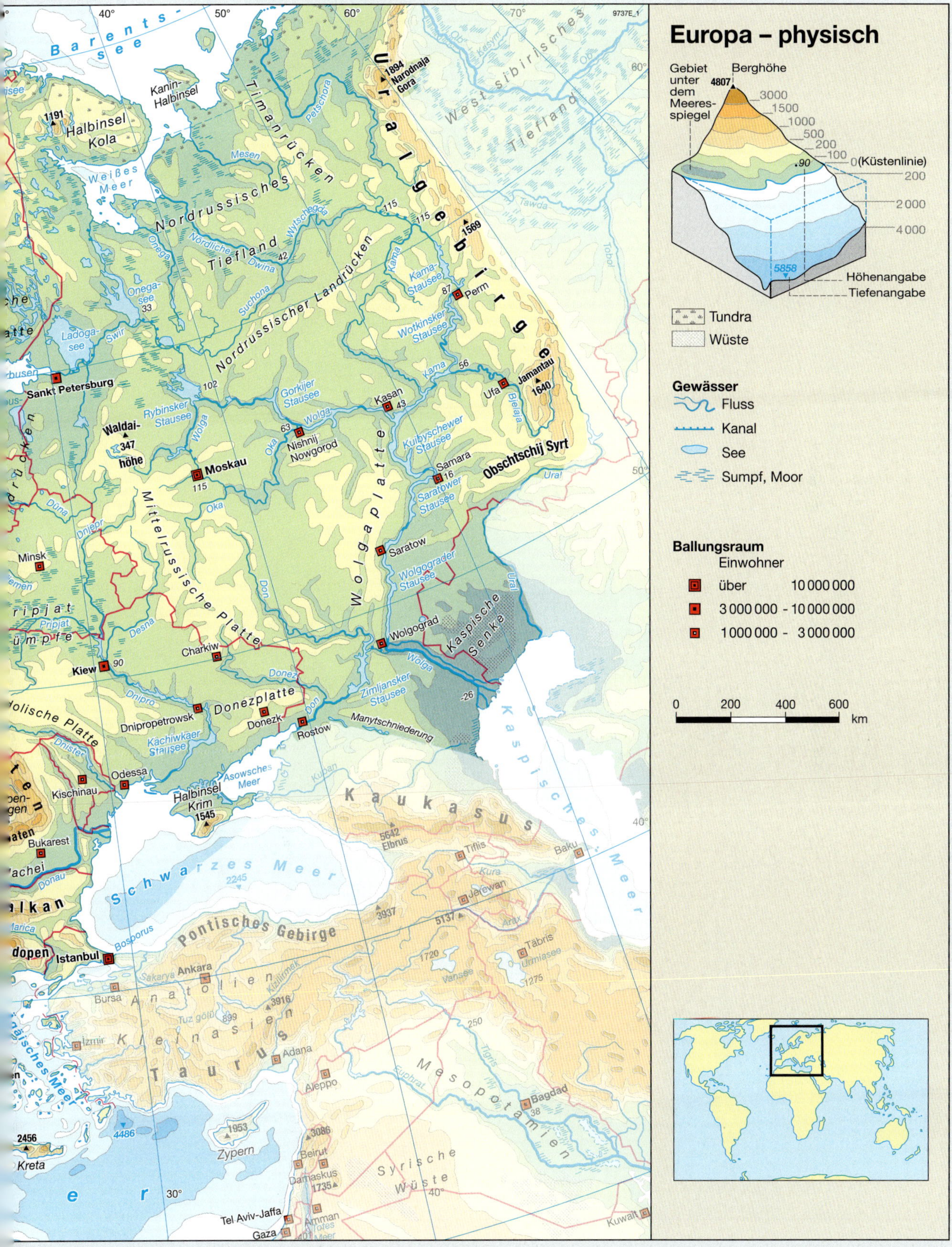
Europa – physisch
Gebiet unter dem Meeresspiegel
Berghöhe
4807
3000
1500
1000
500
200
100
0 (Küstenlinie)
200
2000
4000
90
5858
Höhenangabe
Tiefenangabe
Tundra
Wüste
Gewässer
Fluss
Kanal
See
Sumpf, Moor
Ballungsraum
Einwohner
über 10 000 000
3 000 000 - 10 000 000
1 000 000 - 3 000 000
0
200
400
600
km
Barentssee
Kanin-Halbinsel
Halbinsel Kola
1191
Weißes Meer
Timanrücken
Petschora
Mesen
Nordrussisches Tiefland
Nördliche Dwina
Onega
Wytschegda
Suchona
Onegasee
Ladogasee
Swir
Sankt Petersburg
Nordrussischer Landrücken
Ural
Uralgebirge
1894 Narodnaja Gora
1569
Westsibirisches Tiefland
Tawda
Tobol
Kama
Kama-Stausee
Perm
Wotkinsker Stausee
Ufa
Jamantau 1640
Bjelaja
Gorkijer Stausee
Kasan
Rybinsker Stausee
Waldaihöhe
347
Wolga
Moskau
Oka
Nishnij Nowgorod
Kuibyschewer Stausee
Samara
Obschtschij Syrt
Saratower Stausee
Wolgaplatte
Saratow
Mittelrussische Platte
Düna
Dnjepr
Minsk
Don
Wolgograder Stausee
Kaspische Senke
Wolgograd
Pripjat
Desna
Charkiw
Kiew
Donez
Donezplatte
Donezk
Dnipro
Dnipropetrowsk
Kachiwkaer Stausee
Zimljansker Stausee
Rostow
Manytschniederung
-26
Kaspisches Meer
Dnister
Odessa
Kischinau
Asowsches Meer
Halbinsel Krim
1545
Kuban
Kaukasus
5642 Elbrus
Tiflis
Baku
Kura
Jerewan
Arax
Bukarest
Donau
Schwarzes Meer
2245
Pontisches Gebirge
3937
5137
Täbris
Urmiasee
Istanbul
Bosporus
Sakarya
Ankara
1720
Vansee
1275
Bursa
Anatolien
Kizilirmak
3916
Tuz gölü
899
Kleinasien
Izmir
Taurus
Adana
250
Tigris
Euphrat
Mesopotamien
Aleppo
Bagdad
38
Kreta
2456
4486
Zypern
1953
3086
Beirut
Damaskus
1735
Syrische Wüste
Tel Aviv-Jaffa
Amman
Gaza
Kuwait
40°
50°
60°
70°
30°
9737E_1

Mittelmeer
Schwarzes Meer
Kaspisches Meer
Rotes Meer
Persischer Golf
Golf von Aden
Golf von Guinea
Indischer Ozean
Alpen
Atlasgebirge
Sahara
Grosse Sandwüste
Libysche Wüste
Fessan
Ahaggar
Tibesti
Aïr
Tschadbecken
Nubien
Kordofan
Asandeschwelle
Kongobecken
Oberguineaschwelle
Niederguinea
Hochland von Äthiopien
Somali-Halbinsel
Arabien
Arabische Große Wüste
Mesopotamien
Hochland von Iran
Kaukasus
Taurus
Elburs
Erg Iguidi
Erg Chech
Adrar des Iforas
Adamaoua
Nil
Niger
Kongo (Zaïre)
Kanarische Inseln
Madeira
Nördlicher Wendekreis
Äquator
Paris
Madrid
Rom
Algier
Tunis
Tripolis
Kairo
Alexandria
Istanbul
Bagdad
Teheran
Khartum
Addis Abeba
Mogadischu
Nairobi
Kampala
Kinshasa
Brazzaville
Lagos
Dakar
Bamako
Niamey
N'Djamena
Abidjan
Accra
Monrovia
Conakry
Freetown
Timbuktu
Kilimandscharo 5895
Mt. Kenia 5199
Ruwenzori 5109
Kamerunberg 4070
Toubkal 4165
Tahat 3003 (Hoggar)
Ras Daschan 4620
Jabal Marra 3088
Jabal al-Uwaynat 1934
Kap Blanc
Kap Guardafui
10° West
0°
10° Ost
20°
30°
40°
50°
60°
10° Nord

Afrika – physisch

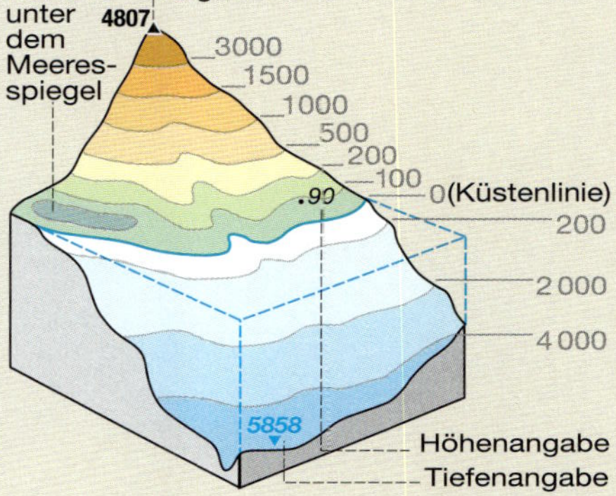

0 200 400 600 800 1000 km

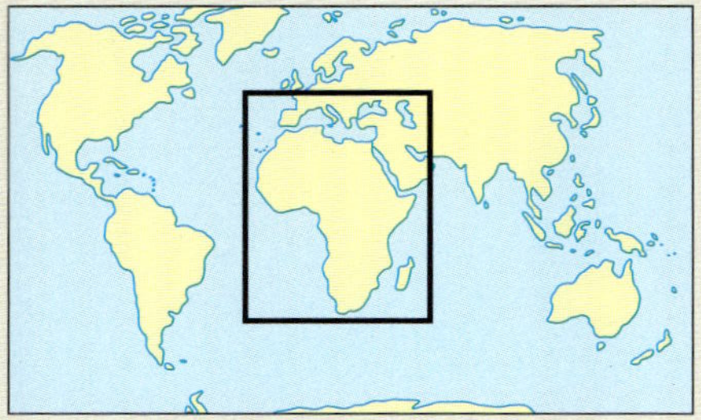

Gewässer
- Fluss
- Oase
- Kanal
- Stromschnelle, Wasserfall
- See
- Salzsee
- Moor, Sumpf
- Wadi, Trockenfluss
- Salzpfanne, Salzsee

Verwaltung
- Staatsgrenze

Ballungsraum

Einwohner
- über 10 000 000
- 5 000 000 – 10 000 000
- 1 000 000 – 5 000 000
- unter 1 000 000

6958E_3

Nordpolarmeer
Grönlandsee
Grönland
Danmarkstraße
Island
Nördlicher Polarkreis
Färöer
Davisstraße
Baffinbai
Baffin-Insel
Ellesmere-Insel
Devon-Insel
Kap Morris Jesup
Magnetischer Pol
Parry-Inseln
McClure-Str.
Banks-Insel
Victoria-Insel
Beaufortsee
Kap Barrow
Beringstraße
Kap Prince of Wales
St.-Lorenz-Insel
Brookskette
Alaska
Alaskakette
Mount McKinley
6198
Mount Logan
5951
Golf von Alaska
Mackenziegebirge
Mackenzie
Großer Bärensee
Gr. Sklavensee
Sklavenfluss
Athabasca
Peace
Barrengrounds
Kanadischer Schild
Hudsonbai
Hudsonstraße
Foxebecken
Southampton-Insel
Labrador
Labradorsee
Neufundland
Kap Race
St.-Pierre u. Miquelon
Sankt-Lorenz-Golf
Neuschottland
Saskatchewan
Nelson
Winnipegsee
Oberer See
Huronsee
Michigansee
Eriesee
Ontariosee
Rocky Mountains
(Felsengebirge)
Mount Robson
3954
Küstengebirge
Vancouver
Seattle
Mount Rainier
4392
Portland
Mount Shasta
4317
Columbia
Snake
Großer Salzsee
Salt Lake City
Großes Becken
Sierra Nevada
Mount Whitney
4421
Sacramento
San Francisco
Kap Mendocino
Küstenkette
Las Vegas
Los Angeles
San Diego
Tijuana
Grand Canyon
Colorado
Coloradoplateau
Phoenix
Ciudad Juárez
Niederkalifornien
Golf von Kalifornien
Guadalupe
Revilla-Gigedo-Inseln
Westliche Sierra Madre
Östl. Sierra Madre
Hochland von Mexiko
Torreón
Monterrey
Guadalajara
León
Mexiko-Stadt
Popocatépetl
5452
Pico de Orizaba
Puebla
Gannett Peak
4202
Black Hills
2207
Mount Elbert
4396
Denver
Great Plains
Missouri
Minneapolis
Milwaukee
Chicago
Detroit
Toronto
Ottawa
Montreal
Boston
Kap Cod
Hartford
New York
Philadelphia
Washington
Norfolk
Buffalo
Pittsburgh
Cleveland
Columbus
Indianapolis
Cincinnati
Louisville
St. Louis
Kansas City
Nashville
Memphis
Atlanta
Charlotte
Mount Mitchell
2039
Appalachen
Oklahoma City
Arkansas
Dallas
Houston
Austin
San Antonio
Red River
Rio Grande
Mississippi
Tennessee
Ohio
New Orleans
Golfküstenebene
Atlantische Küstenebene
Jacksonville
Orlando
Kap Canaveral
Tampa
West Palm Beach
Miami
Florida
Floridastraße
Golf von Mexiko
Yucatán
Str. v. Yukatan
Havanna
Kuba
Große Antillen
Bahama-Inseln
Hispaniola
Port-au-Prince
Santo Domingo
San Juan
Puerto Rico
Bermuda
Sargassosee
Nördlicher Wendekreis
Atlantischer Ozean
Azoren
Pazifischer Ozean
nach Hawaii 2500 km
Glasgow
Newcastle upon Tyne
Mittelengland
Dublin
Birmingham
London
Randstad
Hamburg
Hannover
Berlin
Kopenhagen
Rhein-Ruhr
Frankfurt
Brüssel
Paris

Amerika – physisch
Landhöhen und Meerestiefen
(in Meter)
6882 Berghöhe
Gletscher
Gebiet unter dem Meeresspiegel
1500
1000
500
200
100
0 (Küstenlinie)
75
200
2000
4000
6000
8000
Höhenangabe
Tiefenangabe
Tundra
Wüste
Gewässer
Fluss
Wasserfall, Stromschnelle
Fluss, periodisch
Kanal
See
Sumpf, Moor
Salzpfanne
Verwaltung
Staatsgrenze
Ballungsraum
Einwohner
über 10 000 000
3 000 000 - 10 000 000
1 000 000 - 3 000 000
0 200 400 600 800 1000 km
13814E
Managua
San José
Chirripó 3819
Panamá
Barranquilla
Maracaibo
5800
Barquisimeto
Caracas
Trinidad
Medellín
Bucaramanga
Cali
Bogotá
5364
Maracaibosee
Magdalena
Orinoco
Guaviare
Bergland von Guayana
2953
3014 Neblina
Kokos-Insel
Malpelo
Äquator
Galápagos-Inseln
Quito
Cotopaxi 5897
Chimborazo 6310
Guayaquil
Kap Pariñas
Japurá
Rio Negro
Manaus
Amazonas
Juruá
Purus
Madeira
Tapajós
Xingu
Tocantins
Belém
Fortaleza
Caatingas
Recife
Kap Branco
Selvas
Campos
102
17
26
Huascarán 6768
Marañón
Ucayali
Lima
Kordilleren (Anden)
Coropuna 6425
Titicacasee
6368
La Paz
6882
3812
Sajama 6542
Hochland von Bolivien
Mamoré
Santa Cruz
Plateau von Mato Grosso
Brasilianisches Bergland
São Francisco
Brasília
Goiânia
Salvador
Belo Horizonte
2890 Pico da Bandeira
Vitória
Rio Grande
271
Campinas
2787
Rio de Janeiro
São Paulo
Curitiba
Südlicher Wendekreis
Paraguay
Paraná
Iguaçu
240
Gran Chaco
Pilcomayo
Asunción
98
50
Atacama
8066
Llullaillaco 6723
6880 Ojos del Salado
Salado
Uruguay
1898
Pôrto Alegre
San Félix
San Ambrosio
Sala-y-Gomez
Oster-Insel
Juan-Fernández-Inseln
2884
Córdoba
18
Aconcagua 6960
Rosario
Montevideo
Santiago
5264 Maipo
Buenos Aires
Rio de la Plata
Pampa
Colorado
Lanín 3776
Patagonien
4058
San Valentin
6212
Falkland-Inseln
Magellanstraße
Feuerland
2469
Kap Hoorn
Südgeorgien
8264
Südsandwich-Inseln
6262
Ozean
110°
100°
90°
80°
70°
60°
50°
40°
20°
10°
0°
30°

Nordpolarmeer
Britische Inseln
London
Birmingham
Glasgow
Paris
Madrid
Barcelona
Algier
Atlasgebirge
2328
Brüssel
Amsterdam
Köln
Frankfurt
Hamburg
Berlin
Kopenhagen
Nordsee
Ostsee
Oslo
Stockholm
Helsinki
Skandinavien
Lyon
Montblanc 4807
Alpen
München
Mailand
Turin
Rom
Wien
Prag
Budapest
Belgrad
Bukarest
Sofia
Athen
Warschau
Vilnius
Riga
Tallinn
Minsk
Kiew
Charkiw
Dnipropetrowsk
Donezk
Odessa
Chişinău
Moskau
Sankt Petersburg
Archangelsk
Murmansk
Kola
Barentssee
Nowaja Semlja
Karasee
Spitzbergen
Franz-Josef-Land
Sewernaja Semlja
Kap Tscheljuskin
Neusibirische Inseln
Laptewsee
Taimyrhalbinsel
Norilsk
1701
Nördlicher Polarkreis
Sibirien
Westsibirisches Tiefland
Untere Tunguska
Angara
Jenissei
Ob
Irtysch
Tobol
Ural
Uralgebirge
Narodnaja Gora 1894
Nischnij Nowgorod
Kasan
Perm
Ufa
Samara
Saratow
Wolgograd
Rostow
Wolga
Don
Jekaterinburg
Tscheljabinsk
Omsk
Nowosibirsk
Irkutsk
Sajan
Altai
4506 Bjelucha
Astana
Qaraghandy
Kasachische Schwelle
Balchaschsee
Aralsee
Syrdarja
Amudarja
Kaspische Senke
Kaspisches Meer
Schwarzes Meer
Istanbul
Bursa
Izmir
Ankara
Anatolien
Taurus
Adana
Gaziantep
Aleppo
Kaukasus
5642
Tiflis
Jerewan
Ararat 5165
Baku
Täbris
Mosul
Teheran
Elburs
5604
Mesopotamien
Bagdad
Zagrosgebirge
Isfahan
4547
Hochland von Iran und Afghanistan
Schiras
Basra
Kuwait
Persischer Golf
Dubai
Abu Dhabi
Golf von Oman
Maskat
3018
Ras al-Haad
Ashgabat
Meschhed
Kerman
4042
Mekran
Turan
Taschkent
Samarkand
Duschanbe
Bischkek
Almaty
Tian Shan
7439 Pik Pobedy
Dsungarei
Urumchi
Changaigebirge
3905
Gobi
Tarimbecken
Nan Shan
6346
Kunlun Shan
Hochland von Tibet
Transhimalaya
Lhasa
Chengdu
7590 Minya Konka
Pamir
7495
Hindukusch
4148
Kabul
Peschawar
Khaiber-Pass
Godwin Austen (K2) 8610
Karakorum
Rawalpindi
Gujranwala
Lahore
Multan
Punjab
Ludhiana
Meerut
Delhi (Dilli)
Himalaya
7816
7723
Mount Everest 8846
Kathmandu
Lucknow
Agra
Jaipur
Kanpur
Varanasi
Allahabad
Patna
Thar
Hindustan
Ganges
Brahmaputra
Dhaka
Bengalen
Khulna
Chittagong
Kalkutta (Kolkata)
Asansol
Jamshedpur
Karachi
Hyderabad
Indus
Ahmadabad
Surat
Vadodara
Indore
Bhopal
Jabalpur
Narmada
Nagpur
Nashik
Bombay (Mumbai)
Poona
1646
Hyderabad
Godavari
Westghats
Ostghats
1680
Dekkan
Vishakhapatnam
Vijayawada
Golf von Bengalen
Bangalore (Bengaluru)
Madras (Chennai)
Coimbatore
Calicut
Cochin
Anaimundi 2698
Madurai
Trivandrum
Kap Comorin
Ceylon
2524 Pidurutalagala
Colombo
Kap Dondra
Lakkadiven
Malediven
Andamanen
Nikobaren
Isthmus von Kra
Mandalay
Rangun (Yangon)
Medan
Arabisches Meer
Indischer Ozean
Äquator
Sokotra
Kap Guardafui
Golf von Aden
Bab al-Mandab
Aden
Dschibuti
Sana
3760
Hadramaut
Arabische Wüste
Arabien
Riad
Mekka
Jiddah
Syrische Wüste
Damaskus
Amman
Beirut
Tel Aviv-Jaffa
Gaza
Kairo
Alexandria (El-Iskandariya)
Mittelmeer
Rotes Meer
Libysche Wüste
Nubien
Khartum
Nil
Atbara
Hochland von Äthiopien
4307
Somalihalbinsel
Mogadischu
Mt. Kenia 5199
5895 Kilimandscharo
Sansibar
Seychellen
Amiranten
Aldabra-Inseln
Nordsee
23,5°
60° Ost
80°
40°

Asien – physisch

Landhöhen und Meerestiefen
(in Meter)

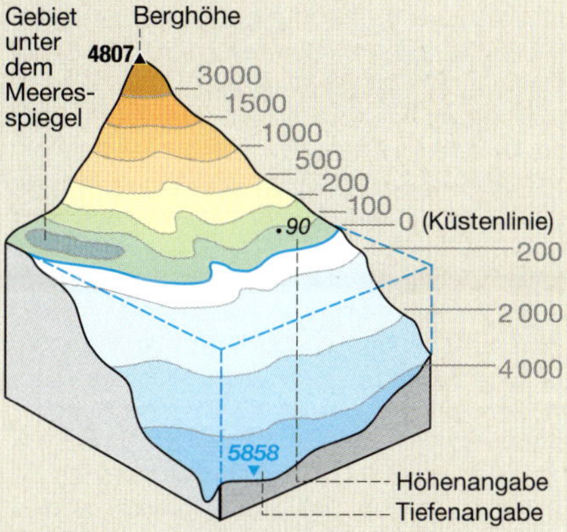

Gewässer

- Fluss
- See
- Salzsee
- Moor, Sumpf

Verwaltung

- Staatsgrenze

Ballungsräume

Einwohner
- über 10 000 000
- 5 000 000 – 10 000 000
- 1 000 000 – 5 000 000
- unter 1 000 000

0 200 400 600 800 1000 km

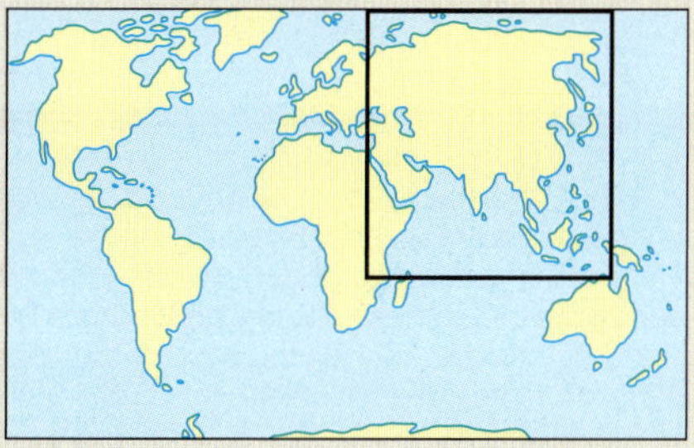

0157E_6

Bildquellen

Aachener Verkehrsverbund GmbH: 23 M4; action press, Hamburg: 120 M2 (NIBOR), 128.1 (Seifert); alamy images, Abingdon/Oxfordshire: 26 M3 (Chris Willson), 56 M2 (Pep Roig), 83 M5 (Alan Gignoux), 117 M5 (Michael Harder); Anzenberger Agentur für Fotografen, Wien: 83 M6 (Riedler); argum Fotojournalismus, München: Vorsatz vorn .2 (Thomas Einberger); Baaske Cartoons, Müllheim: 65 u.li. (Thomas Plassmann), 125 u. (K.Gg. Striepecke); Bahr, M., Vechta: 59 M2, 152 M1; Bildagentur Huber, Garmisch-Partenkirchen: 12 M1 (Bleyl), 49 M4, 136 M1; Bilderberg, Hamburg: 72 M1 (Rainer Drexel); Bilfinger SE, Mannheim: 168 M3; Blickwinkel, Witten: 124 A (Rutkiewicz), 124 C (K. Thomas); BMW Group PressClub, München: 10 M1; Bramsiepe, Gudrun, Dornum: 119 M7; Bulls Pressedienst GmbH, Frankfurt/Main: 55 M5 (Koterba); Böthling, Jörg, Hamburg: 61 M4 (visualindia.de); CITO Communication GmbH, Eupen: 22 M2; Corbis, Düsseldorf: 4 o. und 98/99 M1 (Karen Kasmauski/Science Faction), 51 M6 (Turnley), 64.3 (Jagadeesh), 85 M6 (Punit Paranjpe/Reuters), 100 M1 (Dinodia), 109 M5 (Remi Benali), 115 M6 (Mendel, G.), 124 D (Remi Benali), 139 M3.2 (masterfile/Chomica), 139 M3.4 (Streichan), 145 M3 (P. Broze & A. Chederros/Onoky); Das Luftbild-Archiv, Wennigsen: 197 m.; Der Grüne Punkt - Duales System Deutschland GmbH, Köln-Porz-Eil: 181 M3 o.re. (Thomas Meyer), 181 M3 u.li. (Thomas Meyer), 181 M3 u.re. (Thomas Mayer); Deutsche Aids-Stiftung, Bonn: 81 M9; Deutsche Stiftung Weltbevölkerung, Hannover: 81 M6; Die Mobiliar, Bern, Schweizerische Post, Kanton Bern, MobiGIS. Reproduziert mit Bewilligung von swisstopo: 94 M2 (BA110388. Altstadt Bern); Domrös, Manfred, Mainz: 129.7; dreamstime.com, Brentwood: 69 M4 (Chiakto), 160 M3 (Christopher Halloran); Druwe & Polastri, Cremlingen/Weddel: 64.5; Döring, Olaf, Düsseldorf: Vorsatz vorn .1; eBay Deutschland, Kleinmachnow: 29 M8 ebay; ecopix Fotoagentur, Berlin: 78 M5 (Ricky Wong); ELMOS Semiconductor AG, Dortmund: 91 M4 re.; Eurode Business Center, Herzogenrath: 22 M3; Evangelischer Entwicklungsdienst e.V. (EED), Bonn: 116 M1; Facebook.inc, Palo Alto: 29 M8 facebook; Fastenau, Sina, Bremen: 176 M2 (aus: PG 3/2010, S. 25); Focus Photo- u. Presseagentur, Hamburg: 82 M1 (Guillou), 108 M2 (Schliack), 155.3 (Klingholz); Folhapress, São Paulo: 86 M4; Ford-Werke GmbH, Köln: 30 M3; fotolia.com, New York: 3 u. und 66/67 M1 (leeyiutung), 5 u. und 156/157 M1 (lumen-digital), 29 M8 Laptop (Fatman73), 52 M1 (Tobif82), 101 M3 (kab-vision), 115 M5 (D. Ott), 118 M4 (thongsee), 166 M1 (psdesign1), 177 M4 (Daniel Strauch); Garmin Deutschland GmbH, Gräfelfing (bei München): 94 li.o.; Gesamtverband Steinkohle e.V., Herne: 8 M4; Getty Images, München: 24 M2 (Glowimages), 28 M1 (Daniel Acker/Bloomberg), 112 M3 (Simon Rawles), 136 M4 (Peter Essick), 175 M6 (Joel Carillet); Glow Images, München: 123 u. (Heiner Heine); Greenpeace Deutschland e.V., Hamburg: 127 M3 (Paul Langrock/ZENIT); Haitzinger, Horst, München: 101 M4, 147 M3, 149 M5; Hanel, Walter, Bergisch Gladbach: 97 M4; Haus der Geschichte, Bonn: 185 u. (Jupp Wolter/Künstler); Hofemeister, Uwe, Diepholz: 151 M4, 183 M4, 183 M5; Horsch, Wolfgang, Niedernhall: 155 m.; Info-Zentrum Schokolade, Leverkusen: 112 M4; INTERFOTO, München: 80 M4 (Danita Delimont/Micah Wright); Internationaal Instituut voor Sociale Geschiedenis (IISG), Amsterdam: 78 M4 (de Jong); iStockphoto.com, Calgary: 29 M8 Google (tomch), 29 M8 Smartphone (LICreate), 30 M1 (Zview), 32 B (sdigzps), 44 M2 li. (typo-graphics), 48 M3 (pawel.gaul), 85 M3 (raimond siebesma), 112 M1 (xuanhuongho), 169 M5 (robas), 181 M3 o.li. (HKPNC); Jenni Energietechnik AG, Oberburg: 104 M1 (Orlando Eisenmann); Jochen Tack Fotografie, Essen: Titel; Jung, Dieter, Hannover: 64.1; Kali und Salz GmbH, Kassel: 161 M4 klein; Keystone Pressedienst, Hamburg: 168 M2 (Volkmar Schulz); Kleicke, Christine, Hamburg: 183 M6; Kreuzberger, Norma, Lohmar: 128.4, 162 M1; Lachmeyer, Karl-Heinz, München: 130 M3; laif, Köln: 28 M3 (Jose-Fuste RAGA/GAMMA-RAPHO), 36 M1 re. (VU), 50 M2 (Sven Torfinn), 50 M3 (Daniel McCabe/Redux), 52 M2 (Kai Loeffelbein); Latz, Wolfgang, Linz: 17 M5, 118 M2; Lineair Fotoarchief, Berlin: 118 M1 (Edwards); mauritius images, Mittenwald: 3 m. und 34/35 M1 (imagebroker/Hans Zaglitsch), 18 M1 (Pigneter), 35 M2 (Alaska Stock/Michael DeYoung), 37 M1 re. (imagebroker/Egmont Strigl), 41 M5 (imagebroker/Walter G. Allgöwer), 80 M2 (imagebroker/Florian Kopp), 142 M1 (Robert Harding); mediacolors Bildagentur & -Produktion, Zürich: 130 M1; NASA, Houston/Texas: 69 M7; NEL Cartoons, Erfurt: 97 M3; Netzhaut, Dortmund: 9 M6 und 32 C (Dirk Hoppe); Neumann, Chemnitz: 97 M2; OKAPIA-Bildarchiv, Frankfurt/M.: 112 M2 (Hans Reinhard), 124 F (Stirrup), 128.3 (UNEP/Still Pictures/A. Ishokon), 155.1 (NAS F. Ayer), 157 M3 (NAS/Calvin Larsen); Pandis Media GmbH, München: 139 M3.1; Peter Wirtz Fotografie, Dormagen: 17 M7; Peterhoff, Frank, Lenggries: 35 M3; Pflügner, Matthias, Berlin: 54 M1; photothek.net GbR, Radevormwald: 110 M1 (Grabowsky); Picture Press Bild- und Textagentur GmbH, Hamburg: 91 M4 li. (Ultal); Picture-Alliance, Frankfurt/M.: 4 u. und 126/127 M1 (Ikon Images/Jurgen Ziewe), 7 M2 und 32 A, 12 M3 (Waltraud Grubitzsch), 13 M5 (ZB/Peter Endig), 13 M7 (dpa/Ingo Wagner), 14 M1 (dpa/Harry Melchert), 18 M2 (dpa-Zentralbild/euroluftbild.de/robert Grahn), 29 M7 (dpa/MICROSOFT), 36 M1 li. (dpa/EPA), 37 M1 li. (Newscom/Wan Zhong), 38 M3 (Imaginechina/Zhou junxiang), 40 M1 (dpa), 40 M3 (Angelika Warmuth), 41 M4 (Zucchi), 43 M4 (dpa/Friso Gentsch), 44 M2 re. (dpa), 53 M3 (Maxppp/Fang), 55 M4 (EPA FILE/Jagadeesh Nv), 56 M1 (Landov/Arindam Mukherjee), 57 M4 (akg-images), 61 M6 (Marco Becher), 64.2 (epa/Yun Suk-Bong), 64.4 (epa/Qilai Shen), 67 M3 (dpa), 73 M5 (AP Images/Shehzad Noorani), 78 M1 (dpa/Imaginechina), 83 M7 (AP), 84 M2 (AP/Saurabh Das), 87 M8 (Andrew Harrer/Bloomberg News), 88 M2 (dpa/Oliver Berg), 99 M2 (epa AFP/Abbonizio), 99 M3 (maxppp/Photopqr/Le Midi Libre/Michael Esdourrubailh), 104 M2 (dpa-Zentralbild/Robert Schlesinger), 106 M1, 109 M4 (epa/Nic Bothma), 114 M2 (abaca), 114 M4 (landov), 116 M4 (Godong/Phillip Lissac), 117 M6 (Maxppp Sy Djibril), 122 u.re. (dpa/FRS/Unicef), 124 B (Xinhua/Landov), 125 o. (Globus), 127 M2 (Peter Smolka/dpa), 137 M5 (dpa), 138 M2 (dpa-infografik), 141 M4 (S.E.Arndt/WILDLIFE), 142 M3 (ASA/Alois Furtner), 147 M6 (AD Medien/Michael Kops), 155.4 (dpa), 157 M2 (ZB), 161 M4 groß (dpa/Bernd Hanselmann), 172 M1 (AP/Schalk van Zuydam), 172 M3 (dpa-Zentralbild/Wolfgang Thieme), 174 M2, 179 (Thomas Frey), 179 o.re. (Zentralbild/Bernd Wüstneck), 184 o. (Globus); Regionalverband Ruhr - RVR, Essen: 8 M1 (Gabrian); Reichholf, J., München: 128.5; Reuters, Berlin: 67 M2 (Stringer India); RUHR.2010 GmbH, Essen: 9 Logo; Scharnagel, Freiburg: 72 M4; Schwarzstein, Jaroslaw , Hannover: 44 M1, 45 M3, 63, 170 M1; Schönauer-Kornek, Sabine, Wolfenbüttel: 180 M1 Rucksack; Science & Society Picture Library, Berlin: 43 M5 (SSPL/Science Museum); SeaTops, Neumagen-Dhron: 137 M8 (Mark Conlin); shutterstock.com, New York: 123 m. (Pecold), 137 M7 (R. McIntyre); SIEMENS SRL, Bukarest: 20 M2; Silis-Hoegh, Ivars, Qaqortoq: 129.6; SOS-Kinderdörfer weltweit, München: 122 u.li. (Sebastian Posingis); Speth, Frank, Quickborn: 147 M4; Stichting Euregio Maas-Rijn, Eupen: 22 Logo o.; Stiftung Zollverein, Essen : 3 o. und 6/7 M1 (Matthias Duschner), 7 M3 (Thomas Willemsen), 9 M5 (Matthias Duschner), 32 D (Thomas Mayer); still pictures, Berlin: 155.2 (Mark Edwards); Stonjek, Diether, Georgsmarienhütte: 128.2; Studienkreis - Die Nachhilfe-Profis /www.nachhilfe.de, Karikaturenwettbewerb „Umwelt? - Natürlich!", Anna Hörner, 16 Jahre, Bochum: 182 M2; Tegen, Hans, Hambühren: 160 M1 (Tegen); Tekülve, R., Essen: 46 M2; Terra-Verde e.V., Kirchheim/Teck: 123 o.; Tomicek, Jürgen, Werl-Westönnen: 105 M5, 146 M1; Torset, Pierre, Photographie, Biard: 60 M1; Trygve Bølstad, Oslo: 139 M3.3; ullstein bild, Berlin: 30 M2 (SIPA), 121 M5 (Zöllner); Umweltbundesamt, Dessau: 181 Logo; UNICEF Deutschland, Köln: 87 M7 (2003/Brasilien/Gray); United Nations Development Programme (UNDP), Bratislava: 93 M4; United States Department of Agriculture/NRCS: 179 o.li. (Tim McCabe); Visum Foto GmbH, Hamburg: 19 M5 (Buellesbach), 46 M1 (Panos Pictures), 79 M9 (Henley, M.); Wendorf, Monika, Hannover: 70 M1, 70 M3, 88 M4, 164 M4, Wienrich, Bernd, Nordhausen. 179 u.li., WindowsOnOurWorld.com. 97 M5; Wintershall AG, Kassel: 163 M5; Wirtschaftsförderung Sachsen GmbH, Dresden: 11 M2; www.worldmapper.org © SASI Group (University of Sheffield) and Mark Newman (University of Michigan), Sheffield: 154 u.

Erde – physisch